DIANA

Das Buch

Dieser unprätentiöse Abenteuerbericht in der Tradition von Henry D. Thoreau ist in den Vereinigten Staaten ein Longseller, ein zeitloser Klassiker, der zum Urahn aller heutigen Naturerlebnisbücher wurde. Colin Fletcher berichtet davon, wie er als erster Mensch den Grand Canyon, das enorme Flußtal des tief eingegrabenen Colorado River, in zwei Monaten der Länge nach durchwandert. Sein oft anstrengender und psychisch herausfordernder Weg löst in ihm eine große Wandlung aus: der schwergewichtige Mensch, der in den Canyon einsteigt, präsentiert sich am Ende als durchtrainiert und leistungsfähig. Am Anfang steht ein durchaus schmerzhafter Prozeß der Loslösung von allem Gewohnten, eine mühsame Anpassung an das einfache Leben – seine Hauptnahrungsmittel sind Kartoffeln und Pemmikan –, am Schluß der Reise aber hat der Wanderer Angst vor der Wiederbegegnung mit der Zivilisation. Auf suggestive Weise erzählt Colin Fletcher von seinen Abenteuern, von Begegnungen mit Wildpferden und Klapperschlangen, von der Auseinandersetzung mit der »toten Natur« – Fels, Sand und Wasser – und von der unendlichen Stille, in der lediglich der Gaskocher überlaut zischt.

Lesenswert ist dieses Buch nicht nur als Kultbuch vieler Besucher des Grand Canyon, sondern auch, weil es vor der Zerstörung eines der größten Naturdenkmäler unserer Erde warnt.

»Schön, daß es diese literarische Sightseeing-Tour gibt, zum Aufbewahren und Wiederlesen und zum Erinnern.«
SÜDDEUTSCHE ZEITUNG

Der Autor

Colin Fletcher gilt mit seinen zahlreichen Buchveröffentlichungen in den USA als »Hohepriester« der Extremwanderer und Abenteurer. Er wurde 1922 in Wales geboren, wuchs in England auf und tat im Zweiten Weltkrieg Dienst bei den Royal Marines. Danach war er Farmer in Kenia, Straßenbauarbeiter im damaligen Rhodesien und später Goldsucher in Kanada. 1958 wanderte er einen Sommer lang 1000 Meilen von Mexiko bis Oregon durch die Wüsten und über die Berge Kaliforniens. Er lebt in Kalifornien.

Colin Fletcher

Wanderer durch die Zeit

Allein im Grand Canyon
Eine Entdeckungsreise

Aus dem Amerikanischen
von Arnd Kösling

DIANA VERLAG
München Zürich

Diana Taschenbuch Nr. 62/0189

Die Originalausgabe
»The Man Who Walked Through Time«
erschien 1967 bei Alfred A. Knopf, New York

Eine ausklappbare Karte des
Grand Canyon Nationalparks findet
sich in der Mitte des Bandes.

Taschenbucherstausgabe 06/2001
Copyright © 1967 by Colin Fletcher
Published by arrangement with the auther
Copyright © der deutschsprachigen Ausgabe 2000
by Diana Verlag AG, München und Zürich
Der Diana Verlag ist ein Unternehmen
der Heyne Verlagsgruppe München
Printed in Germany 2001
Umschlagillustration: Colin Fletcher
Umschlaggestaltung: Hauptmann und Kampa
Werbeagentur, CH-Zug
Satz: Filmsatz Schröter GmbH, München
Druck und Bindung: Elsnerdruck, Berlin
Gedruckt auf chlor- und säurefreiem Papier

ISBN: 3-453-18963-9

INHALT

»Es gibt eine Beziehung zwischen den Stunden unseres Lebens und den Jahrhunderten der Zeit ... Die Jahrhunderte sollten die Stunden unterweisen, und die Stunden sollten die Jahrhunderte erklären.«

Ralph Waldo Emerson

VORBEMERKUNG

Als ich diese Reise vor einem Vierteljahrhundert machte, war der Grand Canyon unterhalb seiner Ränder noch weitgehend Neuland. Daher tat ich verschiedene Dinge, die mir damals erlaubt erschienen. Gelegentlich zündete ich Lagerfeuer an, ließ mir dreimal aus einem tieffliegenden Flugzeug per Fallschirm Vorräte abwerfen, tötete eine Klapperschlange und übernachtete in einer Felsbehausung der Anasazi.

Ich denke, Ihnen ist bewußt, daß so etwas, wegen der zahlreichen Rucksacktouristen und Flußsportler, heute weder erlaubt noch angebracht ist.

C. F. 1990

Geologisches Profil des Grand Canyon
(schematisiert)

	Durchschnittliche Dicke der Schicht in Meter	geschätztes Alter der Schicht in Mio. Jahren
CANYONRAND		
Kalkstein (grauweiß)	120	225
Sandstein (hellbraun)	100	250
Supai-Formation – Sandstein, Schiefer (rot, grau)	300	275
ESPLANADE		
Redwall-Kalk (grau, rot-bunt)	200	300
Muav-Kalk (grau, rot-bunt)	60	450
INNERE SCHLUCHT / TONTO-PLATEAU — Bright-Angel-Schiefer (grau)	200	475
Tapeats-Sandstein (braun)	80	500
– »Große Uneinheitlichkeit« (Great Unconformity) –		
Vishnu-Glimmerschiefer (dunkelgrau) und Granit und Gneis mit Einschlüssen (Farbe uneinheitlich, dunkel)	unbekannt	1000 – 2000

DER ORT

Wahrscheinlich ist es am besten, sich zunächst ein paar klare, objektive Fakten anzusehen.

Der Grand Canyon ist eine Schlucht, die wie ein gigantischer und unglaublicher Riß das Wüstenplateau Nordarizonas zerschneidet. Er ist 350 Flußkilometer lang. In der Mitte ist er gut 1700 Meter tief – man könnte das Empire State Building viermal übereinanderstellen, ohne daß es über den Rand ragen würde. Die Schlucht ist im Schnitt 15 Kilometer breit, doch manche ihrer Ausbuchtungen erstrecken sich über die doppelte, ja sogar über die drei- oder vierfache Breite. Die Gesamtfläche beträgt über 1600 Quadratkilometer. Der allergrößte Teil dieses Gebiets wird so gut wie nie von Menschen besucht, und selbst heute gibt es noch unerforschte Bereiche.

Die Entstehungsgeschichte des Canyon ist ziemlich einfach.

Vor langer Zeit – einigen wir uns für den Moment auf sieben Millionen Jahre – schlängelte sich der (heute so genannte) Fluß Colorado durch eine Ebene. Dann wölbte sich unter dem Flußbett ganz langsam ein riesiger Kegel auf. Während er sich pro Jahrhundert um zwei oder drei Zentimeter anhob, schnitt sich der Fluß in ihn ein. Das ist schon alles. Kein plötzlicher Ausbruch, nur eine ungeheuer langsame Anpassung an eine neue Situation – in ungeheurem Maßstab und über ungeheuer lange Zeit hinweg. Eine Anpassung, die vermutlich immer noch weitergeht. Auch heute nimmt der Colorado noch weitgehend denselben Weg, den er vor der Aufwölbung des Kegels nahm. Doch das Gestein, das vor sieben Millionen Jahren seine Böschung bildete, liegt jetzt gut anderthalb

Kilometer über dem Fluß und bildet den Rand des Canyon.

Intellektuell kann man diese Geschichte leicht begreifen. Schwieriger wird es, wenn man ihre Realität mit seinem ganzen Wesen nachvollziehen will, so vollständig, wie man nachvollziehen kann, daß ein sehr alter Mensch fast ein ganzes Jahrhundert durchlebt hat. Und im Fall des Canyon wäre das erst der Anfang.

Wenn man zum ersten Mal intensiv über solche Zeitspannen nachdenkt, zuckt man wie vor einem imaginären Abgrund zurück. Doch man sollte meiner Ansicht nach bedenken, daß wahrscheinlich am Grund jeder wirklichen Herausforderung so etwas liegt wie eine elementare Angst. Und dabei spielt es absolut keine Rolle, ob diese Herausforderung sich an den Geist oder an den Körper richtet oder, was noch verlockender ist, an beides.

DER TRAUM

Es geschah ganz unerwartet, wie Bedeutsames oft geschieht. Ein Freund und ich fuhren Anfang Juni von New York an die Westküste, und nördlich des Highway 66 waren wir abgebogen, um schnell einen Blick auf den Grand Canyon zu werfen. So gegen zehn Uhr stellten wir den Wagen ab und gingen über den Asphalt auf den Rand zu. Natürlich kannte ich Fotos und Gemälde vom Canyon zur Genüge und dachte, ich wüßte, was mich erwartet: eine beeindruckende Aussicht, die kein Tourist, der was auf sich hält, versäumen sollte.

Noch ein gutes Stück bevor wir dicht herankamen, sah ich den Raum. Ein gigantischer, klaffender Raum, auf den die Bilder mich nicht vorbereitet hatten. Ein unmöglicher, atemberaubender Spalt im Gesicht der Erde. Und aus diesem Raum leuchtete ein weiches, strahlendes Licht.

Wir kamen direkt an den Rand.

Und da war die Tiefe und erschlug meine Sinne. Die Tiefe und die Entfernungen. Klippen und Kuppen und schräge Terrassen, alle in einer Größenordnung, die meine sämtlichen Vorstellungen weit hinter sich ließen. Farben, die weder rot noch weiß, noch rosa, noch violett waren, sondern alle in eins verschmolzen. Und alles schien ein bestimmtes Grundmuster zu haben.

Noch ehe ich begriff, was ich sah, hörte ich die Stille; ich spürte sie wie etwas Gegenständliches; ich stand ihr gegenüber. Eine Stille, in der das Kreischen eines Blauhähers ein Sakrileg gewesen wäre. Eine solch elementare Stille, daß das ganze gigantische Chaos aus Felsen und Raum und Farbe wirkte, als sei es durch sie hinabgesunken und läge da nun, von allem getrennt, zeitlos.

In dieser ersten Schocksekunde wußte ich schon, daß mit meiner Sicht der Dinge etwas geschehen war.

Seltsamerweise weiß ich nicht mehr genau, wann die Entscheidung fiel. Ich weiß, daß es nicht mehr an diesem Vormittag war. Doch den ganzen Nachmittag saß ich am Rand des Canyon und blickte in die glühende und anscheinend wasserlose Felswüste hinab. Sah mir das Muster genauer an, aus dem der ganze Canyon gemacht ist. Dieses gestreifte Sägezahnmuster, das mich während jener ersten Schocksekunde unvermittelt und heftig angesprungen hatte. Ich betrachtete seine riesigen, sich abwechselnden Bänder aus Felsklippen und hängenden Terrassen, die, in stetem Wechsel, aber ohne sich zu wiederholen, vom Rand bis fast zum Fluß hinunterführen. Ich sah nach Osten und Westen, so weit meine Augen etwas erfassen konnten, bis Klippen und Terrassen sich in diesigen Fernen auflösten. Es war geheimnisvoll und furchtbar – und verlockend. Und irgendwann im Lauf dieses Nachmittags wurde mir klar: Wenn es eine gangbare Route gab, dann würde ich vom einen Ende des Canyon bis zum anderen laufen. Nachdem dieser Gedanke Gestalt angenommen hatte, bäumten sich nicht etwa furchtbar vernünftige Zweifel auf und belästigten mich. Und ich brauchte auch keine dieser zerbrechlichen Stützen namens »Gründe«. Die einzige Frage, die ich mir stellte, war, ob das ganze Unternehmen überhaupt physisch machbar war. Vielleicht ist es diese unkomplizierte Gewißheit, die viele der verrückten und wunderbaren Träume auf dieser Welt hervorbringt.[1]

---

[1] Mir scheint, mein Entschluß bedarf der Erläuterung. Ich bin, was man einen zwanghaften Zufußgeher nennen könnte. An jedem freien Wochenende schnappe ich mir eine Straßenkarte, picke mir eine große, leere Gegend heraus, die mir einladend erscheint, fahre bis zu ihrem Rand, stelle den Wagen ab und laufe mit einem Rucksack los,

Am Spätnachmittag dieses ersten Tages ging ich zum Besucherzentrum des Nationalparks. Dort erfuhr ich, daß zwar schon viele Leute den Fluß in Booten hinabgefahren waren, doch offenbar hatte sich noch nie jemand seinen Weg zu Fuß durch den Canyon gebahnt. Ich glaube, ich dachte nur an die körperlichen Anforderungen der Aufgabe, daher stellte ich lauter pragmatische Fragen. Ich wollte zum Beispiel wissen, ob es einem Menschen möglich sei, die hängenden Terrassen zu überwinden. (Ich habe sie hängende Terrassen genannt, weil sie mir auf Anhieb so vorkamen; zur Verdeutlichung sollte ich wohl sagen, daß sie schmale, steil abfallende Simse sind, die sich oft Kilometer um Kilometer um Kilometer als gefährliche Stufen zwischen den aufeinanderfolgenden Felsklippen hinziehen.) Ich wollte auch wissen, ob es da unten, in dieser Welt aus Hitze und Trockenheit, gelegentlich Wasserstellen gab. Doch außer der Tatsache, daß selbst in den letzten Jahren noch Menschen dort unten verdurstet waren, fand ich nur heraus, daß offenbar niemand über solche Dinge Bescheid wußte. Während ich in dem Besucherzentrum herumschlenderte, mir die Exponate ansah und mit Park Rangern sprach, erfuhr ich allerdings eine Menge Neues. Ich hörte von den Pflanzen, die da unten in dem wachsen, was das Auge vom Rand aus als pure Felswüstenei interpretiert. (Es ist allein die Entfernung, die die Lebenszeichen auslöscht.) Ich hörte von den vielen Tieren, die in dieser vermeintlich toten Welt leben: nicht nur Spinnen und Klapperschlangen, sondern auch

um zu sehen, wie es dort aussieht. Einmal verbrachte ich – aufgrund von etwas, das verdächtig nach Spontaneität roch – einen Sommer damit, von einem Ende Kaliforniens zum anderen zu laufen, von Mexiko nach Oregon. In sechs Monaten ging ich rund 1700 Kilometer zu Fuß durch Wüsten und Gebirge. Und ich habe es keinen Moment bereut.

Rotwild und Kojoten und Rotluchse und sogar Pumas. Ich hörte von den Fossilien, den Botschaften aus uralter Zeit. Und von den Felsen. Und von ihren Namen. Und nach einer Weile begriff ich – jenseits der bloßen Informationen –, daß der Canyon ein riesiges Naturkundemuseum der Erdgeschichte darstellt.

An diesem Abend entfloh ich dem Gewimmel – den Straßen und dem Verkehr, den Touristen im Geschirr ihrer Kameras, den Hotelportiers in ihren grellroten Jacketts – und spazierte an einem einsamen Stück den Canyonrand entlang. Ich setzte mich unter einen Wacholderbaum. Und an diesem friedlichen Plätzchen stellte ich fest, daß ich in die Stille eingetreten war.

Nachdem ich lange dagesessen und das ungeheure Panorama aus Steinskulpturen betrachtet hatte, das sich unter mir ausbreitete, konnte ich seine Entstehung allmählich nachvollziehen. Und ich begriff langsam, daß die Stille keine, wie ich anfangs gedacht hatte, zeitlose Stille war. Es war eine Stille, die sich aus den Sekunden zusammensetzte, die Zeitalter für Zeitalter verronnen waren – mit derselben Gewißheit und Bedächtigkeit, mit der unsere Sekunden heute verrinnen. Einen Wimpernschlag lang erspähte ich die Jahrhunderte, wie sie zurückreichten und hinab in den Canyon und in die Vergangenheit, zurück und hinab durch den Tunnel der Zeit, der sich schweigend hinter uns ausdehnt, zurück und hinab in die unfaßbare Geschichte, die dem Menschen auf den ersten Blick keinen sinnvollen Platz zuzuweisen scheint.

Und als die Angst sich allmählich legte, erkannte ich, daß mein Entschluß, den Canyon zu durchwandern, vielleicht mehr bedeutete, als mir bewußt war. Wenn ich in diesen riesigen Riß im Antlitz der Erde hinabstiege, tief in den Raum und die Stille und die Einsamkeit hinein, dann würde ich mich vielleicht so weit durch die glatte und offenbar undurchdringliche Oberfläche der Zeit zurück- und hinabbewegen, wie es derzeit überhaupt möglich ist. Wenn ich genug einsetzen könnte, würde mich diese Reise lehren, wie die Jahrhunderte unsere Welt gestalteten. Denn ich würde sehen, wie die Felsen entstanden und wie sie verformt worden waren. Wie das Leben sich aus einfachsten Anfängen zu jenem komplexen und erstaunlichen Schauspiel entwickelt hatte, das wir nur noch beiläufig wahrnehmen. Wie es das Gestein mit einem Gewebe überzogen hatte, dessen raffinierte und verwobene Struktur wir »zivilisierten« Menschen nur zu oft gar nicht mehr erkennen. Ich würde viele Fäden dieses Gewebes sehen: einfache Algen und Flechten genauso wie Wacholderbäume; Katzenfische und Schmetterlinge und Kolibris genauso wie Wildpferde und Bighorn-Schafe und andere Mitglieder des Säugetierlebensfadens, der jüngst im Weltgefüge an die beherrschende Stelle gerückt ist. Ich würde sogar Spuren jenes selbstbewußten Säugetiers finden, das während der letzten kleinen Handvoll von Jahrhunderten seine Zahl und seine Vielfalt so ungeheuer vergrößerte, daß es jetzt jeden Augenblick das ganze, sorgfältig ausbalancierte Netz zu zerreißen droht, so daß nur noch zerfetzte Reste im Wind der Zeit flattern. Vielleicht würde ich sogar einen Hinweis darauf erspähen, wie dieses eigenartige Tier sinnvoll in das große Ganze paßt. Und vielleicht fände ich sogar – jenseits der derzeit gültigen wissenschaftlichen Antworten, aber in Einklang mit ihnen – neue, persönliche Lösungen für die alten, immerwährenden Menschheitsfragen »Woher kommen wir?« und »Warum sind wir hier?« Denn indem ich mich so nah an diesem Lebensgewebe und an dem Fundament, über das es sich ausbreitet, aufhielt, würde ich schließlich möglicherweise einen Hauch von Erkenntnis über das Muster gewinnen, das beiden zugrunde liegt.

Wie sich diese Vision in mein bescheidenes Leben einfügen sollte, wußte ich dort unter dem Wacholderbaum nicht. Aber das machte nichts. Was ich wußte, reichte aus.

Ein Jahr verging, ehe ich mein Unterfangen umsetzen konnte.

Vielleicht war das ganz gut so: Um herauszufinden, ob man etwas wirklich will, gibt es keinen besseren Prüfstein als die Zeit. Wenn ein Traum ein Jahr des Zweifelns und der Entmutigung und der Enttäuschungen und all des sich hinschleppenden Kleinkrams der Nachforschung und Planung und Vorbereitung unversehrt übersteht, dann kann man getrost davon ausgehen, daß man die Sache wirklich durchziehen will.

Schon früh in diesem Jahr wurde deutlich, daß »von einem Ende des Canyon bis zum anderen« eine verschwommene Zielsetzung war; offenbar gab es keine zwei Leute, die sich darüber einig werden konnten, wo der Canyon anfing und wo er aufhörte. Also formulierte ich den Satz neu: Ich wollte »von einem Ende des Grand-Canyon-Nationalparks zum anderen« laufen, also durch den größten und großartigsten Teil des Canyon.

In den kommenden Monaten sammelte ich alle nützlichen Informationen, die ich bekommen konnte. Die Ausbeute war gering. Von einer bemerkenswerten Ausnahme abgesehen, fand ich niemanden, der mir helfen konnte. Doch ich zog ausgezeichnete topografische Karten zu Rate, annähernd vollständige Wetterstatistiken sowie ein paar alte Forschungsberichte, die mir ergänzende Informationen lieferten. Und allmählich bekam mein Plan Konturen.

Ich würde zwei Monate dafür veranschlagen. Mir war klar, daß ich mir wahrscheinlich einen erheblich schnelleren Weg durch den Canyon bahnen konnte, doch das hätte mein Unternehmen zu einer *tour de force* gemacht. Und was ich, so es denn machbar war, wollte, sollte eher einem Picknick ähneln. Oder vielleicht einer Pilgerfahrt.

Wie ich erwartet hatte, kam die naheliegendste Route – entlang des Colorado – aller Wahrscheinlichkeit nach nicht in Betracht: Der Fluß schneidet sich Kilometer weit durch tiefe Felsschluchten, die nach allgemeiner Einschätzung zu Fuß nicht passierbar waren. Doch die hängenden Terrassen erweitern sich manchmal zu Felsplattformen, und selbst dort, wo sie sich zu steilen und schmalen Geröllhalden verengen, ließ sich wahrscheinlich meist ein Weg finden.

Das große Problem, stellte ich fest, war die Wasserversorgung. Im östlichen Teil des Nationalparks würde ich an vielen Stellen ohne Mühen an den Colorado gelangen. Außerdem gab es dort mehrere Nebenarme, die ständig Wasser führten. Doch im Westen verlief der Fluß fast ständig durch eine Felsschlucht, so daß man von oben nur selten an ihn herankam, daher würde ich weitgehend von kleinen Aushöhlungen im Gestein mit Regen- oder Schmelzwasser abhängig sein. Starke Niederschläge gab es meist im Spätsommer, aber sie fielen höchst unregelmäßig, und die Temperaturen im Canyon würden zu dieser Jahreszeit an den meisten Tagen bei 38 °C im Schatten liegen. Zuverlässiger regnete oder schneite es im Winter oder im frühen Frühling. Die Kälte konnte in dieser Zeit jedoch −30 °C erreichen, wie sie einmal am Südrand gemessen worden war, und das ist kein Wetter für eine Pilgerfahrt, geschweige denn ein Picknick. Also beschloß ich, Anfang April aufzubrechen. Wenn ich sorgfältig plante, zwei Gallonen Wasser mitnahm, keine Dummheiten machte und Mißgeschicken brav aus dem Weg ging, dann müßte ich eigentlich hinkommen, schätzte ich.

Ich wußte, selbst wenn ich mir 30 Kilo Gepäck auf den Rücken lud, konnte ich immer nur die Vorräte für eine Woche tragen, daher entschloß ich mich, eine Wochenration per Maultier in das Indianerdorf Supai zu schicken sowie eine zweite zur Phantom Ranch, dem einzigen anderen bewohnten Ort im Canyon. Außerdem würde ich zwei Proviantlager anlegen. Und ich würde ein Flugzeug mieten, das drei Ladungen per Fallschirm abwerfen sollte.

Die Vorräte für die Lager und die Abwürfe würde ich in metallene 5-Gallonen-Kanister packen. Außer der Trockennahrung für eine Woche (jeweils ergänzt durch eine Büchse Luxus wie Austern oder Froschschenkel sowie eine kleine Flasche Bordeaux) würde jeder Behälter Nachschub an lebenswichtigen Gebrauchsgegenständen enthalten: Flüssiggas für den Kocher, Toilettenpapier, Streichhölzer, Filme, Taschenlampenbatterien, Waschpulver, Seife (eine halbes Stück), Stiefelfett, Luftpostpapier für Notizen, Franzbranntwein zum Erfrischen und Einreiben der Füße sowie Plastikgefrierbeutel in verschiedenen Größen für alles mögliche. In einige Behälter kamen auch noch Socken, Fußpuder und Tabletten zum Entkeimen von Wasser.

Als die Vorbereitungen während der letzten Monate dieses Wartejahres auf ihren unausweichlichen Schlußpunkt zusteuerten, brummte jeder Tag vor Problemen: Da war der Riesenberg der Detailfragen, was ich mitnehmen sollte und was nicht. Des weiteren mußte ich mir klarwerden, wie ich mit Klapperschlangen, Skorpionen und verstauchten Knöcheln fertig werden wollte, wenn es kilometerweit kein Wasser gab. Dann stellte ich erschreckend kurz vor Toresschluß fest, daß ich für die ganze Sache gar nicht genug Geld auf der Bank hatte – doch in letzter Minute konnte ich der bestzahlenden Zeitschrift im Land eine meiner Geschichten verkaufen.

Schließlich schwanden die letzten Probleme dahin, und es wurde Zeit zum Aufbruch. Ich lud alles auf meinen alten Kombi und fuhr die 1300 Kilometer von meiner Wohnung in Berkeley, Kalifornien, nach Flagstaff, Arizona, wo ich ein paar letzte bürokratische Angelegenheiten regeln mußte.

Ich glaube, ich zog nie ernsthaft in Erwägung, daß die Sache wirklich total schiefgehen könnte. Ich bin immer noch naiv genug, zu glauben, daß jemand erreicht, was er will, wenn er es nur will. Und ich wollte durch diesen Canyon.

Natürlich hatte ich alles Machbare getan, damit das so blieb – mein Traum sollte frisch und makellos bleiben, daher schützte ich mich unter allen Umständen vor zu großer Gewöhnung, diesem schleichenden und tödlichen Gift.

So hatte ich zum einen nach reiflicher Überlegung beschlossen, außer ein paar geologischen Büchern so gut wie nichts über den Canyon zu lesen – gerade nur soviel, wie mir nötig erschien, um wichtige Informationen über Wege und Wasserstellen zu bekommen. Schließlich stieg ich ja nicht wegen Zahlen und Fakten dort hinunter.

Ähnlich zurückhaltend ging ich auch mit dem Canyon selbst um. Bei meinem ersten kurzen Besuch war ich auf einem gut ausgetretenen Touristenpfad bis vielleicht 100 Meter unter den Rand gelaufen, und der Ausblick hatte mich erschreckt, mich mit Demut erfüllt und in seinen Bann geschlagen. Als Vorgeschmack hatte das völlig ausgereicht, und recht bald war mir klargeworden, daß mehr davon nicht gut sein würde. Später, in der Planungsphase, hatten etliche Leute gesagt: »Mach doch vorher einen Tiefflug darüber; auf die Weise kannst du nach einem sicheren Weg Ausschau halten.« Doch ich hatte der Versuchung widerstanden.

Als es dann darum ging, die beiden Vorratslager einzurichten, ergab sich ein heikles Problem: Wenn ich sie unten im Canyon anlegte, würde ich in Gebiet eindringen, das ich noch nicht kennen wollte; plazierte ich die Vorräte aber oberhalb des Rands, dann würde ich sowohl die wirkliche als auch die symbolische Kontinuität meiner Wanderung durchbrechen, wenn ich sie abholte. Ich befreite mich schließlich aus der Zwickmühle, indem ich sie dicht unterhalb des Canyonrands deponierte.

Als ich mich dann noch zwei Wochen in Grand Canyon Village herumtreiben mußte, weil ich eine Entzündung an der Ferse hatte, ging ich nicht öfter als zwei- oder dreimal zum Rand. Und selbst dabei bemühte ich mich, nur oberflächlich hinabzusehen.

Und es klappte. Mein Traum blieb bestehen.

Dann, spät an einem Tag Mitte April, schwand der Traum still dahin, und die Wirklichkeit nahm seinen Platz ein.

DIE REISE

Einstieg

Meine Wanderung begann bei Sonnenuntergang am Hualpai Hilltop. Sie begann in Wind und Staub und Leere. Diese Leere, sie lauert immer am Beginn einer Reise, die etwas in Gang setzt. Und wenn es ihr gelingt, sich in einem unachtsamen Augenblick breitzumachen, dann scheint sie dich in eine große, durchsichtige Plastikkugel einzuhüllen. Sobald sie dich hat, schneidet die Kugel dich von der glatten Realität der Welt ab. Sie erstickt die warme Wirklichkeit der Gefühle. Und auf jeden Fall löscht sie deinen Ehrgeiz aus, macht die eigentlichen Gründe für deine Reise obsolet. Du weißt wohl, daß es nicht lange dauern wird, bis du wieder fühlst und verstehst und hoffst. Doch einstweilen existiert nur diese Leere.

Als Lorenzo Sinyala, der Havasupai-Indianer, der mich aus Grand Canyon Village herübergefahren hatte, seinen Pick-up-Truck am Hualpai Hilltop anhielt, war die Leere schon da, grau und gesichtslos. Und als ich auf dem staubigen Parkplatz ausstieg, wurde sie noch grauer und gesichtsloser. Eine Brise sichelte über die kleine planierte Fläche, wirbelte Staubwolken auf und blies sie über eine Sandsteinklippe davon. Lorenzo und ich standen am Rand dieser Klippe und blickten in den grauen Grund des Hualpai Canyon hinab, der gut 300 Meter unter uns lag. Hinter der gegenüberliegenden Canyonwand ging die Sonne unter, und das Grau wuchs und begrub alles unter sich. Jeder Windstoß auf der Klippe hüllte uns in Staub. Es war ein grober, sandiger Staub, der meine nackten Beine stach und körnig in mein Gesicht wirbelte.

Lorenzo deutete nach rechts, wo der Pfad sich durch eine Kluft im Sandstein nach unten wand und sich auf dem Boden des Hualpai Canyon mit einem ausgetrockneten Flußbett vereinigte, ehe er sich weiter nordwärts und außer Sicht schlängelte. Es seien 14 Kilometer bis nach Supai, sagte er, dem Dorf, in dem er geboren sei. Und 32 Kilometer bis zur Inneren Schlucht des Colorado. Er sagte auch, daß er Supai vor 30 Jahren verlassen habe und seitdem nur dreimal dort gewesen sei. Doch obwohl ich zuhörte, waren seine Worte bloß Worte. Denn Lorenzo – genau wie der Parkplatz und die Sandsteinklippe und der wirbelnde Staub – existierte nur schwach in der Leere um mich.

Nach einer Weile ging ich zurück zum Pick-up, nahm meinen Rucksack von der Ladefläche und schwang ihn mir auf den Rücken. Lorenzo und ich gaben uns die Hand. Dann ging ich zum Rand des Parkplatzes und machte – im vollen Bewußtsein der Bedeutung dieses Augenblicks – die ersten Schritte den Pfad hinab. Die Leere kam mit.

Der Pfad fiel steil ab. Beim Gehen spritzte Staub unter meinen Stiefeln hervor wie Wasser. Er hing einen Moment lang in der Luft, dann wirbelte der Wind ihn fort. Ich ging weiter abwärts. Der Pfad wand sich um einen mächtigen Felspfeiler, kreuzte unter einem Überhang durch und bog scharf nach links.

Und dann lief ich nicht mehr.

Ich stand allein und weltverloren und ahnungslos, warum ich angehalten hatte, auf einer natürlichen Felsplattform, die über den Hualpai Canyon ragte. Wände aus grobkörnigem, braunem Sandstein umgaben mich und hielten den Wind ab. Ich stellte fest, daß ich lauschte. Es war so still, daß außer der Stille nichts zu hören war.

Ich blieb nicht sehr lange auf der Plattform. Aber als ich weiter den Pfad hinablief, war die Leere fort. Und als ich fallenden Steinbrocken nachsah, war der graue Kies auf dem Grund des Hualpai Canyon nicht mehr grau, sondern blaugrau vom weichen Abendlicht. Ich wußte, daß ich die von Menschen gemachte Welt hinter mir gelassen hatte. Jene Welt, in der die Tage von Uhren und Dollars und Verkehr und anderen Leuten aufgezehrt werden. War eingetreten in eine Welt, die von der Sonne und vom Wind und vom Gelände beherrscht wurde. Hier zählten der Rucksack auf deinem Rücken, das Sonnenlicht auf zerklüfteten Felsen und der Weg vor dir. In dieser Welt konnte man sich nur auf sich selbst verlassen.

Als ich unten im Hualpai Canyon ankam, war es fast dunkel, und sobald ich den Hang hinter mir hatte, bog ich vom Pfad ab und suchte mir eine flache, offene Stelle auf der mit Gestrüpp und Geröll bedeckten, welligen Ebene.

Sogar noch ehe ich den Rucksack vom Rücken rutschen ließ, kam mir das gewählte Schlafzimmer vertraut vor. Das Dämmerlicht verbarg die Reinheit und Offenheit der Wüste, die ich immer wieder vergesse, nicht ganz. Und ich spürte wieder ihre scheinbare Unfruchtbarkeit und tatsächliche Vielfalt.

Bald genoß ich die vertrauten Belohnungen des einfachen Lebens, die befreienden primitiven Lebensgewohnheiten und Vorsichtsmaßnahmen.

Als ich anfing, mit der Taschenlampe ein paar jener spröden Holzstücke zu suchen, die in so einer Landschaft als Feuerholz herhalten müssen, war mir klar, daß ich mein Gepäck in dieser fast merkmalslosen Geröllebene nur allzuleicht aus den Augen verlieren konnte. Darum suchte ich auf einer geraden Linie und knipste gelegentlich die Lampe aus, um mich an einem entfernten weißen Fleck zu orientieren, den man im letzten Licht gerade noch so erkennen konnte. Auf dem Rückweg hielt ich mich an die

Kontur einer Felszacke in der Canyonwand, über der schon ein Stern glitzerte. Als mein Rucksack wieder vor mir auftauchte – einen Ton dunkler als die Nacht –, hatte ich das deutliche Gefühl, etwas geleistet zu haben.

Die wohltuende Vertrautheit hielt sich den ganzen Abend über. Als ich Papier brauchte, um ein Feuer anzufachen, holte ich die Rolle Toilettenpapier aus ihrer Plastiktüte. Dabei entluden sich Energieblitze, die in der trockenen Luft tanzten, und ich empfand eine geradezu kindliche Begeisterung darüber. Und als das Feuer aufgeflammt war, es die Dunkelheit verdrängte und, wie jedes Lagerfeuer, warmes, flackerndes Wohlbehagen verbreitete, saß ich da und sah zu, wie die Funken in die Nacht stoben. Während ich sie beobachtete, kam ich mir vor, als wäre ich nach langer Abwesenheit in ein gern erinnertes Haus zurückgekehrt: Im Lauf der Zeit sind die Einzelheiten in Vergessenheit geraten, aber jetzt ist es, als sei man nie fort gewesen.

Als ich dann beim flackernden Schein des kleinen Feuers mein Nachtlager herzurichten begann, merkte ich, daß ich ganz schnell wieder in die Routine des Rucksackein- und -auspackens verfiel, die sich im Lauf der Jahre herausgebildet hatte. Die Handgriffe würden den täglichen Rahmen meiner Wanderung bilden. Bald würde mir das überhaupt nicht mehr auffallen. Aber jetzt, an diesem ersten Abend, war ich mir jeder schon so oft geübten Bewegung wieder deutlich bewußt.

Noch bevor ich losgegangen war, um Feuerholz zu suchen, hatte ich meinen Rucksack mit meinem langen Bambusstock abgestützt, indem ich das eine Ende des Stocks schräg in den lockeren Kies rammte und das andere unter die obere Querstange des Aluminiumrahmens klemmte. Jetzt, da das Feuer hell loderte (obwohl es ständig Nachschub brauchte, denn Wüstenholz brennt wie

Zunder), plazierte ich den Rucksack sorgfältig am oberen Ende des kleinen unbewachsenen Kiesfleckens, den ich mir ausgesucht hatte. Und ich grub das Ende der Stange noch tiefer in den Kies ein, damit der Rucksack auch dann noch einen festen Stand hätte, wenn ich ihn wie gewohnt als Rückenlehne verwenden würde.

Dann schlug ich die Klappe zurück und nahm alles heraus, was ich für die Nacht brauchte. Wie üblich hatte ich die Sachen so verstaut, daß die, die ich vermutlich bei der nächsten Rast benötigen würde, ungefähr in der gewünschten Reihenfolge zum Vorschein kamen.

Zuerst holte ich zwei Feldflaschen mit je einer halben Gallone Wasser hervor (zwei weitere lagen weiter unten) und legte sie neben dem Rucksack auf den Kies.

Danach packte ich die leichte, daunengefütterte Jacke aus und zog sie gleich an; sie war das einzige warme Kleidungsstück für den Oberkörper, das ich mitgenommen hatte. Der Abend war noch nicht kalt – es war überhaupt nicht kalt. Und es ging auch nichts, was man Wind hätte nennen können. Dennoch spürte ich bereits schwach, vor allem da, wo mein Hemd mir feucht im Kreuz klebte, diese fallende Luftströmung, die es nachts häufig in Wüstencanyons gibt.

Als nächstes holte ich einen blauen Nylon-Poncho aus dem Rucksack, der bei diesem Unternehmen – bei dem ich nur während der ersten zwei, drei Wochen Regen erwartete – eine Dreifachfunktion als Regenumhang, Sonnendach und Sitzunterlage haben sollte. Er war brandneu und solide, und ich hoffte, daß er nicht so schnell Löcher vom darauf Sitzen bekommen würde. Ich breitete ihn vor dem Rucksack aus, so daß sein linker Rand noch rund einen Meter vom Feuer entfernt war.

Dann hob ich den großen Plastikwäschebeutel heraus, in dem sich meine sämtlichen Lebensmittel für die nächsten 24 Stunden befanden. (Der Rest der Wochenration befand sich in einem weiteren großen Beutel ganz unten im Rucksack.) Ich legte den Vorratsbeutel auf die Sitzunterlage, und zwar auf der Feuerseite. Anschließend holte ich die beiden ineinandersteckenden Aluminiumtöpfe heraus – alte und ziemlich mitgenommene Freunde aus vielen Jahren des Kochens –, zog den Plastikbeutel ab, in den ich sie immer einpacke, und steckte ihn sorgfältig zwischen das Traggestell des Rucksacks und den Rucksack selbst, so daß keine plötzliche Nachtböe ihn wegwehen konnte und ich ihn am Morgen fast automatisch hervorziehen würde. In den kleineren Topf hatte ich oben auf dem Hualpai Hilltop eine Viertelpfundpackung entwässerter Kartoffelscheiben geleert, dazu eine halbe Tasse Wasser und etwas Salz, so daß die Kartoffeln zur Abendessenszeit wieder aufgequollen sein würden und statt einer halben Stunde nur zehn Minuten kochen müßten. Jetzt schüttete ich sie in den großen Topf und spülte die letzten festklebenden Scheiben mit Wasser heraus, das ich sowieso zum Kochen brauchen würde.

Als nächstes nahm ich meinen kleinen Gaskocher heraus, zog ihn aus seiner Plastiktüte und klemmte auch diese zwischen Traggestell und Rucksack. Dann setzte ich den Griff in die dafür vorgesehene Fassung, nahm ihn zwischen Daumen und Zeigefinger und hielt den Kocher drei Handbreit über das Feuer. Nach einigen Sekunden setzte ich ihn neben der Ponchoplane ab, drehte ihn ein paarmal in den Kies, um ihm festen Halt zu geben, und öffnete das Ventil der Düse eine halbe Umdrehung weit. Flüssiges Gas stieg, vom Feuer erwärmt, aus der Düse, lief den Düsenfuß hinab und sammelte sich in einer Vertiefung im Boden des Kochers. Als ich im hellen Licht meiner Taschenlampe sah, daß die Vertiefung fast voll war, schloß ich das Ventil und hielt ein Streichholz an das flüssige

Gas. Eine blaugelbe Flamme umhüllte den Fuß des Kochers. Mit den Händen schützte ich sie vor dem Wind. Als die Flamme kleiner wurde, öffnete ich das Ventil. Fauchend erwachte der Kocher zum Leben. Es war gut, dieses vertraute Fauchen wieder zu hören. Gut, es wieder vor dem Hintergrund der Nachtstille zu hören – dieser riesigen, weichen, schwarzen, vertrauten Stille.

Ich stellte den Topf mit dem Wasser und den Kartoffeln auf den Kocher und richtete mir weiter mein Nachtlager ein. (Diese Freiheit, sich anderweitig betätigen zu können, während das Essen kocht, ist einer der Gründe, warum ich selten über dem Lagerfeuer koche. Zu den anderen Vorteilen des Gaskochers gehören das Tempo und die einfache Bedienbarkeit. Außerdem – und das ist ganz und gar nicht nebensächlich – verrußt einem ein Kocher nicht die Töpfe, so daß man sich die Hände oder die Kleidung oder die Ausrüstung nicht vollschmiert, was man im Dunkeln nicht sieht und ausgesprochen ärgerlich sein kann.)

Ich legte Feuerholz nach und ging dann ein Stück beiseite, um einen schnellen Blick in die Nacht zu werfen (gerade lange genug, um zu erkennen, daß entlang des hochgelegenen Horizonts über der westlichen Canyonwand immer noch ein Hauch von fahlem Licht vorhanden war), dann holte ich meine hüftlange Luftmatratze aus dem Rucksack und pustete sie auf. Ich machte das Hauptstück hart und das Kopfstück weich (fürs Schlafen würde ich es später genau umgekehrt machen), so daß sie zu einem bequemen Sessel wurde, wenn ich sie mit dem Kopfteil nach unten gegen den Rucksack lehnte.

Schließlich entrollte ich meinen neuen, ultraleichten, mit Daunen gefütterten Mumien-Schlafsack und drapierte ihn über der Luftmatratze. Das leuchtendorange Nylon schimmerte warm im flackernden Licht des Feuers.

Im Licht des Feuers sah ich jetzt auch, daß Dampfwolken unter dem Deckel des Kochtopfs hervorquollen. Ich drehte den Kocher herunter. Das Fauchen schwächte sich ab, aber es schloß die Stille der Nacht immer noch aus – wie eine schwere, gepolsterte Tür.

Ich setzte mich auf den Schlafsack, zog meine Stiefel aus und stellte sie auf der feuerabgewandten Seite neben die Unterlage. Ich zog auch die Socken aus und ließ sie halb aus den Stiefeln hängen. Dann rieb ich meine Füße sparsam mit Franzbranntwein aus einer kleinen Plastikflasche ein, wobei ich sehr aufpaßte, damit nicht zu nah an das Feuer zu kommen. Der Alkohol wirkte so herrlich erfrischend wie ein Sprung ins Schwimmbecken an einem Augusttag in der Stadt. Sobald er getrocknet war, zog ich den Reißverschluß des Schlafsacks ein Stück weit auf, schob meine Füße hinein, zog den Schlafsack locker um die Hüften und lehnte mich zurück. Es war sehr gemütlich so, mit meinem Hinterteil weich auf dem Kopfstück der Luftmatratze und meinem Rücken an dem fest aufgepusteten Hauptteil. Ich saß einige Minuten so da, zufrieden, entspannt, mich treiben lassend – in einem Schwebezustand an der Schwelle zur Tagträumerei.

Es war der Geruch der kochenden Kartoffeln, der mich in die Gegenwart zurückholte. Nun kann man auch mit viel Phantasie nicht behaupten, daß das Aroma von kochenden Kartoffeln einen in Verzückung versetzt. Doch sobald ich mir ihres schweren Geruchs bewußt wurde, der in die reine Wüstenluft hinauszog, hatte ich einen kurzen, heftigen Anfall von Glücksgefühl. Denn der Geruch löste eine Flut von Erinnerungen an die freie Natur in mir aus. In einem einzigen Augenblick durchlebte ich noch einmal hundert Abendessen, alle in diesem selben Topf auf diesem selben Gaskocher zubereitet, bei denen ich an Luftmatratze und Rucksack gelehnt dagesessen hatte, genau wie jetzt. Warme Wüstentäler mit entfernten Hügeln im Abendrot tauchten vor mir auf; feuchte, dunkle Wälder, in denen das Licht meines Feuers den Baumstämmen eine schemenhafte, flackernde Existenz verlieh; kalte Berggipfel, auf denen ich kochte und lebte und schlief und dachte, hoch über der plötzlich unbedeutenden Zivilisation. Diese lebhaften und unerwarteten Erinnerungen fegten die letzten verbliebenen Blasen jener Leere fort, die mich am Hualpai Hilltop umfangen hatte. Und plötzlich merkte ich, daß ich auf neue Weise auf die zwei Monate einfachen Lebens brannte, die vor mir lagen.[2]

Ich beugte mich vor und hob, einen roten Allzweckschal um die Hand gewickelt, den Deckel vom Kochtopf. Der Geruch der Kartoffeln hüllte mich ein. Sie waren fast gar. Ich krümelte eine Stange Pemmikan dazu (85 Gramm Trockenfleisch, je 50 Prozent Eiweiß und Fett, angeblich das Äquivalent zu einem Pfund Steak), außerdem ein paar Flocken Trockenzwiebeln, und rührte die Mischung kurz um. Als ich noch ein Stück Holz nachgelegt und dann mit meinem Taschenthermometer die Bodentemperatur – abseits vom Feuer – gemessen hatte (sie betrug 17 °C), war mein »Eintopf« fertig.

---

[2] Ich staune immer wieder, wie unser Geruchssinn Erinnerungen wecken kann. Einige Monate nach meiner Rückkehr aus dem Canyon sah ich ältere Ausrüstungsgegenstände durch und stieß dabei zufällig auf die blaue Nylon-Poncho-Unterlage, die ich an jenem Abend im Hualpai Canyon zum ersten Mal verwendet hatte. Inzwischen war sie alles andere als brandneu. Ich hielt sie hoch und sah, daß sie noch einen Hauch Rot vom Grand-Canyon-Staub hatte. Und sofort roch ich diesen Staub wieder. Ich kann nicht wiedergeben, was meine Nase mir meldete, denn wenn es um die Beschreibung von Gerüchen geht, ist unsere Sprache sehr armselig. Doch in dem Moment, in dem ich den Staub auf dem zerschlissenen Poncho roch, fühlte ich die Realität des Lebens im Canyon. Ich meine damit nicht bestimmte Einzelheiten, sondern nur die Essenz dieser klaren, sonnenbeschienenen Freiheit.

Halb schüttete, halb löffelte ich etwas davon in meinen rostfreien Stahlbecher, stellte den Topf dann neben das Feuer, um ihn warmzuhalten, und drehte den Kocher ab. Die weiche, schwarze Stille der Nacht flutete erneut herbei und unterstrich, mit welcher Lautstärke der Gaskocher gefaucht hatte.

Ich lehnte mich in meinem Sessel zurück und aß zu Abend, Löffel für Löffel, Becher für Becher. Es war ein ziemlich schlichtes Mahl. In der zivilisierten Welt hätte ich es ziemlich ungenießbar gefunden. Hier schmeckte es gut. Während ich aß – der Kocher war jetzt still, und das Feuer brannte nur noch schwach –, konnte ich wieder die Nacht sehen und hören. Es war sehr still dort draußen in der Dunkelheit. Das Leuchten im Westen war endgültig verschwunden, und der Himmel bestand nur aus Schwärze und Sternen.

Meine Mahlzeit war erstaunlich sättigend, und ich schaffte es nur gerade so, alles aufzuessen. Als ich fertig war, wischte ich mit Toilettenpapier die gröbsten Eintopfreste weg, die noch am Topf klebten (Wasser zum Abwaschen konnte ich nicht erübrigen), und verbrannte das Papier in der letzten Glut des Feuers. Dann füllte ich den großen Topf zur Hälfte mit Wasser für den Morgentee und tat reichlich getrocknete Apfel- und Dattelstücke samt einer Tasse Wasser in den kleinen Topf, so daß das Obst zum Frühstück fertig sein würde. Ich erhob mich, stellte mich an das Fußende meiner Unterlage und pinkelte in die Nacht. Danach ließ ich die meiste Luft aus dem Hauptteil der Luftmatratze, pustete das Kopfstück ziemlich hart auf und legte die Matratze flach auf den Poncho mit dem Kopfteil oben, in der Nähe des Rucksacks. Dann schlüpfte ich wieder halb in den Schlafsack. Alles, was beim Ausziehen aus meinen Taschen herausfallen konnte oder was ich während der Nacht vielleicht brauchen würde – Kugelschreiber und Bleistift, Notizbuch, Thermometer, Brillenetui, Taschenlampe und so weiter –, legte ich in die Stiefel am Bett. Und statt dann, wie vorgehabt, ganz in den Schlafsack zu rutschen, saß ich da und schaute hinauf und hinaus in die Nacht.

Hoch oben konnte ich auf jeder Seite die Konturen der Canyonwände erkennen. Oben rechts ließ sich der Buckel des Hualpai Hilltop ausmachen – bald schon konnte ich mir ganz deutlich den Pfad vorstellen, der sich durch den braunen Sandstein bis zu der Plattform abwärts wand, auf der ich vor zwei Stunden zum ersten Mal in die Stille eingetaucht war. Und ich stellte fest, daß ich mich erinnern – ja, daß ich beinahe deutlicher als vorhin, als ich dort gestanden hatte, den Bogen des abgerundeten Sandsteins und die sauber abgegrenzten Linien seiner Schichten sehen konnte. Die Schichten zeigten – eine nach der anderen –, wie der Fels Tag für Jahr für Jahrhundert aus angewehtem Staub entstanden war. Es dürfte so etwa dieselbe Art sandigen Staubs gewesen sein, die meine Beine gestochen hatte und körnig in mein Gesicht gewirbelt war, angeweht von etwa demselben Wind, der an diesem Abend auf dem Hualpai Hilltop geweht hatte. Ich wußte, daß sich der Sandstein aktuellen Schätzungen zufolge vor 200 Millionen Jahren gebildet hatte. Ich »wußte« heißt: Ich hatte die Fakten gelesen. Hatte gelesen, daß der Colorado in den sieben Millionen Jahren, die er gebraucht hatte, um den Canyon auszufräsen, die Erdgeschichte freigelegt hatte. Er hatte sie – Schicht für beredte Schicht – so deutlich freigelegt, daß selbst der ungeübte Blick sie sehr schnell erkennen lernt. Mit dem Kopf hatte ich die Fakten akzeptiert, meine ich. Aber das war es auch schon.

Das Problem sind die Zahlen. Denn verglichen mit den Felsen, die er freigelegt hat, existiert der Canyon erst seit dem Bruchteil eines Wimpernschlags. Die jüngsten Felsen, oben am Rand, sind 200 Millionen Jahre alt; die ältesten, ganz unten, über anderthalb Milliarden. Doch unsere Menschenhirne verweigern sich zunächst der Realität solcher Zeitspannen. Zum einen fällt es uns schwer, solche Größenordnungen zu erfassen – vielleicht zum Teil deshalb, weil wir sie immer noch mit so ungenügenden Hilfsmitteln wie »Jahren« messen müssen. Wir sind unschwer in der Lage, uns das Jahrhundert vorzustellen, das ein sehr alter Mensch durchlebt hat. Mit einigem Aufwand gelingt es uns auch noch, zwanzig solcher Lebensspannen aneinanderzureihen, womit wir in der Zeit von Christus anlangen. Doch Babylon ist für die meisten von uns schon ins Legendäre entrückt. Und jenseits davon kommen wir hoffnungslos ins Schwimmen.

Doch was uns wirklich am Begreifen hindert, ist Angst.

Ich kann mich noch daran erinnern, wie ich zum ersten Mal hörte, der Mensch sei ein Neuling auf der Erde. Ich weiß noch, wie sich mein junger Geist gegen diese Demütigung wehrte. Vielleicht ist diese Schlacht bis heute nicht geschlagen. Ich vermute, daß die meisten von uns diesen Kampf in einem Teil ihres Gehirns sehr lange führen. Doch wenn man die Wahrheit auch nur einmal flüchtig erblickt hat, ist sie immer da und nagt an einem.

Ich saß in meinem Schlafsack auf dem Boden des Hualpai Canyon, blickte hinauf in die Nacht auf die Konturen der Sandsteinfelsen, und während ich mir die deutlich abgegrenzten Linien ihrer Schichtungen vorstellte, versuchte ich auch den Wind und den Staub zu sehen, die diese Schichten in 200 Millionen Jahren geschaffen hatten. Doch selbst mit dem Sternenlicht als Katalysator gelang es mir nicht, dieses Bild scharfzustellen. Schließlich mußte ich mir eingestehen, daß »200 Millionen Jahre« mir eigentlich nicht viel sagte. Ich konnte mir eine derartige Zeitspanne nicht als etwas vorstellen, das tatsächlich abgelaufen war. Konnte sie nicht so annehmen, wie ich annehmen konnte, daß ein alter Mensch fast ein Jahrhundert gelebt hat. Noch nicht.

Schließlich rutschte ich tiefer in meinen Schlafsack, zog meine Sachen aus und stopfte sie in den Rucksack hinter meinem Kopf. Dann zog ich die Bänder des Schlafsacks fester (eng genug, um nicht zu frieren, und locker genug, um die Nacht beobachten zu können), und während ich sanft in den schattigen Kanal hineinglitt, der aus der Wachheit in den Schlaf führt, sah ich das Problem mit den Zeitaltern aus einem anderen Blickwinkel. Ich hatte mir über die falschen Dinge den Kopf zerbrochen. Am Ende würden nicht die Zahlen ausschlaggebend sein. Sie sind nur Hilfsmittel.[3]

Erkundung

Zwei Tage lang wanderte ich langsam immer tiefer in den Canyon hinein. Vom Hualpai Canyon wanderte ich zum Havasu Canyon. Am dritten Morgen kam ich durch das Dorf Supai. Und die ganze Zeit lebte ich an der Oberfläche der Dinge. Ich fand mich mit dieser Einschränkung ab, denn jede Expedition in die Wildnis bringt ein merkwürdiges und widerspenstiges Paradox mit sich.

---

[3] Selbst die sieben Millionen Jahre, die der Colorado, wie ich oben sagte, brauchte, um den Canyon zu erschaffen, sind nur ein grober Durchschnitt der derzeitigen Expertenmeinungen. Die Schätzungen der Geologen schwanken im Augenblick zwischen einer Million und 25 Millionen Jahren. Und morgen schon mag sich diese Spanne noch vergrößern. Wenn Sie sich also mit sieben oder 200 Millionen Jahren oder ähnlichen Werten, die ich noch verwenden werde, nicht wohl fühlen, dann nehmen Sie sich einfach solche, die Ihnen zusagen. Solange sie groß genug sind – zu groß, um vorstellbar zu sein –, ist ihre Exaktheit für unseren Zweck nicht so wichtig.

Man entdeckt, daß die Mittel, die man für die Flucht aus der Zivilisation gewählt hat – Einsamkeit und Einfachheit –, anfangs neue Mauern errichten. Denn die trivialen Dinge gewinnen die Oberhand. Und sie nageln dich fest an das Unmittelbare. Du schlägst dich mit Blasen an den Füßen herum, mit Hautausschlägen vom Schwitzen und mit Magenproblemen, mit rutschenden Socken und scheuernden Kleidungsstücken, mit Packriemen, die nicht halten, und mit Essen, das dir beständig anbrennt. Du ölst und probierst und justierst und verstellst. Die ganze Zeit fragst du dich, woher du das nächste Wasser bekommen wirst, was dich wärmen oder dir als Unterschlupf dienen soll. Und es dauert nicht lange, bis du merkst, daß diese höchst irdischen Probleme die Tage auffressen.

Wenn das Ganze auch noch eine echte körperliche Herausforderung darstellt, dann wird anfangs dadurch alles nur noch schlimmer, obwohl sie letzten Endes hilfreich ist. Ständig vergewissert man sich auf der Karte, bewertet das Erreichte und setzt die Ziele für morgen. Und die seltenen Augenblicke, in denen man Zeit zum Nachdenken hat, scheinen sich immer dann einzustellen, wenn es gerade an der Zeit ist, weiterzuziehen.

Erfahrung kann den Ausbruch in die Freiheit beschleunigen, aber das ist alles. Letzlich bleibt einem nichts, als dieses widerspenstige und unausweichliche Paradox des einfachen Lebens als etwas hinzunehmen, mit dem man sich zu Beginn jeder derartigen Unternehmung auseinandersetzen muß.

Jener erste anregende Abend auf dem Grund des Hualpai Canyon, an dem ich wenigstens einen kurzen Blick auf die elementarsten geologischen Aspekte hatte werfen können, war eine krasse und erfreuliche Ausnahme von diesem Paradox gewesen. Doch ich kannte den typischen Ablauf. Und ich hatte ihn beständig im Kopf gehabt, als

ich im Vorfeld die groben Umrisse meiner Tour geplant
hatte.

Ich hatte beschlossen, zunächst eine Woche im sicheren, gelegentlich von Touristen besuchten Havasu Canyon zu verbringen, und zwar in der Nähe des Dorfs Supai.
Diese Woche würde teils Eingewöhnung, teils Härtetrai-
ning und teils Erkundung sein.

Dann – vorausgesetzt, das Wetter hätte die Regenlö-
cher gefüllt – wollte ich von Supai aus auf ein breites und
wasserarmes Felsplateau 600 Meter über dem Colorado
steigen, das Esplanade genannt wurde. Zwei oder mehr
Wochen lang würde ich mich auf der Esplanade und ihren namenlosen Ausläufern nach Osten durchschlagen,
bis ich auf einen Pfad, den Bass Trail, stieße.

Jenseits des Bass Trail würden die Schwierigkeiten ab-
nehmen; Wasser würde kein entscheidendes Problem mehr
darstellen. Vielleicht traf ich sogar auf alte, von Menschen
gemachte Pfade. Doch die Aussicht, auch Menschen auf
ihnen zu begegnen, schien gering, und ich hoffte, daß
sich bei meinem Weg nach Osten auf dem Tonto-Plateau
– das durchschnittlich 300 Meter über dem Fluß lag – die
Stunden und Tage und Wochen der Einsamkeit allmählich auszahlen würden.

Ungefähr bei der Hälfte würde ich auf den einzigen bewohnten Ort im Canyon außer Supai stoßen: auf Phantom Ranch, ein kleines Touristenhotel mit Nationalpark-
konzession, das auf dem Grund des Canyon steht, in der
Mitte des Maultier- und Wanderpfades, der hier geradlinig vom Südrand zum Nordrand verläuft. Auf dem zweiten Abschnitt meiner Wanderung würde das Wasser ein
noch geringeres Problem werden. Auch würde sich mein
Organismus bis dahin angepaßt haben. Ich wußte nicht,
was mich jenseits der Phantom Ranch erwartete, oder gar,
was ich zu finden hoffte (obwohl ich bereits von Berich-

ten über alte Felssiedlungen gefesselt war sowie von einem Text über ein »Indianerdorf mit 50 Häusern«, das man einst »entdeckt«, aber dann wieder »verloren« hatte). Doch irgendwie war ich zuversichtlich, daß ich jenseits der Phantom Ranch das finden würde, was mich in den Canyon hatte hinabsteigen lassen.

Die erste Woche war also einer Mischung aus Anpassung, Abhärtung und Erkundung vorbehalten. Sie sollte für die Expedition wichtiger werden, als ich erwartet hatte.

Während dieser ersten drei Tage, an denen ich in den Canyon hinab-, nach Supai abstieg, regelte ich die meisten kleineren Ausrüstungsprobleme, die einen am Anfang jeder Tour heimsuchen. Und ich begann mich fit zu machen.

Natürlich hat man immer vor, eine lange Wanderung in guter physischer Verfassung zu beginnen. Die Pläne sehen vernünftigerweise eine Reihe längerer Trainingseinheiten mit vollem Gepäck vor. Doch im Streß der letzten Vorbereitungen findet sich irgendwie nie Platz dafür, und so kommt man nicht nur innerlich erschöpft am Startpunkt an, sondern zudem mit schlappen Muskeln und pantoffelweichen Füßen. Diesmal war ich besonders unvorbereitet. Zwei frustrierende Wochen lang hatte ich in Grand Canyon Village brachgelegen, bis meine entzündete Ferse auskuriert war, und jetzt, mit gut 30 Kilo auf dem Rücken, mußte ich meine Füße und Muskeln schonender behandeln als üblich.

Aber schon tauchten neue Zwänge auf. Zeitliche, räumliche und wetterbedingte Zwänge. Mein Weg über die Esplanade war nur dann einigermaßen sicher, wenn Regen Felslöcher mit Wasser gefüllt hatte. Doch die Winterstürme waren in diesem Jahr mäßig und weit verstreut ausgefallen, und Frühlingsstürme waren bisher noch nicht in Erscheinung getreten. Ohne vorangegangenen kräftigen Regen würde die Route über die Esplanade riskant werden.

Meine einzige Ausweichmöglichkeit war die Innere Schlucht des Colorado – dieser schmale letzte Abgrund, fast 700 Meter tief und fast senkrecht abfallend, durch den der Fluß über lange Strecken seinen Weg nimmt. Nie hatte jemand versucht, zu Fuß hier durchzukommen. Von allen Erkundungen per Boot war berichtet worden, daß der Canyon auf den entscheidenden 35 Kilometern oberhalb des Havasu Creek am ehrfurchtgebietendsten sei. Zu beiden Seiten, so hieß es, stürzten immer wieder bis zu 600 Meter hohe Felswände zum Fluß hinab. Kein Mensch könne hier zu Fuß einen Weg finden. Doch ich ging davon aus, daß jemand, der wohl eher das Gegenstück einer Landratte war, seine Aufmerksamkeit auf die Gefahren des Flusses und nicht auf Einzelheiten an dessen Ufer richten würde. Die kurze Filmsequenz und zwei alte Fotos der Schlucht, die ich zu Gesicht bekommen hatte, stützen diesen Hoffnungsfunken: Auf allen sah man einen schmalen, steil ansteigenden Sims am Fuß einer oder beider Felswände.

Außerdem hatte ich einen Vorteil. Der Colorado ist der drittlängste Fluß der USA, und er hat entsprechende Kräfte. Bisher jedenfalls. Doch vier Wochen bevor ich zu meiner Wanderung aufgebrochen war, hatte man ihn »entmannt«: Die Schleusen des neuen Glen-Canyon-Damms, 100 Kilometer oberhalb des Nationalparks, waren geschlossen worden. Und während meiner ganzen Zeit im Canyon würde der Fluß vermutlich nur mit einem Drittel oder einem Viertel seiner sonst üblichen Niedrigwassermenge fließen. Niemand schien so recht eine Vorstellung davon zu haben, ob diese künstliche Trockenphase in der Schlucht Zonen freilegen würde, die bislang als unpassierbar galten, doch ich hatte vor, es herauszufinden. Solange auf der Esplanade kein Regen oder Schnee fiel, hatte ich sowieso kaum eine andere Wahl.

Also ließ ich am vierten Tag meines Unternehmens einen Teil des schweren Gepäcks an meinem Lagerplatz in der Nähe von Supai (ich würde innerhalb der nächsten drei Tage in das Dorf zurückkommen, um Vorräte für die folgende Woche zu besorgen) und lief den Havasu Canyon hinab, um die Innere Schlucht zu erkunden.

Noch vor Ende dieses Tages stieß ich auf ein Hindernis, das mir bei all meiner sorgfältigen Planung entgangen war.

Unterhalb von Supai lief ich drei Stunden lang am und oft auch im schnell fließenden, blaugrünen Havasu Creek. Als ich auf der Hälfte zwischen Supai und dem Colorado das Dröhnen der Beaver-Fälle hörte, begann das Licht zu schwinden. Kurz danach kam ich an eine Felsklippe, die sich quer durch die enge Schlucht zog und so den Wasserfall entstehen ließ. Und an ihrem Rand hörte der Pfad, dem ich gefolgt war, auf. Einfach so, wie abgeschnitten. Es war, wie wenn man eine hohe Brücke überquert und plötzlich feststellen muß, daß vor einem ein Stück fehlt. Die Felsklippe fiel unvermittelt steil ab: 15 Meter rauher roter Travertin – eine Kalksteinablagerung, mit der das sehr mineralstoffreiche Wasser des Creek das Muttergestein überzogen hatte. In der zunehmenden Dämmerung konnte ich keinen Weg um diese Klippe herum entdecken. Und zu beiden Seiten türmten sich, gerade mal 100 Meter voneinander entfernt, die riesigen Wände aus Redwall-Kalk auf, die die Wände des Havasu Canyon bilden.[4]

---

[4] Redwall (Rote Wand) ist eine senkrechte rote Felsformation, die sich – ziemlich durchgängig 200 Meter hoch – etwa in der Mitte zwischen dem Rand des Grand Canyon und der Inneren Schlucht befin-

Unschlüssig stand ich am Ende des Pfades und stellte fest, daß ich zum ersten Mal, seit ich Supai verlassen hatte, die Felswände wirklich betrachtete. Der Abend hatte ihnen schon die Farbe genommen, und sie waren nichts als zwei aufragende, undurchdringliche Ödflächen. Ihre oberen Ränder zogen sich gut 300 Meter über mir schwarz und streng dahin. Der blasse Streifen Himmel zwischen ihnen wirkte sehr schmal. Bis zu diesem Augenblick war mir nicht klargewesen, wie tief ich in die Erde hinabgestiegen war.

Ich schüttelte mein Unbehagen ab und suchte nach einem Weg um die Felsklippe herum. In dem Zwielicht fand ich nichts, was ansatzweise danach aussah. Und nach einer Weile fügte ich mich darein, daß ich nichts weiter tun konnte, als hier zu übernachten.

Irgendwie hatte diese Entscheidung etwas Trübsinniges. Natürlich wußte ich, daß dies keine richtige Untersuchung gewesen war: Bei Tageslicht würde sich der Pfad schon zeigen. Doch einen Augenblick lang stand ich im Halbdunkel und zögerte. Bald würden die Sterne herauskommen. Die Canyonränder schienen ungeheuer weit entfernt. Und als ich anfing, zwischen den verstreuten Gesteinsbrocken einen Lagerplatz zu suchen, spürte ich die Tiefe des schwarzen Abgrunds, in dem ich schlafen würde, wie einen Stich. Das monotone, donnernde Dröhnen der Beaver-Fälle schien sich über meine Schwäche lustig zu machen.

Ich nahm die einzige flache Stelle, die ich finden konnte; der Pfad wand sich hier zwischen zwei Travertinblök-

---

det. Das Redwall-Gestein ist kurioserweise blaugrau. Blaugrauer Kalkstein. Doch der Regen, der von den eisenhaltigen Felsen darüber ablief, hat seine Oberfläche vollkommen mit einem satten, herrlichen Rot überzogen.

ken durch. Während ich meinen Schlafsack ausrollte, fiel mir ein, daß dies eine ideale Stelle für einen Rotluchs oder einen Puma war, die um eine unübersichtliche Ecke biegen und über meine hilflose, wie in einen Kokon eingesponnene Gestalt stolpern konnten. Ich malte mir den panischen Schrecken des Tieres aus – und wie es sich dann aus dem normalerweise scheuen Wesen in eine fauchende, reißende Bestie verwandelte. Meine plötzliche Furchtsamkeit erstaunte mich. Ich legte Warnsignale auf dem Weg aus: Auf die Gegenwindseite kamen ein paar Äste des Feuerholzes, das ich schon gesammelt hatte, und in den Wind legte ich eine Rolle Nylonseil, an der mein Geruch haftete. Danach fühlte ich mich besser.

Bevor ich ans Kochen des Abendessens ging, streckte ich mich zum Ausruhen ein paar Minuten auf meinem Schlafsack aus. Und da, während ich so auf dem Rücken lag und beobachtete, wie die ersten Sterne zögerlich in dem fahlen Himmelsstreifen aufblitzten und das Donnern der Beaver-Fälle ringsum die Nacht erfüllte, da spürte ich plötzlich das ganze Gewicht und die ganze Kraft der Redwall-Formation.

Ein paar Wochen zuvor hatte ich John Wesley Powells Bericht darüber gelesen, wie die Gruppe von Booten, die er 1869 den Fluß hinabführte, sich die höchstwahrscheinlich allererste Passage durch den Grand Canyon erkämpfte. Und ich hatte mich gefragt, woher die Beklommenheit stammen mochte, die in den Tagebuchseiten widerklang. Powell, ein hartgesottener, einarmiger Bürgerkriegsmajor, war sicher kein ängstlicher Typ. Doch als ich jetzt rücklings auf dem Grund der schwarzen Redwall-Schlucht lag, verstand ich. Ich war ungeheuer unbedeutend. Unbedeutend und hilflos. Wie ein Insekt. Und wenn wir Menschen uns so fühlen, dann haben wir unvermeidlich auch Angst.

Manchmal hat man die Möglichkeit, von einer hohen

und einsamen Stelle aus einen Blick auf das wimmelnde Leben einer Großstadt zu werfen und dabei die beunruhigende eigene Bedeutungslosigkeit wahrzunehmen. Doch das ist nicht dasselbe. Man spürt dabei nicht den Schmerz der totalen Bedeutungslosigkeit der ganzen Menschheit, und daher sucht einen nicht dieses erschlagende Gefühl heim, unwiderruflich und vollkommen hilflos zu sein.

An den Beaver-Fällen hielt das Gefühl der Hilflosigkeit nur wenige Minuten an. Doch in dieser Zeit erkannte ich, daß ich mich, um mit den körperlichen Herausforderungen des Canyon fertig zu werden, früher oder später einer geistigen Herausforderung würde stellen müssen.

Ich setzte mich auf und zündete meinen Kocher an. Das Dröhnen der Wasserfälle ging in seinem Fauchen unter. Wenig später brannte auch ein Lagerfeuer. Es erfüllte die roten Travertinblöcke, die mein Zimmer bildeten, mit Leben und Wärme. Es ließ hinter dem Zierrat des Zimmers – einem schlanken grünen Busch und einem Feigenkaktus, die genau passend angeordnet waren – Schatten tanzen. Und es verdrängte die Nacht. Doch als ich mich wieder auf meinen Schlafsack zurücklegte, um darauf zu warten, daß das Essen gar wurde, waren sie ganz da oben immer noch: die beiden Wänden aus steiler und schrecklicher Schwärze. Und tief in mir drin lebte auch immer noch das Wissen um meine völlige Bedeutungslosigkeit.

Am nächsten Morgen bei Tageslicht waren die Felswände wieder rot und sympathisch. Ich fand den Pfad um die Beaver-Fälle ohne Schwierigkeiten und lief flott weiter neben dem Havasu Creek bergab.

Seit meinem Aufbruch am Hualpai Hilltop war mir ständig bewußt gewesen, wieviel von meiner Erkundung der Inneren Schlucht abhing, und als ein paar Stunden hinter den Beaver-Fällen die gegenüberliegende Felswand der Schlucht düster vor mir emporstieg, stellte ich fest, daß ich plötzlich nervös war.

Mein erster Blick auf den Colorado war halbwegs erleichternd. Der Fluß war breit, aber nicht hoffnungslos breit. Auf jeden Fall wirkte er weniger reißend, als ich befürchtet hatte. Und er war weniger furchteinflößend als jene gigantische Wasserstraße, die ich 450 Kilometer flußabwärts bei einer anderen Wanderung kennen- und respektieren gelernt hatte.

Doch nach der Erleichterung kamen die Zweifel. Nicht die Art Zweifel, die man analysiert und austreibt, sondern ein vages und nicht greifbares Gefühl der Unsicherheit.

Ein unangenehmer Wind schlug mir aus der Schlucht entgegen und bürstete häßliche Muster auf die Wasserfläche. Der Fluß war von trübem, lehmigem Braun, eingesperrt und zusammengequetscht von gestreiften und uralten Felsen. Und über allem stieg die Redwall-Formation auf. Von hier sah sie nicht sehr groß aus. Über ihr ragten noch mal andere Felsen auf. Die Ränder der Schlucht, rund 700 Meter über dem Fluß, reckten sich mit schartigen, grau-drohenden Zinnen den Wolkenbänken entgegen. Verglichen mit diesem düsteren Abgrund wirkte die Redwall-Schlucht vom Abend zuvor fast einladend. Hier war selbst die Stille düster. Und das Tosen der Stromschnellen verstärkte diesen Effekt nur.

Doch sobald ich die neue, gigantische Größenordnung der Dinge hier aufgenommen hatte, stellte ich mit dankbarer Überraschung fest, daß alles ziemlich genauso aussah, wie auf einer alten Fotografie dieser Stelle, die ich gesehen hatte. Es war auf merkwürdige Weise beruhigend, ein vertrautes Sanddreieck am Ende einer Felsspalte wiederzuerkennen oder eine flache Felsplatte genau über der Stelle, an der der Colorado das blaugrüne Wasser des Havasu Creek aufzunehmen begann. Aber das beste war: Als ich zum Flußufer kam und stromaufwärts blickte, sah ich – genau wie das Foto es mir gezeigt hatte – einen schmalen Sims, der am Fuß des Felsens neben dem Fluß herlief. Ein frei stehender Brocken verbarg seinen Anfang, doch aus der Entfernung sah es so aus, als könne ein Mensch über ihn hinwegkommen.

Ich stellte meinen Rucksack ab, zog das Thermometer aus meiner Hemdtasche und hielt es in den Fluß. Das Wasser fühlte sich ziemlich warm an. Und das fand ich ebenfalls erleichternd. Der Felssims würde mit ziemlicher Sicherheit auf keiner Schluchtseite durchgehend vorhanden sein, so daß ich den Fluß vermutlich mehrfach würde durchqueren müssen. Die Vorstellung begeisterte mich nicht gerade; ich wußte aber, daß die Wassertemperatur dabei von entscheidender Bedeutung sein konnte. In flüssigem Eis kann man nicht lange schwimmen, nicht einmal lange überleben, doch in Wasser von 10 °C funktioniert der Körper eine ganze Weile. Niemand wußte, wie kalt der Colorado nach dem Bau des neuen Glen-Canyon-Damms sein würde – als Faustregel gilt, daß Dämme die Temperatur eines Flusses senken. Nach etwa einer Minute holte ich das Thermometer aus dem Wasser. Es zeigte genau 15,5 °C.

Beinahe fröhlich zog ich mich aus und streifte meine Badehose über (Touristen kamen gelegentlich aus Supai hier herunter). Selbst im Windschatten war die Luft ein Grad kälter als der Fluß. Ich watete in den Havasu Creek und kletterte dann mit nassen nackten Füßen vorsichtig den einzelnen Felsblock entlang, der den Sims verdeckte. Jahrhunderte strömenden Wassers hatten das schwarze Gestein glattpoliert. Aber das Wasser hatte auch geriffelte Vertiefungen ausgehöhlt, und deren Musterung – ein Mosaik wie aus leeren, schwarzen, umgedrehten Muschelschalen – gab meinen Zehen spärliche, willkommene Haltepunkte.[5]

Während ich den Felsblock auf einer vorspringenden Kante überquerte, peitschten heftige Windböen meine Haut und entzogen mir die Körperwärme wie ein Staubsauger. Ich erreichte den Scheitel des Blocks. Und vergaß den Wind auf der Stelle. Denn vor mir verjüngte sich die Kante rapide und hörte dann völlig auf. Und noch weiter hinten fiel der Felsen ins Nichts ab und bildete einen dramatischen, unüberwindbaren Überhang.

Mein Blick schweifte suchend an dem Überhang vorbei. Der Weg auf dem Sims – die Route, von der Erfolg oder Fehlschlag abhing – sah von hier immer noch machbar aus. Und zu seinem mir näheren Ende zog sich ein sandiges Ufer sanft vom Wasser herauf. Doch zwischen diesem Ufer und mir erstreckte sich wie ein abwehrender Burggraben ein breiter Nebenarm des Colorado.

Keine 60 Meter trennten mich von dem alles entscheidenden Sims. Doch ich wußte, daß das Wasser so dicht am Fels tief war. Sehr tief. Wenn der Wind nicht gerade seine häßlichen Pinselstriche auf die Wasseroberfläche schmierte, konnte ich eine kontinuierliche Bewegung stromaufwärts ausmachen. Ein-, zweimal durchbrachen Wirbel die Oberfläche.

Als ich da, bereits bibbernd, auf der Felskante stand, war mir klar – und ich wünschte, es wäre nicht so gewesen –, daß 60 Meter in langsam fließendem Wasser für die meisten Leute überhaupt kein Problem darstellen. Doch mich hatte die Vorstellung, mehr als ein paar Züge schwimmen zu müssen, immer beunruhigt. Beim Schwimmen

---

[5] Inzwischen wurde mir gesagt, diese Kalksteinformation sei objektiv dunkelgrau. Doch ich weiß, daß sie an jenem trüben Tag und angesichts meiner Stimmung unzweifelhaft begräbnisschwarz war.

selbst war ich noch nie in Panik verfallen, doch die Gefahr droht mir immer. Selbst in ruhigem Wasser läßt die Nervosität meine Muskeln verkrampfen, so daß sie schnell und völlig unnötig ermüden. 60 Meter ohne Unterstützung kamen wahrscheinlich dicht an mein Limit heran – und sonst war ich immer in ruhigen Gewässern geschwommen und nie mit schwerem Gepäck. Der einzige Mensch, der überhaupt etwas über die Fortbewegung tief im Canyon gewußt hatte, hatte mir erzählt, wie er sogar bei hohem Wasserstand, das Gepäck über eine Schulter gehängt, auf einer Luftmatratze halb hundepaddelnd, halb treibend über den Fluß gesetzt war. Doch er schwamm, wie seine Frau sagte, »wie ein Seehund«. Ich war kein Seehund. Und ich wußte, daß an einem so düsteren Tag hier in der Schlucht noch mehr dazugehörte.

Ich watete durch den Havasu Creek zurück, zog mich an und machte mir auf meinem kleinen Kocher eine Suppe heiß. Nach dem Essen setzte ich mich in den Windschatten eines Felsens und betrachtete die trüben grauen Wolken hoch über mir. Dann döste ich ein bißchen. Als ich aufwachte, war der Wind immer noch da, genau wie die Stille und das Donnern der Katarakte.

Es wurde halb fünf, bis ich mich entschied. Die ganze Zeit war es sowieso nur um eines gegangen – jetzt, da mir kaum noch drei Stunden Tageslicht blieben, konnte ich es nicht mehr vor mir herschieben. Ich legte die wenigen Dinge, die ich brauchen würde, auf einen Haufen: Luftmatratze, Flickzeug, Poncho, Fernglas, Streichhölzer in einer wasserfesten Schachtel, kleines Handtuch, Nylonseil und ein großes Stück dicke weiße Plastikplane, die ich nur für diesen Zweck mitgenommen hatte. Ich zog meine warme Oberbekleidung sowie Stiefel und Socken aus, so daß ich nur noch Shorts, Unterhosen und mein Hemd anhatte. Dann nahm ich die Stiefel samt Socken und den kleinen Stoß notwendiger Sachen und ließ meinen Rucksack zurück. Ich watete wieder durch den Havasu Creek, kletterte vorsichtig die schwarze Felskante entlang und stand erneut dem Nebenarm gegenüber.

Die Strömung schien mir jetzt schneller zu sein – gut, weil man sich treiben lassen kann, schlecht für die Rückkehr. Mir war klar: Wenn mich der Nebenarm auf dem Rückweg besiegte, würde ich mich in die Hauptströmung des Colorado treiben lassen müssen, und die schien nun gefährlich und wild und führte direkt auf die donnernden Wasserfälle zu, die weiter flußabwärts lagen. Die grauen Wolkenbänke waren sogar noch düsterer geworden. Die Windböen nahmen an Heftigkeit, Kälte und Bösartigkeit zu.

Ich blies die Luftmatratze auf, sah mich aber vor, sie nicht zu fest aufzupusten, denn sie mußte ein tiefes V bilden, in das ich mich quer hineinlegen konnte. Ich vermute, daß ich zum Teil deshalb alles mit so großer Sorgfalt machte, weil ich immer noch jeden Vorgang so weit hinauszögerte wie möglich. Ich packte die ganze Ausrüstung in den Poncho, wickelte die weiße Plastikplane darum und schnürte sie mit dem Nylonseil fest zusammen. Als ich das Seil verknotete, zitterten meine Hände so heftig, daß die Prozedur noch viel länger dauerte, als ich eigentlich wollte. Ich glaube, ich redete mir ein, daß ich nur vor Kälte zitterte.

Schließlich war ich fertig. Als ich mit dem weißen Bündel in der Hand dastand, zögerte ich noch einen Moment. Dann ließ ich es widerstrebend aufs Wasser nieder. Es schwamm, lag aber sehr hoch. Ich nahm es wieder heraus und verteilte auf einer kleinen schwarzen Felsfläche die Gewichte um; dann legte ich die Luftmatratze aufs Wasser. Sie war zu schlaff. Die warme Atemluft in ihr hatte sich abgekühlt und zusammengezogen. Ich blies sie fester auf und probierte es wieder. Diesmal schien es genau richtig zu sein.

Jetzt gab es keine Entschuldigungen mehr. Ich atmete tief durch, dann glitt ich neben der kleinen grünen Luftmatratze ins Wasser. Im Wasser war es eher kälter als an der Luft, aber es war gut, den Wind nicht mehr zu spüren.

Ich hielt mich dicht am Felsen – sehr dicht – und zog die Matratze unter mich, bis ich mit der Brust quer über ihr lag. Das V paßte genau; es war sogar verblüffend bequem, und ich wurde wieder zuversichtlicher. Dann blickte ich zu dem weißen Bündel hoch. Und ich erkannte sofort, daß entgegen meiner Planung auf der Matratze überhaupt kein Platz dafür war.

Es kam mir sehr, sehr lange vor, wie ich da einfach nur im Wasser lag, zu dem weißen Bündel auf dem schwarzen Felsen starrte und dachte, jetzt würde ich meine Erkundungstour wohl abbrechen müssen. Wasser lief von dem Bündel ab und machte das schwarze Gestein noch schwärzer. Eine interessante Beobachtung, so schien mir. Die ganze Zeit versickerte meine Entschlußkraft unaufhaltsam. Doch dann – fast als würde ich über dem Wasser schweben und mein eigenes Getue beobachten – erkannte ich, daß ich nach wie vor nichts anderes als lächerliche Ausflüchte suchte. Und plötzlich hatte ich das Bündel gepackt, es mir unter die Brust gestopft und mich abgestoßen.

Nach diesem Ruck war alles leichter. Langsam begann der Nebenarm mich stromaufwärts zu tragen. Knapp oberhalb der Wasserlinie waren Risse im Fels, in die ich mit den Fingern meiner rechten Hand griff und mich vorwärts zog. Immer wenn ich zog, glitt wieder eine Stück Fels zügig an mir vorbei. Es existierte jetzt nichts anderes als das schwarze Gestein und der braune Fluß und meine kleine grüne Luftmatratze. Und der Fluß bestand nur aus wenigen Zentimetern Wasser zwischen der Matratze und dem Gestein.

Unvermittelt – und genau an einer Stelle, an der keine Risse zum Festhalten waren – packte mich ein Strudel, der mich auf- und davonzutreiben drohte. Die paar Zentimeter Wasser wurden zu einem halben Meter, dann zu einem Meter. Ich strampelte mit plötzlich verkrampften Beinen; ich schaufelte mit angestrengt gekrümmten Händen durchs Wasser. Eine kurze Weile trieb ich noch weiter auf den Fluß hinaus. Die Katarakte wirkten plötzlich sehr laut. Dann kam ich langsam zum Felsen zurück.

Mit den Fingern ziehend und mit den Füßen stoßend, fing ich an, mich wieder mit der Strömung zu bewegen. Kurz danach waren keine Risse mehr im Gestein, nur das schwarze Muschelmosaik, doch der Fluß trug mich immer noch voran. Und dann war ich unter dem Überhang, und der Fels hatte sich zurückgeneigt und mich mir selbst überlassen. Sofort war der Fluß riesengroß. Und im Dämmerlicht am Fuß des Überhangs leckte das Wasser still an das schwarze Gestein.

Ich hatte die Wirbel jetzt hinter mir und war in ruhigem Wasser, das mich nicht mehr weitertrug. Ich begann zu paddeln wie ein Hund. Dabei blickte ich ständig voraus auf den Sandstrand, der sich zu dem Sims hochzog. Ich schien ihm überhaupt nicht näher zu kommen. So beruhigend die Luftmatratze auch war, sie machte mein Gepaddele zu harter Arbeit, und meine Muskeln fingen wieder an, sich zu verkrampfen. Und dann kam der Strand fast überraschend tatsächlich näher. Und dann viel näher. Als ich schließlich die Beine sinken ließ und Sand unter den Füßen spürte, waren meine Muskeln schon wieder beinahe locker.

Als ich aus dem Wasser kam und mit dem tropfenden weißen Bündel unterm Arm den steil ansteigenden, weichen, tiefen Sand hinaufstakste, war es, als sei ich aus einem Bergwerk zurück an die Sonne gekommen. Und als ich alles fallen ließ und anfing, wie ein Derwisch im Sand herumzutanzen, da fragte ich mich, ob dieses Herumgehüpfe mehr dazu diente, warm zu werden oder die Freude herauszulassen, die ich nicht unterdrücken konnte.

Im Wasser hatte ich die Kälte kaum wahrgenommen. Doch jetzt spürte ich den Wind wieder brutal auf meiner nassen Haut. Sobald die Verzückung es zuließ, hörte ich mit dem Getanze auf und schnürte das weiße Bündel auf. Alles war knochentrocken. Ich rubbelte mich schnell mit dem Handtuch ab, zog meine Sachen an und kauerte mich dankbar im Windschatten in den Poncho. Und dann schnappte ich mir die noch tropfende Plastikplane und Luftmatratze und rannte mit aller Kraft den abschüssigen Strand hinauf. Schon die ersten Schritte versprachen echte Wärme.

Der Sand hörte am Rand des Simses auf. Er bestand aus einer schrägen Schicht kleiner Felsleisten, von der jede so schmal war, daß stellenweise kein Stiefel darauf paßte; sie neigten sich aber alle nach innen, so daß man auch da nicht abrutschen konnte, wo sie abgebröckelt waren. Auch an heiklen Stellen konnte ich mich auf diese Leisten verlassen.

Ich legte von Anfang an ein ziemliches Tempo vor. Selbst mit schwerem Gepäck ließ es sich hier vorankommen. Die freudige Erregung wallte wieder auf.

Nach einer halben Stunde hatte ich rund anderthalb Kilometer zurückgelegt. Und der Sims vor mir zog sich unverändert dahin, bog um eine Kurve und verlor sich. Am anderen Ufer war ebenfalls ein Sims zu erkennen. Und der Fluß wirkte nicht allzu reißend. Jedenfalls nicht unmöglich für einen unsicheren Schwimmer mit einer Luftmatratze, der sich einen Ruck geben konnte.

Ich wäre gern noch weiter gelaufen – zumindest bis um die erste große Biegung. Doch an einem so trüben Nachmittag und so tief in dieser düsteren Schlucht würde es in weniger als zwei Stunden dunkel sein. Und auf dem Rückweg würde die Durchquerung des Nebenarms möglicherweise länger dauern.

Ich setzte mich hin, zog meine Schnürsenkel fest und sortierte meine Gedanken. Doch eigentlich wußte ich, daß ich gar nicht nachzudenken brauchte. Die Entscheidung hatte sich von selbst dadurch ergeben, daß ich ohne Hindernisse auf dem Sims entlanggelaufen war.

Natürlich konnte ich mir der wichtigen 50 Kilometer danach nicht sicher sein. Aber ich war in einer halben Stunde anderthalb Kilometer weit gekommen. Die übrigen 49 waren also sicher einen Versuch wert.

Ich warf einen letzten Blick den Fluß hinauf, entdeckte nichts, was mich abbringen konnte, und begann den Rückweg auf dem Sims.

Da ich jetzt den Weg kannte, hatte ich genug Zeit, um meine Aufmerksamkeit auf mehr als auf den nächsten Schritt zu richten, und während ich weitereilte, bemerkte ich, daß die grau-drohenden Wolken über den Rand der Schlucht herabgekommen waren. Kurz darauf fing es zu regnen an. Erst nur ein paar dicke Tropfen, als wüßten die Wolken noch nicht, was sie wollten. Dann ein paar kurze Schauer, über die der Wind das Kommando an sich riß. Und dann, nach zwei Fehlstarts, schließlich eine kontinuierliche, ungestüme Attacke. Geräuschlos fiel der Regen auf den braunen Fluß, und geräuschlos fiel er auf die schwarzen Felsen. Sein Trommeln auf der festgezogenen Kapuze meines Ponchos verstärkte nur die Stille um mich herum. Ich eilte weiter. Das Dunkel verdichtete sich. Einmal hielt ich an, um zu lauschen. Ich hörte nichts als das stille, gleichgültige Schmatzen des Colorado.

Ich hatte jetzt Zeit genug, um wahrzunehmen, daß die ganzen Felsen – die schwarzen um mich herum und die braunen darüber – Sprünge hatten, von Rissen durchzogen waren und warteten. Jeder balancierende Brocken und jedes sich abschälende Stück drohte mir. Ich spürte, daß sie alle kurz davor waren, auf mich herunterzukrachen. Und ich mußte mich fest konzentrieren, um mich davon zu überzeugen, daß die Gefahr nicht unmittelbar war.

Während ich durch den Regen flußabwärts hastete, fiel mir John Wesley Powells Bericht ein – die Bedrücktheit, die auf seinen Seiten nachklang. Und ich konnte nun auch nachvollziehen – und wußte, daß ich unter der Redwall-Formation bei den Beaver-Fällen noch nicht annähernd hatte begreifen können –, was die Schlucht mit ihm gemacht hatte und warum drei seiner Begleiter ihn schließlich verlassen und den Aufstieg in einem Nebencanyon gewagt hatten, um den Himmel und die Freiheit zu erreichen. (Sie schafften es alle drei beinahe bis zum Rand, wurden aber dann von Indianern oder Weißen ermordet.) Jetzt, tief in der Schlucht, leuchtete mir ihre Entscheidung mühelos ein.

Es war fast erleichternd, als ich den Nebenarm wieder in Angriff nahm. Es gab einen Moment, in dem die Strömung mich zu besiegen drohte, doch um besser hundepaddeln zu können, hatte ich mir ein Ende des Nylonseils um den Arm gewickelt und zog das weiße Bündel hinter mir her. Bald darauf zog ich mich auf das schwarze Muschelmosaik der Felskante. Dann packte ich das weiße Bündel aus, und weil meine eiskalten Finger in den Taschen der Shorts nichts ertasten konnten, dachte ich schon, ich hätte mein kleines Handtuch verloren. Nachdem der Regen plötzlich aufgehört und der Wind wieder das Kommando übernommen hatte, zitterte ich dermaßen, daß ich beim Anziehen ständig fürchtete, meine Füße würden auf dem nassen, glatten Fels den Halt verlieren.

Doch die Kälte spielte keine Rolle mehr. Ich wußte, sie würde vorbeigehen. Und als ich in die stille und bedrükkende Schlucht zurückblickte, da wußte ich, obwohl der Abend jetzt noch düsterer geworden war, daß der Canyon mir nie wieder so schrecklich vorkommen würde, allein schon, weil ich den Nebenarm durchquert hatte und heil wiedergekommen war. Und ich spürte, daß dieses neue Gefühl anhalten würde.

Ich kletterte die Felskante entlang, watete durch den Havasu Creek und kam heim zu meinem Rucksack. Und dann konnte ich endlich die lange Kordhose und die Daunenjacke anziehen und darauf warten, daß die wunderbare Wärme sich bis in meine Hände und Füße ausbreitete.

Unvermittelt ließ mich etwas aufblicken. Die Wolken hatten sich gelichtet. Ich konnte den Rand der Inneren Schlucht wieder erkennen. Und dann riß weit darüber der Himmel auf, und ein Strahl der Abendsonne fiel schräg durch den Wolkenspalt. Ein oder zwei Minuten lang schwebte eine aufglühende Felsfläche hoch über dem gegenüberliegenden Schluchtrand – so hell und deutlich, daß ich jede Einzelheit ausmachen konnte. Doch diese Einzelheiten bestanden nicht einfach aus Gestein: Die Konturen des Felsens wurden von einer dünnen, unregelmäßigen weißen Schicht aufgeweicht.

Noch ehe sich die Wolkendecke wieder schloß, hatte ich meine Karte zu Rate gezogen. Und die brachte Gewißheit: Der weiße Felsen stand gegenüber der Esplanade. Und wenn dort Schnee gefallen war, dann konnte das nur eins bedeuten.

Eine Zeitlang stand ich einfach nur neben meinem Rucksack, starrte auf die grauen Wolkenbänke und hoffte darauf, noch einen Blick auf diesen wunderbaren, glühenden Felsen zu erhaschen. Ich mußte über mich selbst grinsen – darüber, wie die Schlucht mich bis zum Anblick des Schnees hatte vergessen lassen, welche Bedeutung Niederschläge auf der Esplanade für mich hatten. Doch ich glaube, verstandesmäßig hatte ich die neue Situation noch gar nicht richtig erfaßt.

Das Tageslicht war inzwischen so gut wie vergangen. Ich hatte immer noch eine Nacht in der Schlucht vor mir. Morgen würde ich dann das Nötige in Angriff nehmen.

Unter einem Überhang fand ich einen guten Lagerplatz. Wenig später war es dunkel und es begann wieder zu regnen. Mit Holz, das ich kurz vor Einsetzen des Regens noch gesammelt hatte, entzündete ich ein Feuer. Sein flackerndes Licht machte aus dem Überhang einen gemütlichen kleinen Raum. Während auf dem Kocher die Bohnen vor sich hin blubberten, lehnte ich mich in meinem Schlafsack an den Rucksack und wartete. Mein Körper glühte und kribbelte jetzt, und auch in meinem Kopf herrschte ein zufriedenes Glühen. Er hatte die neue Lage schließlich erfaßt, und ich konnte mir langsam die Erleichterung darüber eingestehen, daß ich meinen Weg doch nicht am Grunde der Schlucht würde suchen müssen.

Doch ich wußte auch, daß dieser Tag deswegen nicht verschwendet gewesen war. Ganz im Gegenteil. Es war ein großartiger und wunderbarer und erfolgreicher Tag gewesen. Ein Tag, der mir im Gedächtnis bleiben würde. Und nachdem ich eine Weile dagesessen hatte und der Kocher fauchte und das Feuer rot auf den Felsen spielte und der Regen silbern durch die Dunkelheit fiel, verstand ich, was der Tag bedeutet hatte. Die Innere Schlucht war kein Ort des Schreckens mehr. Und darum konnte mir der Canyon nicht mehr die schlimmste aller Ängste einjagen: die Angst vor dem Unbekannten.

Intermezzo

Die Havasupai-Indianer (»Die Menschen vom blaugrünen Wasser«) leben auf halbem Weg zwischen dem Canyonrand und der Inneren Schlucht – auf halbem Weg zwischen gestern und heute. Ihre einzigen Verbindungen zur Außenwelt sind der Pfad zum Hualpai Hilltop sowie ein Telefon.

Diesem Telefon strebte ich zu, als ich am Tag nach meiner Erkundung der Inneren Schlucht in das Dorf zurückkam.

»Tut mir leid, die Verbindung ist tot«, sagte der junge indianische Tourismusmanager gut gelaunt. »Immer wenn es heftig regnet oder schneit, läuft oben auf dem Rand Wasser in einen Sicherungskasten. Aber bis morgen früh ist er wahrscheinlich wieder trocken.«

So konnte ich nur warten.

Zuerst frustrierte es mich, daß ich die Hauptverwaltung des Nationalparks nicht erreichen konnte. Ich wollte mir aufgrund der Wetterberichte bestätigen lassen, daß der Weg über die Esplanade jetzt sicher sei, und außerdem die letzten Details der Fallschirmabwürfe festlegen. Doch dann merkte ich, daß die Verzögerung mir die unverhoffte Gelegenheit verschaffte, eine einzigartige Sehenswürdigkeit des Canyon genauer anzusehen. Also unterdrückte ich meine Ungeduld halbwegs. Erst viel später erkannte ich, daß dieses kurze Intermezzo in Supai sich auf seine ganz eigene Weise in meine Wanderung einfügte.

Supai ist eine Insel in der Zeit. Auf meinem Weg zur Inneren Schlucht hinunter war ich zu sehr mit meinen eigenen, unmittelbar anstehenden Problemen bezüglich Zeit und Raum und Wetter und Wasser beschäftigt gewesen, um dies zu erkennen. Doch als ich mir jetzt die Zeit nahm, um mich umzusehen, war das ganz offensichtlich, auch wenn ich immer noch zu dicht am Beginn meiner Tour und zu sehr von Trivialem mit Beschlag belegt war, um weit hinter die Fassade der Dinge zu blicken. Eigentlich hätte ich es schon von vornherein bemerken müssen, denn ich hatte immer wieder zu hören bekommen: »O ja, die Supai leben da unten in einem richtigen Paradies.«

Schon mein erster Blick hatte das bestätigt. Es war früher Morgen an meinem zweiten Tag unterhalb von Hualpai Hilltop. Ich lief im Schatten einer riesigen Felswand und bewunderte den erhabenen Anblick, der sich mir anderthalb Kilometer zuvor eröffnet hatte, als ich aus dem dunklen innersten Abgrund des Hualpai Canyon in die sonnendurchflutete Weite des Havasu Canyon hinausgetreten war. Auf einer kleinen Erhebung blieb ich stehen. Hinter dem Staub und dem grauen Gestein des Wegs wiegte sich, umrahmt von Baumgeflecht, ein Meer aus Laub auf blaßrosa Erdreich. Das Laub war grün und frisch. Weit darüber schwangen sich steile rote Terrassen leuchtend in die Morgensonne. Alles funkelte in jenem Zauber, der den April zu dem Monat macht, an dem man neue Orte besuchen sollte.

Kaum war ich auf der kleinen Kuppe, da sah ich auch schon Leben auf dem Weg vor mir. Drei Hunde als eifrige Vorhut, danach drei Indianer auf Pferden: ein älterer Mann mit Nickelbrille, der wie ein netter Landarzt aussah; eine üppige Frau in einem pfauenblauen Kleid, die sich angestrengt vorbeugen mußte, während ihr Pferd die Kuppe hinaufstieg, dabei aber dennoch zwei kleine Kinder anlachen konnte, die sie mit dem freien Arm an ihren Körper drückte; und schließlich ein noch üppigerer Mann, der an eine strahlende Avocado erinnerte und auf dessen Pferd kaum noch Platz für das Kind blieb, das vor ihm hockte.

Offenbar sah man meinem Gesicht an, was ich in der

Sonne vor mir erblickte, denn der Avocado-Mann verfiel in ein noch strahlenderes Grinsen, nickte zu mir herab und murmelte: »Schöne Gegend, was?« Dann waren er und seine Begleiter oben und verschwanden aus meinem Blickfeld.

Ich ging den Hügel hinab in die Sonne. Jetzt tauchten verstreut Dächer zwischen den Bäumen auf. Ein Pferd wälzte sich auf dem Rücken und schlug übermütig mit den Hufen in die Luft. Zwei noch sehr kleine Kinder brachen aus einem uralten, eingefallenen Taubenschlag von Lehmziegelhütte hervor, ein lachender Junge in Jeans und grauem Hemd, ein entschlossen blickendes, hinter ihm herjagendes Mädchen in Rosa. Dann verharrten sie wie in einem lebenden Bild neben dem sterbenden Gebäude und besprachen tiefgründig ihr gerade anstehendes Problem. Hoch über ihnen ragte Supais arabeskenhaft gemeißelte Kulisse empor. Auf der einen Seite schnitt eine tiefe Kerbe durch die roten Terrassen. Sie wurde fast völlig von einem massigen einzelnen Felsen ausgefüllt, der auf einem riesigen Felsbuckel wie auf einem Podest thronte und wie eine griechische Vase geformt war – wunderschön und genau passend. Mehr Hintergrund brauchte das Bild nicht.

Die Kinder zogen sich wieder in das Dunkel der Hütte zurück, und ich lief weiter durch die Sonne. Ich ging jetzt zwischen zwei Zäunen. Hinter jedem Zaun wuchsen grüne Bäume auf den kleinen rosafarbenen Feldern. Sie wurden von Bewässerungsgräben genährt. Und die Häuser kauerten sich nicht aneinander, wie Stadthäuser es tun. Ich war überzeugt davon, daß man aus vielen von ihnen nichts anderes sah als grünes Laub und rote Felsen und blauen Himmel, aber keine Nachbarn. Der Weg zwischen den beiden Zäunen lag dagegen trübselig im von Touristen zertrampelten Staub.

Rechts und links blieb weiter alles idyllisch. Die einzige Stelle, an der man merken konnte, daß man ein 300-Seelen-Dorf durchquerte, war am »Geschäftszentrum«, an dem drei Häuser zusammenklumpten. Ich hatte dort kurz etwas zu erledigen und folgte dann weiter dem Weg.

Direkt hinter dem Dorf stieß ich am Havasu Creek auf eine kleine Höhlung. Ich setzte meinen Rucksack ab und legte eine Pause ein. Der Bach war warm und unglaublich blaugrün, und er funkelte und wirbelte über oszillierende, smaragdgrüne Wasserpflanzen hinweg. Neugierige kleine Fische knabberten an meinen neugierigen Fingern. Türkisfarbene Jungfermännchen, kleine, streichholzgroße Libellen, und ihre nüchtern-braunen Gespielinnen liebten sich voller Leidenschaft. Die weißen Wattebäusche der Pappelsamen drifteten durch die Luft. Und überall ragten hoch über dem grünen Laubwerk wie gemeißelt die Felskathedralen mit ihren Strebepfeilern empor.

Ich lief das Flüßchen hinab und gelangte zum ersten von Supais Wasserfällen.

Es gibt drei davon; jeder ist höher als der vorige. Jeder stürzt vor einer Wand aus rotbraunem Travertin nieder, den das mineralreiche Wasser selbst erschaffen hat. Übereinanderhängende Schichten riesiger gekrümmter Stalaktiten ragen schwebend in den Abgrund hinein. Sie sind wie in der Zeit gefangenes Fließen. Unterhalb der brodelnden Kessel am Fuß der Fälle haben die Mineralien des Creek kleine Gruppen von Felsbecken gebildet, deren Wände unter Wasser liegen und daher nicht so satt rotbraun oxidiert sind wie die Fälle. Statt dessen sind sie porzellanweiß. Und sie schreien danach, daß man in ihnen schwimmt.

Jeder der drei Wasserfälle ist für sich allein schon großartig, aber alle drei zusammen sind überwältigend.

Doch noch bevor ich zu meiner Erkundungstour in die Innere Schlucht aufbrach, verlor des Land des blaugrünen Wassers bereits an Zauber.

Zunächst waren da die unangenehmen Seiten der Realität: Der Travertin der porzellanweißen Schwimmbecken zerschnitt mir die Füße, und das mineralstoffreiche blaugrüne Wasser machte meine Haut schuppig. Unten auf dem Campingplatz für Touristen war alles still, aber ich wußte, daß das vergangene Osterwochenende rekordträchtige 700 Besucher angelockt hatte.

»Sie wirbelten so viel Staub auf«, hatte mir ein Park Ranger erzählt, »daß es aussah, als würden Geister durch Nebel laufen.«

Die Auswirkungen waren immer noch zu sehen. Der Staub hatte sich rechts und links der Wege verteilt und eine körnige erstickende Schicht über alles gelegt: über die Felsen und Blumen, über die Kakteen und Büsche, selbst über das Laub der Bäume.

Als ich von meiner Erkundung der Schlucht zurückkam und auf das Trocknen der Telefonverbindung wartete, merkte ich, daß Supais Charme bei näherer Betrachtung stark zusammenschmolz. Alles war schmutzig und schäbig: die Hunde, die Häuser, die Kleidung der Menschen. Das kleine Mädchen in Rosa, das bei der Verfolgung ihres Spielkameraden aus dem Lehmziegelhaus herausgestürzt war, hatte eine verschorfte Schuppenflechte an der Stirn. Das Pferd, das sich ausschlagend vor Vergnügen im Staub gewälzt hatte, tat das, weil es offensichtlich das Jucken einer eiternden Wunde auf seinem Rücken lindern wollte. Und auf ganz Supai lastete die Lethargie des Schlaraffenlands.

Die Supai, wie die Havasupai für gewöhnlich genannt werden, müssen einst ein zähes kleines Völkchen gewesen sein, wenn sie ohne fremde Hilfe von dem hatten existieren können, was der Canyon zu bieten hatte. Im Frühjahr unternahmen sie immer lange Streifzüge entlang der Esplanade, um Agaven zu sammeln, von denen sie große Berge in steinernen »Meskalgruben« auskochten. Im Winter, wenn die Niederschläge die Wasserlöcher füllten, die Esplanade aber auch zu einem ziemlich ungemütlichen Ort machten, zog der ganze Stamm zum Jagen dorthin.

Diese spartanische, aber friedliche Lebensweise behielten sie unverändert sechs oder sieben Jahrhunderte lang bei. (Der Stamm scheint irgendwann im Lauf des 12. Jahrhunderts im heutigen Nordarizona aufgetaucht zu sein.) Doch dann änderten sich für die Supai, wie für letztlich jede isolierte Gemeinschaft, die Zeiten: Der weiße Mann kam in den Westen.

Aufgrund ihrer Abgeschiedenheit konnten die Supai sich sehr gemächlich an sein Auftauchen gewöhnen, doch als neue Denkweisen erst einmal den Canyonrand erreicht hatten, setzten langsam, doch unaufhaltsam Veränderungen ein.

Wenn ein bescheiden lebendes Volk die Mittel, die eine andere Kultur zur Vereinfachung des Lebens entwickelt hat, fix und fertig in die Hände bekommt, geht meist etwas schief – es entdeckt für sich selbst nicht die Aufgaben, für die diese Mittel erforderlich sind. Die Supai scheinen dieser Gefahr erlegen zu sein. Man kann sich leicht ausmalen, was passierte. Nachdem Nahrungsmittel plötzlich von jenseits des Pfads nach Hualpai Hilltop kamen, hörten die großen Familienwanderungen entlang der Esplanade auf. Bald zogen nicht mal mehr die Männer dorthin. Der Stamm setzte sich in seiner saftigen kleinen Oase zur Ruhe. Stagnation setzte ein.

Als ich in Supai Informationen über die Esplanade einholen wollte, hatte selbst der Dorfälteste nichts anzubieten – gerade mal einen Hinweis auf die »kleinen Pferde«, von denen er annahm, daß sie dort immer noch umherstreiften. Ganz schwach, so sagte er, erinnere er sich daran, als Kind auf eine Tagesreise dorthin mitgenommen worden zu sein, und dabei habe er »einen großen weißen Felsen, so wie ein Denkmal« gesehen. Als er hörte, wo ich hinwollte, gackerte er: »Ganz alleine? Aber das bringt dich um! Da gibt's kein Wasser in der Gegend. Und zu essen auch nichts. Das bringt dich um. Wenn ich's dir doch sage.« Und die dicken Halbstarken, die in ihren bunten, aber schmutzigen Hemden und ihren schwarzen Cowboyhüten um uns herumlungerten, grienten und lungerten weiter.

Danach bedrückte es mich, an die Namen auf der Karte zu denken, die entlang der Esplanade in dem Gebiet eingezeichnet waren, das einst Supai-Land gewesen war. Der erste Felsvorsprung, an dem ich vorbeikommen würde, hieß Ukwalla Point. Der gutgelaunte junge Tourismusmanager hieß Neil Ukwalla, aber als ich ihn über die Esplanade befragte, sagte er, er sei ihr nie näher gekommen als an einem Tag, an dem er 300 Meter einen Nebencanyon hinaufgestiegen sei, der direkt beim Dorf begann. Er war knapp einen Kilometer die schmale Terrasse entlanggelaufen, die sich eine Tagesreise weiter schließlich zur Esplanade erweitert. Dann war er im nächsten Nebencanyon wieder hinuntergestiegen. Seinem Empfinden nach war das offenbar ein ziemliches Abenteuer gewesen.

Auf der Karte ließ sich auch erkennen, was höchstwahrscheinlich der »große weiße Felsen« war, der aussah »wie ein Denkmal«: Am Beginn der Esplanade ragte eine Formation mehr als 300 Meter senkrecht über die umgebende Mesa (Tafelberg) empor: der Mount Sinyala, auch Sinyala Butte genannt (ein »Butte« ist eine frei stehende, steile Erhebung, die oben meist abgeflacht ist). Der freundliche

Mann, der mich für 20 Dollar in seinem Pick-up von Grand Canyon Village nach Hualpai Hilltop gefahren hatte, hieß Lorenzo Sinyala. Und mir fiel wieder ein, daß er mir in der grauen Leere auf dem Hualpai Hilltop erzählt hatte, daß er in den 30 Jahren, seit er Supai verlassen hatte, nur dreimal zu Besuch wieder dort gewesen war. Er arbeitete das ganze Jahr über in Grand Canyon Village in den Ställen und konnte sich so diesen Pick-up leisten und gut in Schuß halten. Und obwohl sie nichts mit Supai zu tun hatte (das heißt, wenn man darüber nachdenkt, eigentlich schon) machte mich jetzt eine andere Erinnerung an Lorenzo traurig: Er hatte die Innenverkleidung der Fahrertür seines Pick-up abgerissen und die Tür zu einer Art Bar umfunktioniert – alle halbe Stunde oder so griff er hinein, zog eine braune Papiertüte hervor und streifte sie über den Hals der darin wartenden Wodkaflasche zurück. Danach schien es ihm angezeigt, mit seinem freundlichen Lächeln zu erklären, daß »ein Mann durstig wird«. Um nach einer Pause noch hinzuzufügen: »Is' auch 'ne gute Sorte. Die beste hier im Westen.«

Die weiße Moderne ist natürlich noch nicht komplett über Supai hereingebrochen. Ein passives und zufriedenes Volk, das in natürlicher Isolation lebt und nicht den wuselnden Problemen ausgesetzt ist, die uns übrige sorgenvoll, angespannt und lebendig halten, klammert sich lange an sein friedliches Gestern. Doch auch in Supai schreitet der Veränderungsprozeß voran – allerdings ist nicht immer klar, in welche Richtung der Pfeil fliegt. Es gibt einen Traktor im Dorf (er wurde in Einzelteilen den Weg von Hualpai heruntergebracht), doch vier Tage nachdem ich ihn das erste Mal auf einem der kleinen rosa Felder gesehen hatte, stand er immer noch an derselben Stelle – in einer halb gezogenen Ackerfurche. Ich sah einen wunderbar geflochtenen Korb, den ein Tourist gekauft hatte. Doch seine Kunstfertigkeit war bedrückend, wie der Anblick eines schönen alten Schiffs, das zum Ausschlachten geschleppt wird.

Nachdem der weiße Mann in den Canyon gekommen war, ging es mit Supai lange Zeit abwärts. Am Ende des letzten Jahrhunderts war die Bevölkerung auf weniger als 200 gesunken. Heute beträgt sie über 300 und steigt weiter an. Dieser Umschwung hatte zweifellos viele Ursachen, doch eine der wirkungsvollsten setzte ein, als Touristen das Dorf entdeckten. Inzwischen ist der Tourismus zur wirtschaftlichen Hauptschlagader geworden. Die drei Häuser, die das Geschäftszentrum bilden, beherbergen einen Laden, ein Hotel und – in einem langen Gebäude mit Veranda – das Postamt (angeblich das letzte in Amerika, das von Packpferden beliefert wird) sowie einen Raum, an dem »Niederlassung des Bureau of Indian Affairs« steht, der in Wirklichkeit aber das Büro von Neil Ukwalla, dem Tourismusmanager des Stammes, ist. Dieses kahle und schmuddelige Zimmer ist der ökonomische Dreh- und Angelpunkt von Supai. Hier steht auf Neil Ukwallas Schreibtisch das Dorftelefon. Hier hocken zusammengekauert die Stammeskrieger und sehen zu, wie jeder staubige Tourist für 50 Cent eine Campingzulassung und für einen Dollar eine Fotografiererlaubnis ersteht. Vielleicht kommen sie aber auch nur deshalb hier herein, weil sie draußen, wo sie ihre Tage abhocken, nicht ständig geknipst werden wollen. Wenn sie hier drin hocken, haben sie irgendwie die Oberhand.

In dieses Büro kam ich an meinem zweiten Morgen in Supai (dem sechsten Tag meiner Tour), um zu sehen, ob die Telefonverbindung mittlerweile getrocknet war. Neil Ukwalla zählte immer noch die Einnahmen von der Touristeninvasion des Osterwochenendes. Am Tag zuvor hatte er das auch schon getan. Er sortierte die einzelnen Werte – Einer, Fünfer, Zehner und Zwanziger – zu 100-Dollar-Bündeln, über die er Gummibänder streifte. Und die Bündel legte er in langen, windschiefen Reihen aus. Die tapferen Krieger sahen ihm zu. Nachdem ich mit der Verwaltung des Nationalparks gesprochen hatte und auf den Rückruf eines bestimmten Ranger wartete, sah auch ich zu. Und während ich zusah, hoffte ich, daß meine 24 Stunden in Supai mir ein falsches Bild vermittelt hatten und daß der Tourismus eigentlich nichts weiter bewirkt hatte, als den Stamm wieder auf die Beine zu stellen. Dann klingelte das Telefon, und Neil Ukwalla ließ seine paradierenden Geldstapel für eine Weile im Stich.

»Havasupai Tours«, meldete er sich. Dann führte er ein langes und liebenswürdiges Gespräch mit einem potentiellen Besucher, und kurz bevor er wieder auflegte, sagte er: »Aber wenn Sie hier noch vor der Post eintreffen, dann bringen Sie doch einfach Bargeld mit, statt einen Scheck zu schicken. Das kassieren wir dann am Beginn des Weges nach Supai. Manchmal sind wir nämlich mit Bargeld hier unten ziemlich knapp.«

Und still und leise zerstob meine Hoffnung.

Kurz danach klingelte es wieder. Es war Jim Bailey, der Park Ranger, der ein wachsames Auge auf mich hatte.

»Im Moment liegen hier oben zweieinhalb Zentimeter Neuschnee«, sagte er. »Und die Vorhersage für die nächsten fünf Tage lautet: Kalt mit Schauern. Viel mehr können Sie nicht verlangen.«

Damit war das geklärt. Wir machten aus, daß die erste Versorgung aus der Luft in acht Tagen morgens um zehn erfolgen sollte. Und wir einigten uns auf die Abwurfstelle sowie auf eine Alternative: eine Quelle am Fuß der Great Thumb Mesa sowie – falls sich herausstellen sollte, daß ich in sieben Tagen schneller vorwärts kam – ein Wasserloch am Anfang der Fossil Bay.

»Also, passen Sie auf sich auf«, sagte Jim, als alles geregelt war. »Ich seh' Sie morgen in einer Woche aus dem Flugzeug.«

Herausforderung

Am nächsten Morgen um neun Uhr erreichte ich 400 Meter oberhalb von Supai eine Felsterrasse und damit eine Welt aus Raum und Licht. Eine Welt, die in mir nach einer Woche zwischen engen Felswänden die Lust am frei schweifenden Blick wiedererweckte. Hier konnte ich weit über flaches rotes Gestein schauen und den langen, schnellen Flug von Wolkenschatten verfolgen. Und ich genoß es befreit, wie einer dieser Schatten kurz verschwand, als er einen Nebencanyon überquerte, dann wieder auftauchte und weiterjagte, kleiner wurde, mit erhöhter Geschwindigkeit einen entfernten Abhang übersprang, sich über ein Kliff schwang und dann jenseits des Canyonrands entschwand – acht oder zwölf oder gar sechzehn Kilometer entfernt. Keine drückende Enge würde hier zur psychischen Belastung werden. Ich wußte, diese Terrasse würde in die Esplanade übergehen

Die Entdeckung dieser luftigen, offenen und ganz unerwarteten Welt gab mir das Gefühl, genau zu wissen, was ich in der kommenden Woche zu erwarten hatte.

Daß ich überhaupt etwas wußte, verdankte ich fast ausschließlich einem einzigen Mann.

Zu Beginn meines Vorbereitungsjahres hatte ich damit angefangen, mich um Informationen zu bemühen, die Wandertouren durch den Canyon abseits vom Fluß und abseits des Touristenwegs von Rand zu Rand betrafen. Ich befragte Park Ranger, Eseltreiber, Geologen und Männer, die den Fluß mehrfach »gemacht« hatten. Doch ich merkte recht bald, daß keiner von ihnen wirklich wußte, wovon er sprach, wenn es um intensives Wandern in abgelegenen Gebieten des Canyon ging. Also machte ich mich auf die Suche nach Wander-Experten. Ich stellte schließlich fest, daß es genau einen davon gab: einen Mathematikdozenten am Arizona State College in Flagstaff. Dr. Harvey Butchart wußte zu meiner Erleichterung sehr genau, wovon er redete. Er hatte dieses Metier 17 Jahre lang studiert.

Hätte ich 17 Jahre zuvor gewußt, daß ich einmal versuchen würde, durch den Canyon zu laufen, dann hätte ich wahrscheinlich dafür gesorgt, daß jemand mit einem wißbegierigen und geschulten Kopf unverzüglich ganz in seine Nähe ziehen würde. Daß etwa ein Mathematikdozent ans, sagen wir, Arizona State College kommen würde. Dann hätte ich dafür gesorgt, daß dieser Mann dem Canyon verfiele. Und daß er ihn als natürlichen Hindernisparcours und als unwiderstehliche Herausforderung betrachten würde. Ich hätte ihn angestachelt, fast vergessene Pfade zu erschließen. Und dann die Wildnis selbst. Und es hätte nicht lange gedauert, dann wäre es ihm als eins der erstrebenswertesten Dinge im Leben erschienen, die gesamte Länge seines Nationalparkparcours in einer Serie von Drei- und Vier-Tages-Touren zu erschließen, die sich über viele Jahre hinziehen würde. Er würde den Verlauf jeder Tour genau auf einer Karte verzeichnen. Dazu würde er Kommentare abfassen und darüber hinaus in seinem Gehirn eine Unmenge solider Informationen speichern, die er nie zu Papier bringen würde.

Wenn die 17 Jahre sich ihrem Ende näherten, würde dieser Mann fraglos einen Artikel über die Wege im Canyon im Magazin *Appalachia* veröffentlichen. Ich hätte dafür gesorgt, daß ein Freund von mir ein Exemplar dieses Hefts unter dem Arm trüge, wenn ich – eine Woche nachdem ich des Canyon zum ersten Mal ansichtig geworden wäre – vorsichtiges Interesse an dieser Gegend äußern würde. Und schließlich hätte ich die Dinge so geregelt, daß mein mathematischer Scout mich nach Darlegung meiner Pläne in sein Haus in Flagstaff einlüde, damit er mir seine mühsam errungenen Informationen bequemer vermitteln könnte.

Wie sich herausstellte, spielte es gar keine Rolle, daß mir 17 Jahre zuvor so etwas Irrwitziges wie eine Durchwanderung des Grand Canyon überhaupt nicht in meinen jungen Sinn gekommen war. Alles war sowieso geschehen.

Harvey Butchart ist heute ein gedrungener, springlebendiger Fünfundfünfzigjähriger – und zugleich ein glücklicher und enthusiastischer Schizophrener. Die Vermittlung von Mathematik ist nur eine seiner Welten; in regelmäßigen Abständen lebt er in einer vollkommen anderen Wirklichkeit. Sein dreijähriger Enkel, ein junger Mann mit schneller Auffassungsgabe, hörte vor kurzem jemanden »Grand Canyon« sagen. »Wo Opa wohnt?« fragte er, um sicherzugehen.

Harvey fütterte mich mit einer Flut von präzisen Informationen, zunächst per Brief, dann am Telefon und schließlich persönlich.

Auf meine Hauptfrage – ob es überhaupt möglich sei, den Canyon zu Fuß zu bewältigen – hatte er keine eindeutige Antwort. Aber eine annähernde. Im Lauf der Jahre hatten sich die Tintenlinien, mit denen er seine Kurztouren auf der Karte eingezeichnet hatte, zu einer gewundenen blauen Schlange zusammengefügt, die sich fast von einem Ende des Nationalparks zum anderen erstreckte. Eine einzige Lücke war geblieben: eine sechs oder acht Kilometer lange Querverbindung entlang einer schmalen Steilterrasse unterhalb von Great Thumb Point, am jenseitigen Ende der Esplanade. Bei den Havasupai hieß es, dieses Stück sei unpassierbar. Doch Harvey war an beiden Enden dieses Stücks gewesen und hatte in zwei der drei steilen Canyonbuchten hineingeblickt, die der Karte zufolge die entscheidenden Hindernisse bildeten. Jede dieser abgerundeten Buchten bildete ein natürliches Amphitheater, dem nur die flache Bühne fehlte.

»Diese Amphitheater sind steil«, sagte Harvey. »Sehr steil. Aber ich tippe, daß beide zu bewältigen sind. Andererseits weiß man so was nie, ehe man es nicht probiert hat. Und was das mittlere angeht – da müssen wir einfach mal sehen.«

Harvey bekräftigte meine vorsichtigen Mutmaßungen über die Gangbarkeit. Im allgemeinen, sagte er, lasse sich ein Weg entlang der schrägen Terrassen finden. Doch wenn diejenige, der man gerade folgte, sich im Nichts verlor (was bei den schmalsten relativ oft vorkam), dann konnte man die nächste Terrasse darüber oder darunter nur selten kletternd erreichen. Aus zwei, drei Kilometer Entfernung sah die dazwischenliegende Felswand aus wie eine Spalte, bei der nur ein paar Meter Fels zwischen zwei tiefen Furchen die beiden Terrassen trennte. Doch man durfte sich fast darauf verlassen, daß man es hier wieder mit einer der Überraschungen zu tun hatte, die der Canyon ständig bereithielt. Der Maßstab des ganzen Gebildes setzte das Gefühl für Größenordnungen außer Kraft. Stand man direkt davor, dann stellte man höchstwahrscheinlich fest, daß es sich nicht um »ein paar« Meter handelte, sondern um 20 oder 30. Und obwohl es die hilfreich aussehenden Furchen tatsächlich gab, trennten sie doch fünf oder sieben Meter. Und dazwischen war glatter, unersteigbarer Fels. Eine Chance, die Ebenen zu wechseln, hatte man fast nur, wo das Gestein in einem Bereich eingebrochen und so viel Geröll herabgestürzt war, daß es den nächsten Felsen unter einer durchgehenden Halde begraben hatte. Solche Halden sahen, mit den Worten eines der Park Rangers, oft aus, »als müsse man nur einmal drauftreten, damit das Ganze ins Rutschen kommt«. Doch im Vergleich mit den Kräften des Gesteins und der Schwerkraft, die hier am Werk sind, ist das Gewicht eines Menschen – oder auch eines ganzen Bataillons – so unbedeutend, daß man das Risiko vernachlässigen kann.

Harvey überließ mir großzügig seine ganzen mühsam erworbenen Kenntnisse und noch weitaus mehr. Es gab nur einen Moment, in dem er Zweifel zu hegen schien. Und zwar kurz nachdem ich bei ihm und seiner Frau Roma in Flagstaff eingetroffen war, um bei den beiden zu wohnen, bevor ich nach Grand Canyon Village fuhr.

»Ihnen ist zweifellos bewußt«, hatte er gesagt, »daß es *eine* Sache ist, sich den Canyon so wie ich in kleinen Happen vom Rand aus vorzunehmen, aber eine ganz andere, sich ihn in einem Rutsch einzuverleiben. Ehrlich gesagt, ich bin mir ganz und gar nicht sicher, ob ich Sie ermutigen soll.« Dann zögerte er. »Was mir Sorgen macht, ist, daß Sie eigentlich nicht die richtige Statur für die Wüste haben.«

Ich wußte, daß ich nicht nur neben seiner Windhundfigur ziemlich klobig erschien – ich war auch unbestreitbar außer Form. Anders gesagt: zu dick. Doch ich wußte auch, daß ich nach meiner Erkundungswoche genügend abgenommen haben würde. »Ich wette ein Fünfcentstück, daß ich es schaffe«, sagte ich. »Und zwar ein nagelneues, das man als Andenken an die Wand nageln kann.«

Harvey grinste. »Okay«, sagte er, »ich werde Ihnen die Daumen drücken. Und zwar kräftig.«

Nach allem, was Harvey mir mitgeteilt hatte, und nach den Erfahrungen, die ich selbst mit der Widersprüchlichkeit des Lebens in freier Wildbahn gemacht hatte, glaubte ich in etwa zu wissen, wie mein Unternehmen sich in der ersten Woche jenseits von Supai entwickeln würde – jener Woche, die mit dem ersten Abwurf von Lebensmitteln ihren Abschluß finden sollte. Vor allem war mir klar, daß ich in dieser frühen Phase nicht erwarten durfte, mehr als einen kurzen Blick – wenn überhaupt – auf das zu erhaschen, was ich schließlich zu finden hoffte.

Meine Einschätzung erwies sich als nur allzu richtig. Von Beginn an entwickelte sich die Woche zu einem verbissenen Kampf mit der Materie und der Gegenwart. Die ganze Woche schlug ich mich mit dem Tag und der Stunde und der Minute herum, und ganz am Schluß mit quälend langsamen Sekunden. Gelegentlich hatte auch der Canyon seine Auftritte, aber sie waren entsetzlich selten.

Als ich ganz zu Anfang dieser Woche aus dem Nebencanyon oberhalb von Supai heraustrat und die Weite entdeckte, da war das so ein Auftritt, und ich setzte mich fast eine halbe Stunde lang an den Rand der Felsterrasse und sah den jagenden Wolkenschatten und den Felsen und dem Licht zu. Ich hätte gern länger dort gesessen. Doch ich wußte, daß dies kein Tag zum Genießen war – es war der Tag, den Harvey Butchart als ersten Test dafür betrachtete, ob ich den Canyon schaffen könnte.

Die Terrasse, auf der ich saß, zog sich nordwärts zum Mount Sinyala und zur Esplanade; und ehe ich diesen Berg nicht passiert und den Sinyala Canyon erreicht hätte, würde ich kein Wasser finden. Auf der Karte sah das kaum nach einem Tagespensum aus. Mein Entfernungsmesser, den ich in Schlangenlinien auf der Karte um die vielen Canyonbuchten herumrollte, hatte kaum zwölf Kilometer angezeigt.

Doch diese »zwölf Kilometer« sagten so gut wie gar nichts.

Wenn es zu Fuß querfeldein geht, sind Kilometerangaben irreführend: Die Stunden sind entscheidend. Im Canyon werden Kilometer vollkommen bedeutungslos. Start und Ziel meiner Unternehmung lagen in Luftlinie nur 69 Kilometer auseinander. Der Fluß brauchte dafür 167 Kilometer. Wenn ich den Entfernungsmesser auf der Karte meine geplante Route entlangrollte und sorgfältig jeder Windung folgte, kam er auf knapp 320 Kilometer. Doch ich war mir sicher – und Harvey Butchart sah das genauso –, daß ich mir auf mindestens 650 Kilometern die Hacken ablaufen würde. Und es würde Abschnitte geben, in denen ich mich glücklich schätzen konnte, wenn ich in der Stunde einen Kilometer schaffte.

Harvey hatte meine Zweifel bezüglich der »zwölf Kilometer« am ersten Tag nach Supai noch bestärkt.

»Ich bin das Stück erst letztes Jahr gelaufen«, hatte er gesagt. »Und vom Sinyala Canyon nach Supai war es ein ganzer Tag. Selbst wenn man in Form ist, braucht man mit einem 15-Kilo-Rucksack auf dem Buckel bei hohem Tempo für diese Strecke acht Stunden. Gute acht Stunden. Im Flachen käme man bei diesem Tempo 30 Kilometer weit.«

Harvey war allerdings für erstaunliche Leistungen im Dauertempo bekannt (Zeitungen nannten ihn den Flagstaff Flyer), und ich war für echtes »Butcharting« noch in keiner Weise fit genug. Und mein Rucksack noch weniger. Er enthielt jetzt die Lebensmittel für eine volle Woche samt zwei Gallonen Wasser, und kurz vor meinem Abmarsch aus Supai hatte er die Waage im Laden auf 30,1 Kilogramm gedrückt. Ich hatte mich auf einen mühsamen Tag eingestellt.

Er hatte jedoch gut angefangen, und als ich mich nach Norden wandte und die lange, pausenlose Schinderei in Richtung Sinyala Canyon und Wasser in Angriff nahm, da schätzte ich, daß mir noch elf Stunden Tageslicht blieben, ich aber nur noch sechs Butchart-Stunden tatsächlichen Laufens vor mir hatte. Selbst wenn ich Pausen mit einrechnete, schien das ein ausgewogenes Verhältnis zu sein.

Der Tag erwies sich dann als merkwürdige Mischung aus Dummheiten und Erfolgen.

Ich stieß fast augenblicklich auf einen Pfad voller Abdrücke von Pferdehufen, und eine Stunde lang machte er aus der erwarteten langsamen und schweißtreibenden Plackerei ein leichtes, flottes Vorwärtskommen. Eine Stunde – anderthalb Luftlinienkilometer. Zehn Stunden Tageslicht blieben mir, und ich hatte nur noch fünf Stunden Marsch. Ich begann, mich zu entspannen.

Und beging meine erste von vielen Dummheiten.

Zunächst traf ich das Pferd. Es stand 50 Meter vor mir, reglos und mit hängendem Kopf, wie jemand, der nach einem schlechten Tag auf der Rennbahn sein Leid verdöst. Sein Rücken hing durch und seine Rippen standen hervor, aber es war zu meiner Überraschung nicht gerade klein. Ich hielt es daher für einen Herumtreiber aus Supai, doch ich wußte auch, daß es eins der sogenannten Kleinen Pferde der Esplanade sein konnte.[6]

---

[6] Gerüchte über Miniaturpferde im Grand Canyon geistern seit vielen Jahren herum. Ein Teil der Geschichten berichtet von Pygmäenpferden »mit der Größe von Neufundländern«, die in der Nähe von Supai eingefangen und in der Außenwelt zur Schau gestellt worden sein sollen. Von den Vorfahren dieser Pferde wird angenommen, daß sie von Erdrutschen in Nebencanyons eingesperrt worden waren. Ihr Nachwuchs sei dann über die Generationen durch Lichtmangel, Nahrungsknappheit und Inzucht zwergwüchsig geworden. Diese Geschichten kann man ziemlich sicher als Erfindung abtun. Es sind in der Tat sehr kleine Pferde hier und da von fahrenden Schaustellern gezeigt worden. Doch die Nationalparkverwaltung des Grand Canyon weiß definitiv, daß diese Tiere Zwergfohlen einer Shetland-Pony-Art waren

Dummerweise fand ich, daß ich ausreichend Zeit hatte, um dieses elende, aber doch faszinierende Exemplar von Pferd zu fotografieren. Ich klemmte das Fernglas mit einem Blitzlichthalter vor das Kameraobjektiv und zoomte mich so heran. Jeder Fotograf wird verstehen, warum meine Armbanduhr – als das Tier ein Dutzend sorgfältige Bilder später schließlich davonstürmte – mir mitteilte, daß fast eine Stunde vergangen war. Noch neun, und fünf zu laufen.

Und prompt verlor sich der Pfad. Unmittelbar danach hatte ich es mit meiner ersten Canyonbucht zu tun: Ein Fächer aus Hohlwegen schnitt sich in die Terrasse. Plötzlich mühte ich mich über steiles und lockeres Geröll, kraxelte auf und um hausgroße Felsblöcke oder manövrierte mich vorsichtig unter Überhängen an ihrem Fuß hindurch. Schließlich stand ich wieder auf festem Gestein. Aber in einer Stunde hatte ich nicht mal 400 Meter geschafft. Schnell etwas essen und eine kurze Pause. Noch sieben Stunden und drei oder vier Kilometer zu laufen.

Eine Stunde lang schneller Marsch über soliden Fels. Als ich an einem Gestrüpp vorbeikam, plötzlich ein böser Schmerz oberhalb meines linken Knöchels. Eine halbe Stunde später hielt ich schließlich an und zog das abge-

und von einer mexikanischen Ranch stammten. Ihr Aussteller hatte sie von einem geschäftstüchtigen Mann gekauft, der offenbar – aus Gründen des Ruhms und der Publicity – einen »Canyon der Kleinen Pferde« innerhalb des Grand Canyon erfunden hatte, komplett mit Erdrutschen und sogar mit indianischen Überlieferungen. (Nebenbei gesagt: Wenn seine Geschichte wahr wäre, dann könnte ihr Urheber behördlicherseits angeklagt werden, Pferde von staatseigenem Boden gestohlen zu haben.)

Die zweite Gruppe von Geschichten hat einen wahren Kern, leidet aber darunter, daß bei ihnen ständig übertrieben wird. Sache ist, daß es tatsächlich wilde oder halbwilde Pferde auf der Esplanade gibt (die Supai beanspruchen sie noch immer für sich, und zumindest bis vor

brochene Ende eines Astes aus dem Fleisch neben meinem Schienenbein heraus – es war hart wie ein Brückenpfeiler. Noch eine Stunde später wuchs endlich der 300 Meter hohe Mount Sinyala wie ein riesiger Backenzahn vor mir aus der flachen Mesa.

Der Anblick linderte die Anspannung ein wenig, ließ mich vergessen, daß meine Füße zu schmerzen anfingen und ich müde wurde. Der Sinyala Canyon war jetzt nur noch um die Ecke – zwei Stunden vielleicht. Und noch vier Stunden Tageslicht.

Eine Viertelstunde später sah ich ein Wasserloch. Es war nicht größer als eine ordentliche Bratpfanne, doch es schien den Erfolg zu besiegeln.

Während ich auf das Wasser blickte, bemerkte ich, daß das Pflaster über dem Loch im Bein sich ablöste. Ich schwang den Rucksack von den Schultern und öffnete eine Seitentasche.

In dem Moment, als ich feststellte, daß das Erste-Hilfe-Päckchen nicht da war, wußte ich auch schon, was passiert war.

Bis ich mich zu einem Entschluß durchgerungen, den Rucksack auf einer gut erkennbaren Erhebung an meinen Wanderstock gelehnt und mich auf den Weg zurück nach

25 Jahren haben sie offenbar auch eine gewisse Kontrolle über sie ausgeübt). Im Januar 1938 drang eine Expedition aus drei Nationalpark-Mitarbeitern und zwei Havasupai-Führern zu Pferd in das Gebiet um die Esplanade vor. Sie sichteten 27 Pferde. Manche davon, wenn auch nicht alle, waren kleiner als üblich. Nach einhelliger Meinung der Naturwissenschaftler in der Gruppe handelte es sich bei ihnen schlicht um unterentwickelte Wildpferde – eine normale Erscheinung in einer Gegend mit wenig Ressourcen. Das kleinste erwachsene Tier, das man einfing, maß 127 cm Schulterhöhe. Sein Gewicht wurde auf 180 Kilo geschätzt. Ein noch kleineres, etwa elfjähriges Exemplar, das die Havasupai drei Jahre früher auf der Esplanade gefangen haben sollen, wurde in Supai vermessen: Schulterhöhe 122 cm, Gewicht 136 Kilo.

Süden gemacht hatte, war wieder eine Viertelstunde vergangen. Eine Stunde schnelles, unbelastetes Laufen. Und exakt da, wo ich gesessen hatte, um den Ast zu entfernen, lag der kleine Plastikbeutel mitsamt Pflasterrolle. Wieder eine Stunde zurück zum Rucksack, diesmal in noch größerem Tempo. Fast sechs Uhr. Noch zwei Stunden, und noch zwei Kilometer zu laufen.

Als ich das Wasserloch hinter mir ließ, löschte eine dicke Wolkenbank die Sonne wie eine Kerze. Auf einen Schlag herrschte verfrühte Abendkälte; es wurde beunruhigend. Doch eine Stunde entschlossenen Marschierens brachte die Backenzahnsilhouette des Mount Sinyala auf die Höhe meiner linken Schulter. Das Dämmergrau wirkte nicht mehr ganz so beunruhigend. Nur noch eine Stunde zum Sinyala Canyon. Mit Glück sogar weniger.

Und dann noch eine Dummheit. Die letzte Canyonbucht schnitt tief in die Terrasse, bis in den Fuß der dahinterliegenden Klippen. Doch die Schlucht selbst sah leicht zu durchqueren aus, und ich entschied mich für den direkten Weg. Versteckte Abgründe, Überhänge, Felsblöcke, die siebenmal höher waren, als sie ausgesehen hatten. Als ich schließlich über die Kante auf der anderen Seite kletterte, war wieder eine halbe Stunde verronnen.

Doch nachdem der Tag schon fast dahingeschieden war, kam ich endlich an die Kluft, die den Anfang des Sinyala Canyon bildete. Als ich fünf Minuten später zum Canyonboden hinabgeklettert war, erspähte ich einen blassen Streifen vor mir. Und dann leuchtete meine Taschenlampe in 30 Zentimeter tiefes Wasser.

Ich lagerte an Ort und Stelle, gleich neben dem größten Wasserloch. Wenig später saß ich in meinem Schlafsack und schützte Kocher und Abendessen vor einem kalten, stürmischen Wind. Ich fühlte mich zufrieden. Obwohl nichts Besonderes passiert hatte, war es für jemanden in noch schwammiger Verfassung ein langer Tag gewesen, und ich war rechtschaffen müde. Und als ich jetzt den Tag Revue passieren ließ, erkannte ich, daß die Dummheiten an seinem Erfolg teilgehabt hatten. Es war, als würde man die Führerscheinprüfung bestehen, obwohl man dumm genug gewesen war, mit einem Kater zu fahren. Ich fand, daß ich Harvey Butcharts Qualifikationstest bestanden und noch Spielraum hatte. Und dafür war der Tag schließlich gedacht gewesen.

Trotz Harveys Informationen hatte sich bei mir keine besonders klare Vorstellung von der Esplanade entwickelt. Meistens denke ich mir: Warte ab, was dir deine eigenen Sinne sagen, ehe du dir ein deutliches Bild von einer Gegend machst. Doch bei meiner ganzen Vorbereitung war der hervorstechende Punkt bezüglich der Esplanade immer gewesen, daß sie von unbezwingbaren Felsen umgeben war, und obwohl ich diesem Umstand nie spezielle Überlegungen gewidmet hatte, hatte ich sie immer vage mit Begriffen wie »beengt«, »eingeschlossen« und sogar »eingequetscht« verknüpft. Die dicht gedrängten Höhenlinien auf der Karte, die das Gewirr aus Nebencanyons repräsentierten, die diese Fläche umgeben wie klaffende Risse eines austrocknenden Flußbetts, hatten diese Vorstellung noch verstärkt.

Doch die Esplanade erwies sich als weit und offen. Eine Landschaft aus Luft und Licht und Weite. Ein noch geräumigeres Gebiet als die offene Felsterrasse, die mich bei Supai so überrascht und entzückt hatte. Jetzt jagten Wolkenschatten 10, 30, ja manchmal sogar 50 Kilometer weit über rotes Gestein, ehe sie jenseits der entfernten Felswände verschwanden, die den Nordrand des Canyon bildeten.

Die luftige Offenheit der Esplanade besitzt eine Qualität, die der Offenheit einer gewöhnlichen Ebene fehlt. Das Auge schweift leicht über das Gestein und gleitet von einer flachen Mesa zur nächsten, doch der Kopf denkt immer noch an die Nebencanyons. Er erinnert sich daran, wie ihre dünnen Finger sich ausstrecken und die Mesas isolieren, indem sie sich 50, 100, 300 Meter tief in den Fels schneiden. Gelegentlich erinnert man sich auch an die Innere Schlucht. Doch es ist schwierig, die Realität wirklich zu erfassen. Sich auszumalen, daß der Blick nach links hin – drei, fünf oder sieben Kilometer entfernt –, ohne es wahrzunehmen, über eine Spalte streicht, die breit genug ist, den Colorado zu enthalten, ein Einschnitt, der über 600 Meter tief ist. Doch das Wissen davon ist irgendwo vorhanden. Und es bereichert den Eindruck von der Esplanade.

Das Auge wird noch von einer anderen Illusion getäuscht. Einer Illusion aus Raum und Struktur. Denn die Esplanade ist in erster Linie ein Reich der Strukturen. Der Strukturen und Farben. Man lebt hier unter einem sanftblauen Himmel. Aufgetürmte weiße Wolken jagen über ihn hin. Ganz links wird diese Welt von feinkörnigen Felsen begrenzt – weiß und weit weg. Unter ihnen wellt sich Geröll wie Sackleinen. Dann beginnt das rote Gestein. Zunächst genauso feinkörnig wie die Felsen. Dann, wenn die Entfernung die Wahrheit nicht mehr verhüllt, grober werdend. Und schließlich, auf den letzten 500 Metern, aufgerissen und zerfurcht und zerstückelt zu einem Chaos aus Simsen und Spalten und Blöcken. Und diese letzte Nahaufnahme zeigt, wie gekonnt die entfernten Strukturen gelogen haben.

Die Esplanade, so entschied ich mich schließlich, war eine umgekehrte Insel. Kein Land über dem Meer, sondern ins Land geschnittener Raum. Und doch war sie offen, nicht beengt. Sie existierte einfach innerhalb der beiden felsigen Begrenzungslinien – die eine gleich oberhalb meiner rechten Schulter, die andere weit hinten, jenseits des roten Gesteins. Und ich akzeptierte diese Grenzen. Ich glaube nicht, daß mir schon richtig bewußt war, wie vollkommen sie die Gegenwart der Welt da draußen ausschlossen. Dieses Bewußtsein kam erst später, viel später, als ich schon fast dabei war, den Canyon wieder zu verlassen. Im Moment reichte mein Interesse nicht weiter als bis zu einem kontinuierlichen, aber an- und abschwellenden Dröhnen, das von den nächsten Felsen kam, als würden Wasserfälle ihre bleichen Wände hinabstürzen. Anfangs fiel es mir schwer, zu glauben, daß ein so solides Geräusch lediglich vom Wind kam, der an Felsvorsprüngen zerrte.

Die Esplanade war also angenehm. Doch die Herausforderung blieb ernst und unnachgiebig. An erster Stelle stand zu jeder Tageszeit das Wasserproblem.

Harvey hatte mir lediglich zwei oder drei unsichere Sickerstellen und Wasserlöcher vorhergesagt, bevor ich das entfernte Ende der Esplanade erreichte. Doch dort würde ich dann mit ziemlicher Sicherheit eine Quelle finden – obwohl auch sie im Verlauf der letzten zehn Sommer mindestens einmal ausgetrocknet war.

Es war diese Quelle dicht unterhalb der Great Thumb Mesa, die ich als Ziel des ersten Abwurfs ausgewählt hatte, doch wir hatten als Alternative auch noch ein tiefes Wasserloch ausgemacht, das Harvey Butchart vor kurzem nahe dem Ende der Fossil Bay entdeckt hatte. Es lag lange anderthalb Tage hinter der Great-Thumb-Quelle. Natürlich hoffte ich, meinen Nachschub erst dort in Empfang nehmen zu können. Zum einen wollte ich, solange das Wetter mir beistand, so weit vorwärts kommen wie möglich. Zum anderen kam auch Stolz dazu: Harvey schien überzeugt gewesen, daß ich es in einer Woche keinesfalls weiter als bis zur Quelle am Great Thumb schaffen könnte. Und anfangs hatte es noch einen weiteren Ansporn gegeben, einen höchst pragmatischen: An der Fossil Bay würde ich die größte Unbekannte meiner Tour bereits hinter mir haben – jene sechs oder acht Kilometer des unbekannten Terrains mit den dreistufigen Amphitheatern, die Harvey nie erkundet hatte. Doch kurz bevor ich Supai verließ, hatte mich die mündliche Nachricht erreicht, Harvey sei dort erfolgreich gewesen. Obwohl ich dabei so etwas wie einen Verlust empfand – eine Art Lockerung der Herausforderung –, war es doch erleichternd, zu wissen, daß mein Weg gangbar war. Erfreut war ich auch noch aus einem anderen Grund. Ohne Harveys Hilfe hätte ich niemals eine Route planen können, jedenfalls keine verläßliche. Und es war nur gerecht, daß er der erste war, der dort durchkam.

Natürlich war mir klar, daß alles vom Wasser abhing. Und das Wasser hing wiederum vom Wetter ab.

»Verlassen Sie den Sinyala Canyon nicht, ehe Sie nicht absolut sicher sind, daß es genug geregnet hat«, hatte Harvey gesagt. »Eventuell regnet es gerade so viel, daß Sie sich auf der Esplanade sicher fühlen, und dann kommt eine Hitzewelle und trocknet ganz schnell alles aus – Sie eingeschlossen. Wirklich eine hübsche Falle.«

Als ich am Ende dieses langen Tages der Dummheiten den Sinyala Canyon erreichte, waren seit den Niederschlägen am Abend meiner Erkundung der Inneren Schlucht 72 Stunden vergangen, und ich war mir ganz und gar nicht sicher, ob auf der Esplanade ausreichend Wasser vorhanden war.

Zum Teil wegen dieser Unsicherheit (und zum Teil, weil der zweite Tag sich fast immer als der schlimmste für Füße und Muskulatur herausstellte) hatte ich etwas eingeplant, das einem Ruhetag nahekam: Ich würde lediglich eine lange und offenbar unerforschte Felsverwerfung erkunden, die aussah, als könne sie eine beträchtliche Abkürzung sein. Außerdem wollte ich sehr gewissenhaft prüfen, bis zu welchem Grad der Regen die kleineren Wasserlöcher der Esplanade gefüllt hatte.

Als ich neben dem großen Wasserloch im Sinyala Canyon erwachte, hatte der tosende Nachtwind eine schneidende Schärfe entwickelt. Während ich mein Lager abbrach, regnete es. Nicht stark, aber gemein. Und ich hatte kaum begonnen, auf die breite, flache Terrasse zu klettern, die den Anfang der Esplanade bildete, und – ohne allzu große Zielstrebigkeit – nach der unbekannten Felsverwerfung Ausschau zu halten, als die Regentropfen zu Schneeflocken erstarrten.

Die Flocken hatten auf dem feuchten Boden keine Chance, doch für lange, erstickte Minuten lief ich wie eingesperrt. Einen Moment lang mochte der fahlbraune Stamm einer Agave mit seinen Blattbüscheln ins Bild ragen wie ein windgepeitschter Maibaum, doch sonst gab es um mich herum nur eine kleine, flache Felsscheibe und jenseits davon unscharfes Grauweiß. Dann war der Schauer vorbei. Und als ich zurück nach Westen blickte, erkannte ich – ungenau wie durch einen Tüllvorhang – den Backenzahn des Mount Sinyala. Doch schon bald stürzte eine neue grauweiße Decke herab und sperrte mich wieder ein.

Nach einer halben Stunde ließ einer der Schauer die Esplanade in unnatürlicher Helle zurück. Als ich diesmal nach Westen sah, war der Mount Sinyala klar und deutlich umrissen wie eine Burg im Scheinwerferlicht. Über ihm hatten blaue Streifen begonnen, die Wolken zu zerteilen, die nun nicht mehr bleifarben waren. Und dann ließ die Sonne Hunderte von kleinen Wasserlöchern überall um mich herum in Festbeleuchtung aufblinken.

Diese kurzlebigen Pfützen erinnerten mich an Harvey

Butcharts »hübsche Falle«. Die größten von ihnen sahen aus, als würden sie die Tür der Falle eine Woche lang offenhalten. Und plötzlich erkannte ich, daß so etwas wie ein Ruhetag zu einem unerschwinglichen Luxus geworden war. Auch wenn die Verwerfung vielleicht eine Abkürzung bildete, so verschwendete ich doch mit der Suche nach ihr höchstwahrscheinlich nur wertvolle Zeit. In diesem Augenblick beschloß ich, solange die Bedingungen gut waren, mit größtmöglichem Tempo die schon erprobte Butchart-Route am Rand der Esplanade entlang zu verfolgen.

Von diesem Moment an begann für diese Woche der Ernst des Lebens.

Die ganze Woche über machte ich in mehrfacher Hinsicht Fortschritte.

Am augenfälligsten waren die meßbaren räumlichen Fortschritte. So schaffte ich zum Beispiel an den ersten beiden Tagen genau dreieinhalb Luftlinienkilometer. Doch die Luftlinie ging einfach quer über ein tiefes, vielarmiges Monster namens Matkatamiba Canyon. Das gelang *mir* nicht. Ich verbrachte den kompletten ersten der beiden Tage damit, seine ausgestreckten Finger ganz unten am Fuß der Felsens zu umrunden.

An diesem ersten Tag fühlten sich die 30 Kilo auf meinem Rücken eher an wie 50, und bis zur Abenddämmerung hatte ich gerade so die Hauptbucht des Matkatamiba hinter mich gebracht. In Luftlinie (einer Linie, die die Zwei-Tages-Luftlinie fast rechtwinklig kreuzte) hatte ich nur vier Kilometer geschafft. Doch die scheinbar flache Esplanade zwang mich ständig dazu, in Serpentinen zu laufen. Jeder Schritt war zick oder zack: zick einen Nebencanyon entlang – dann noch mal zick in einem Neben-Nebencanyon –, dann an dessen gegenüberliegender Seite zack, um wieder zum ersten zick zu gelangen – fast unmittelbar darauf ein neues zick für einen neuen Neben-Nebencanyon – und dann noch ein zick einen Neben-Neben-Nebencanyon hinein. Und das Ganze fand nie auf einer einzigen Ebene statt. Den ganzen Tag mußte ich mühsam kleine Seitenarme überqueren oder umgehen, die kaum größer waren als ein normales Wohnzimmer.

Am zweiten Tag schaffte ich an die viereinhalb Luftlinienkilometer, indem ich auf der entfernten Seite des Matkatamiba zurückzackte. Und das brachte mich an eine Sickerquelle in der Nähe des Chikapanagi Point. Die letzte einigermaßen zuverlässige Wasserstelle vor der Quelle am Great Thumb. Als ich sie früh am dritten Morgen nach meinem Aufbruch aus Supai verließ, wußte ich, daß ich bis zur Dunkelheit eine Menge Kilometer hinter mich bringen mußte. Ich schaffte sie. Und überraschend leicht dazu, denn obwohl ich es noch nicht wußte, so lag doch das schlimmste Gezickzacke hinter mir.

Seit ich mich entschieden hatte, auf die Tube zu drücken, machte ich auch Fortschritte in meinem Kleinkrieg mit dem lästigen Kleinkram.

Später, unter anderen Umständen, läßt sich oft nur schwer sagen, was einen zu einer bestimmten Zeit am meisten beschäftigt hat. Ein Notizbuch hilft da weiter. Mein Notizbuch zeigt höchst anschaulich, welche Dinge an diesen ersten Tagen auf der Esplanade von Bedeutung waren. Es ist eine prickelnde Lektüre: »Teepause: Socken gewaschen, Flasche aufgefüllt« und »Ganzen Tag lange Hosen getragen, also *muß* es kalt sein« und »Dämmerung 4 Uhr 45, Bodentemp. 0°, Socken beim Trocknen auf Rucksack steifgefroren. Raureif auf Schlafsack, aber nackt geschlafen und kaum gefroren. Kein Wind, wirklich sehr schönes Wetter«; und am nächsten Tag: »1 Uhr 30 gegessen, 24° im Schatten, 39° in der Sonne«. Hand in Hand mit diesen gewichtigen Dingen gingen meine gesundheitlichen Beobachtungen: »Bein von Astverletzung noch taub, wird aber besser« und »Gefällt mir gar nicht, wie sich am linken Ballen tiefe Blase bildet« und »Zwei Schnitte am rechten Fuß jetzt entzündet« und sogar »Oberschenkel innen aufgesprungen, teils noch vom Kalk im Havasu Creek. Probiere bei einem Kokosnußöl, beim andern Anti-Mücken-Lotion. Letztere besser.« In dieser Anfangsphase schlug ich mich noch mit den hartnäckigen und aufdringlichen Widersprüchen des »einfachen Lebens« herum.

Doch bald besserte sich die Lage. Jeden Tag nahmen meine Muskeln das Gewicht des Rucksacks bereitwilliger an. Die »aufgesprungenen Schenkel« und das »taube Bein« behinderten mich immer weniger. Und vor allem: Meine Füße machten mit – wenngleich immer mehr zugepflastert mit jenen seltsamen, selbstklebenden Stoffstücken namens Moleskins. Diese Moleskins waren die wertvollsten Gebrauchsgegenstände in meinem Rucksack, obwohl auf der Packung »40 Cents« stand. Während meiner Wanderung fand ich einen vergessenen Fünfdollarschein in der Moleskin-Schachtel, die ich dort hineingesteckt hatte, um sie in Supai zu verwenden. Dieser nun nutzlose Papierfetzen war selbst nach meinen grammknauserigen Maßstäben kaum unnötiger Ballast, außerdem ließ sich gegebenenfalls immer noch ein Feuer damit anzünden.

Das Lageraufschlagen und Kochen wurde zur täglichen Routine. Ich machte immer dieselben Handgriffe. Doch ich merkte kaum, was ich tat. Wenn ich in der Abenddämmerung meinen Rucksack aufstellte, die blaue Unterlage ausrollte und die kleine grüne Luftmatratze aufpustete, wenn ich den Kocher anzündete und meinen Eintopf umrührte, dann beschäftigten diese mechanischen Handlungen gerade mal die Randzonen meines Gehirns. Der Rest – jener Bereich, in dem Antworten entstehen können – war schon teilweise in der Lage, umherzuschweifen, zu beobachten, festzuhalten und aufzubereiten.

Von Tag zu Tag machte ich auch Fortschritte, was das – mir fällt kein anderer Ausdruck ein – Selbstvertrauen anging.

Es mag lächerlich erscheinen, wenn ein erfahrener Wanderer zu Beginn so ziemlich jeder größeren Unternehmung Probleme mit Routineangelegenheiten hat. Doch es gehört mehr dazu als Erfahrung. Ob es einem gefällt oder nicht – die Situation ist entscheidend: Ich tippe, daß die meisten Leute am ersten Tag an einem neuen Arbeitsplatz ein gewisses Maß an Lampenfieber verspüren. Der Nebencanyon aus Supai heraus war für mich in gewisser Weise der eigentliche Beginn meiner Tour gewesen, und ich hatte pflichtschuldig Lampenfieber gehabt. Da ich auf den ersten anderthalb Kilometern viel zu schnell über den holprigen Boden gelaufen und mich mit der Geschicklichkeit eines zehenlosen Faultiers bewegte hatte, stolperte ich zweimal und wäre fast der Länge nach hingeschlagen. Und auch der Rest dieses »Butchart-Test-Tages« bis zum Sinyala Canyon war kaum ein Paradebeispiel für Leistungsfähigkeit gewesen. Dann, zwei Tage später auf der Esplanade, ließ ich meinen Rucksack am Rand eines Nebencanyon stehen, stieg hinab, um eine Sickerquelle zu suchen, von der Harvey berichtet hatte, und als ich wieder nach oben geklettert kam, war von ihm nichts mehr zu sehen. Drei, vier quälende Minuten lang suchte ich in dem Felsgewirr herum und verfluchte mich, weil ich mir keine Markierungen gemacht hatte. Dann kam ich um einen Felsblock, an dem ich schon zweimal entlanggelaufen war – und da, fünf Meter vor mir, stand der Rucksack. Doch damit hatte ich meinen Vorrat an Anfangsfehlern weitgehend verbraucht.

Der wirklich entscheidende Fortschritt aber geschah in

bezug auf das Wegefinden. Und dies hielt meine Gedanken mehr als alles andere fest in der Gegenwart.

So flach und offen die Esplanade insgesamt wirken mag – sie ist ein Irrgarten. Die ganze Zeit über hat man auf ihr die Wahl zwischen zwei Wegen: Felsterrasse oder Geröllhalde. Auf den Terrassen kommt man relativ gut voran, außerdem verbreitern sie sich häufig zu regelrechten Straßen. Aber sie verlaufen nicht nur ständig in Windungen – wie ich es am Matkatamiba Canyon erlebt hatte –, sondern sie enden auch oft im Nichts. Und dann muß man sich entscheiden, ob man die drei, sechs oder zehn Meter bis zum nächsten Felssims nach oben oder nach unten klettert. Man macht seine Entscheidung vom Aussehen der Simse auf der anderen Seite des Nebencanyon abhängig, in dem man gerade herumzickzackt. Und dabei bekommt man es mit dem typischen Größenordnungsproblem zu tun. Ein Felsstück, das aus der Entfernung so aussieht, als müsse man sein Gepäck wohl darüberwuchten, entpuppt sich als haushoch. Zum Ausgleich kann sich allerdings auch eine Felskante, die aus der Distanz kaum mehr als eine Handbreit Platz zu bieten scheint, als breit genug für einen Bus erweisen.

Doch am Ende jeder größeren Canyonbucht verschwinden die Kanten und Simse. Abbröckelnde Steine haben das Grundgestein zugeschüttet. Um diese steilen Geröllhalden an den am wenigsten schreckenerregenden Stellen überqueren zu können, muß man weit nach oben klettern; und auf der anderen Seite der Canyonbucht findet man sich dann ebenfalls mitten in einer Geröllhalde wieder. Die erste Felsterrasse liegt dann vielleicht 30 Meter unter dir. Oder 60. Und weil Kopf und Beine dich immer wieder an die Bergsteigerweisheit »Setz nie unnötigerweise dein Gleichgewicht aufs Spiel« erinnert haben, entscheidest du dich dann meist dafür, auf der Halde zu bleiben.

Die Halde bietet den direktesten Weg. Pro Kartenkilometer läufst du hier nur rund anderthalb. Aber es ist mühsam und schweißtreibend. Kein Ausschreiten wie auf flachem Grundgestein. Statt dessen schlängelst du dich durch niedriges, die Beine zerkratzendes Gestrüpp. Plagst dich keuchend Hänge aus lockeren Steinen entlang. Kämpfst dich anschließend hechelnd durch tief eingeschnittene Bachbetten. Und in jeder größeren Canyonbucht sind neue Halden.

Am Ende jedes Canyon blickst du zurück. Bist du eher unten auf den sich windenden Simsen geblieben, dann siehst du jetzt, daß dir der Weg über den Hang Kilometer des Mäanderns sowie eine gute halbe Stunde eingespart hätte. Bist du aber den Hang entlanggekommen, dann erkennst du jedesmal ganz deutlich, daß die Route entlang der Kanten nur unwesentlich länger gewesen wäre, dir aber mindestens eine Stunde sowie einen Liter Schweiß erspart hätte.

Doch nach zwei Tagen hatte ich das Grundmuster dieses Labyrinths begriffen, und ich fand meinen Weg immer leichter. Auf den Kanten erwischte ich immer häufiger die richtige Ebene und konnte sie auch über Geröllhalden immer genauer beibehalten. Bald entdeckte ich auch, daß ich die stacheligen Blätter der rund ein Meter hohen Agaven als Bezugsgröße verwenden konnte, um die Höhe entfernter Felswände abzuschätzen. Und auch auf den Halden fand ich die beste Route: nicht so weit oben, daß ich jeden Meter auf Händen und Füßen überwinden mußte, aber auch nicht so weit unten, wo jedes Bachbett schon zu einer kleinen Schlucht geworden war. Ich merkte, daß ich effektiver wurde, weil ich immer häufiger feststellte, daß ich schwach erkennbaren Wildwechseln folgte. Während der ersten zweieinhalb Tage hieß »Wildwechsel« lediglich, daß ich vage die Spuren von

Rotwild erkennen konnte, aber es tat gut, Experten zu folgen.

Und dann, gegen Mittag des dritten Tages, die überraschende Wende.

Den ganzen Vormittag über war ich nur so mühsam und langsam vorangekommen wie immer. Ich hatte kaum ein Drittel des letzten, entscheidenden Stücks zur Quelle am Great Thumb geschafft. Und dann war ich plötzlich auf einem Trampelpfad. Einem gut erkennbaren, häufig benutzten Pferdeweg.

Diesmal endete der Pfad nicht im Nichts. Er wurde markanter. Er lief weit oben den Hang entlang, wand und schlängelte sich angenehm, so daß ich auf seiner gut ausgetretenen Spur so schnell ausschreiten konnte wie auf Fels. Jetzt konnte ich das Pfadfinden den Pferden überlassen.

Der Unterschied war grundlegend. Es war, als sei ich kilometerweit durch eine unbekannte Stadt mit Sackgassen und Stoppschildern gefahren und wäre plötzlich auf eine sechsspurige Schnellstraße mit Grüner Welle gestoßen.

Als ich später Rückschau hielt, erkannte ich, daß die Entdeckung des Pferdepfads den Wendepunkt markierte. Mit ihm endeten die Widersprüche des einfachen Lebens.

Doch ich will auch nicht den Eindruck erwecken, als sei ich an jenen ersten drei Tagen mit ihren erdnahen Mühen vollkommen von den harschen Anforderungen der Materie mit Beschlag belegt worden. Wie ich schon sagte: Der Canyon hatte durchaus seine Augenblicke. Tief in einem Nebencanyon etwa schwebte eine massive, weise wirkende Sphinx über einer Sickerquelle. Ein Säulenkaktus machte aus seiner Felsspalte verstohlen grinsend eine lange Nase. Ich lag auf blankem Fels und nippte Nektar, der eine Stunde zuvor noch Schnee gewesen war, und überall um mich herum destillierte die Sonne sinnliche Gerüche. Ein schnauzbärtiges Backenhörnchen landete mit einem Satz auf einem Felsen, erstarrte, verschwamm und war verschwunden. Hinter Schatten, die noch der Nacht angehörten, strömte das Sonnenlicht eines neuen Tages über die Felsenriffs. Die Mittage legten sich schwer auf die Esplanade, jeden Tag heißer, jeden Tag mit erdrückenderer Stille. Dann kam der Abend, und die Stille wurde sanfter, inhaltsvoller.

Solche Augenblicke versprachen mir Fortschritte. Wirkliche Fortschritte. Fortschritte bei meiner Pilgerfahrt. Aber sie dauerten nie lange.

Als ich am Abend des dritten Tages auf dem Pferdepfad der Quelle am Great Thumb entgegeneilte (wohl wissend, daß ich sie nicht mehr vor Einbruch der Dunkelheit erreichen würde, doch zuversichtlich, am nächsten Morgen hinzukommen), nahm ich plötzlich rechts von mir eine Bewegung wahr. Dann – nah und elektrisierend – Hufdonner, der schlagartig wieder erstarb. Das Pferd stand vor mir, sah mich neugierig an, seine weiße Blesse leuchtete wie eine Lampe in den Schatten des Frühabends. Dann donnerte es wieder auf und davon, quer über den Abhang, zurück in die absterbende Sonne. Der Hufschlag wurde schwächer. Die dunkle Gestalt begann in den Schatten aufzugehen. Und dann, gerade als sie die Horizontlinie kreuzte, blickte sie zu mir zurück. Links von ihr stand der Fels wie eine schwarze Wand vor dem roten Himmel. Der steinige Hang, der den Felsen begrenzte, zog sich in weitem Bogen hinab, legte eine Pause ein und bog sich dann wieder aufwärts bis zu einem kleinen, frei stehenden Hügel. Das Pferd stand wie eingerahmt zwischen Fels und Hügel, eingraviert in die rote Nachglut der Sonne. Ich konnte seine aufgestellten Ohren erkennen, spürte die Unruhe. Während ich das reglose und angespannte Pferd beobachtete, machte ein Kolibri zwei Handbreit vor meinen Augen sirrend Stippvisite. Ich stellte fest, daß ich ihm zulächelte. Als er sich fortschwang, folgten ihm meine Augen, und ich sah hinter ihm die weißen Felsen der Great Thumb Mesa. Doch ihre Felsen waren nicht mehr weiß. Sie brannten jetzt in der tiefroten Glut eines Sonnenuntergangs in der Wüste, jener Glut, die den Atem stocken läßt, die alle Aktivitäten zum Erliegen bringt, und die dich wünschen läßt, du könntest der Zeit Handschellen anlegen, damit die Schönheit nie, nie, nie ende. Lange Augenblicke stand ich da und betrachtete diese Felsen. Schließlich warf ich einen Blick zurück über die Schulter. Das Pferd war fort. Und als ich zurück zu den Felsen sah, da begann die Glut bereits zu vergehen. Aber das spielte überhaupt keine Rolle. Das Bild würde mir für immer bleiben.

Ich lief noch ein Stück den Pfad hinab und schlug mein Lager dann in der abstrahlenden Wärme eines großen Felsblocks auf. Und am nächsten Morgen erreichte ich schon bald nach Sonnenaufgang die Quelle am Great Thumb.

Der Pfad fiel in ein leeres Flußbett ab. Unvermittelt sah ich zehn Meter vor mir Wasser glitzernd auf rotes Gestein tropfen. Und plötzlich schien die Sonne durch ein Büschel scharlachroter Castilleja-Büsche, und kühle Luft strich mir über die Haut, und Vögel unterhielten sich leise im Laub einer Pappel. Und in diesem Moment wußte ich wieder – zwar auf andere Weise als in dem Augenblick mit dem Wildpferd im Zwielicht, aber mit derselben Sicherheit –, daß ich, genügend Zeit vorausgesetzt, im Canyon das finden würde, wozu ich hergekommen war.

Als ich die Great-Thumb-Quelle erreichte, waren es immer noch drei Tage bis zum ersten Abwurf, und ich hegte eigentlich keinen Zweifel, daß ich die Sachen erst in der Fossil Bay in Empfang nehmen würde – jenseits der drei problematischen Amphitheater. Anfangs schwebten noch dünne Fragezeichen über Füßen und Wetter. Doch am Abend des zweiten Tages, an dem ich an der Quelle lagerte, konnte ich in etwas herumlaufen, das geradezu an Luxus grenzte: Ich hatte weiche Mokassins dabei; dazu kühlten jetzt leichte Regenschauer die Luft und füllten die Wasserlöcher neu. Am dritten Morgen um halb zehn, bei immer noch angenehm frischem und vielversprechend unbeständigem Wetter, stand ich am Rand des ersten Amphitheaters.

Der Ort war beeindruckend. Die Esplanade verengte sich urplötzlich zu einer schmalen Terrasse, die zwischen zwei Felsen hing, als hätte sie dort nur eine Pause eingelegt und warte auf ein heftiges Unwetter, das sie vollends hinabschmettern würde. Der mit Gestrüpp bedeckte Hang fiel sehr steil ab, und unterhalb seiner Abrißkante stürzte der Fels fast senkrecht 500 Meter in die Schlucht. Jetzt begriff ich, warum die gegenüberliegende Seite des Amphitheaters den Bighorn-Schafen gehörte.[7]

Es ist *eine* Sache, ob man irgendwo der allererste ist, und eine ganz andere, zu wissen (oder ziemlich sicher zu

---

[7] Bighorns können das Amphitheater überqueren, Wildpferde offensichtlich nicht. Die Schafe scheinen ihre Privatsphäre fast mehr zu schätzen als alles andere, daher ziehen sie es vor, in ihrer Festung auf der anderen Seite zu bleiben.
Am Amphitheater hatte ich andererseits das Ende des Wildpferdgebiets erreicht. Auf dem Weg die Esplanade entlang hatte ich siebzehnmal Pferde gesehen; es waren mindestens zehn verschiedene Tiere gewesen, darunter ein Fohlen. Anders als das erbärmliche Wesen, das ich oberhalb von Supai fotografiert hatte, waren sie alle in ausgezeichneter Verfassung. In der Farbe variierten sie von Schwarz mit einem Blauschimmer über Kastanienbraun bis Weiß. Es war auch eins dabei, das sehr nach einem Maultier aussah. Ich würde sagen, daß sie alle

wissen), daß man nur der zweite ist. Ich wußte (oder wußte halbwegs), daß *ein* Mensch dieses unmögliche Amphitheater schon mal überquert hatte. Und das erst vor einer Woche. Doch ich glaube, ich vergegenwärtigte mir erst hinterher, was für einen Unterschied dieses Wissen ausmachte. Anstatt zu verharren und mich zu fragen, ob diese Sache tatsächlich machbar war, suchte ich mir mit dem Fernglas einen Weg und begab mich auf die Terrasse hinaus.

Die ersten hundert Meter fiel der Hang noch ziemlich sanft ab. Schwach erkennbar zog sich immer noch ein Pferdepfad durch das lichte Gestrüpp. Dann wurde der Hang plötzlich steiler. Der Pfad verschwand. Gleich anschließend mußte ich eine leuchtendrote Klamm überqueren. Langsam bewegte ich mich an ihrer verwitterten Wand entlang, dabei suchten meine Füße ständig Haltepunkte. Feuchte Erdklumpen und Steinbrocken polterten unter mir hinab. Geräuschvoll gewannen sie an Tempo, verschwanden dann außer Sicht und hinterließen unheilvolle Stille.

In der Mitte bestand die Wand der Klamm aus harter, roter Erde, steil wie die Wände eines Straßendurchstichs im Gebirge. Ein paar halb eingebackene Steine bildeten die einzigen Haltepunkte. Ich zögerte. Dann dachte ich an Harvey Butchart und hangelte mich weiter. Der Rand

eher klein waren, aber auch mit viel Phantasie konnte man keins von ihnen als »Miniaturpferd« bezeichnen. Sie waren entweder allein oder in Gruppen von vier bis fünf unterwegs. Ihre spontane Reaktion auf meinen Anblick bestand in Flucht, doch wenn sie zwei-, dreihundert Meter zwischen sich und mich gelegt hatten, wurde ihre Angst von Neugier gezügelt. Eine Gruppe machte sogar Anstalten, zurückzukommen, doch die Furcht siegte schließlich.

Und das, so fürchte ich, ist bereits alles, was ich aus erster Hand über die sogenannten Miniaturpferde des Grand Canyon in Erfahrung bringen konnte.

der Terrasse da unten, unterhalb meiner Füße, war mir jetzt geradezu quälend bewußt, genau wie der stumme Raum hinter ihr. Jeder Meter vorwärts, jeder sorgsam ausbalancierte Schritt war eine beklemmende, atemlose Bewegung – jene Art von Bewegung, die einem ängstlichen Kletterer wie mir eine Falltür im Magen öffnet. Und dann war ich an der roten Wand vorbei. Und dann an der Klamm. Und anstatt mit nervösen Fingerspitzen weiter zu tasten, konnte ich jetzt das Gleichgewicht halten, indem ich einfach meinen Stab in den lockeren Abhang trieb.

Zu diesem Zeitpunkt wußte ich natürlich nicht, daß ich mit der roten Klamm das Schlimmste hinter mich gebracht hatte. Danach kam jedenfalls nichts mehr, was an Gefahr ihrem Mittelteil nahekam. Dennoch mußte ich mich den ganzen Vormittag langsam fortbewegen. Sehr langsam. Jeder Schritt war von jener Art, bei der man es lieber nicht drauf ankommen ließ. Als ich schließlich das erste Amphitheater erreichte, war es fast ein Uhr.

Doch schon lange vorher hatte ich mich ausreichend entspannt, um mehr wahrzunehmen als nur den Weg vor mir. Ich sah, daß die Pferdespuren von vereinzelten Paarhuferabdrücken abgelöst worden waren. Als ich bei einem überraschenden Hagelschauer pausieren mußte, entdeckte ich neue Wasserlöcher auf einer entfernten Felsterrasse – sie erfreuten mich weniger als potentielle Reserven, denn als kühle, wunderbar anzusehende, blaue Ornamente. Ich stellte – als ich 700 Meter unter mir zum ersten Mal seit einer Woche den Colorado erspähte – nicht nur fest, daß irgendeine technische Manipulation an dem weit entfernten Damm an seinem Oberlauf für seine drastische Farbveränderung verantwortlich sein mußte, sondern ich empfand es als sehr wohltuend, daß seine stumpf-braune Oberfläche sich in strahlendes Blau verwandelt hatte. Ich rastete neben einem bedenklich kippligen Felsblock und ließ den riesigen, eleganten Gesteinsbogen auf mich einwirken, der zum Fluß hinabstürzte und sich dann in einer gigantischen Gegenbewegung wieder aufwärts schwang. Ich saß viel länger neben dem Block als geplant und tastete mit den Fingerspitzen meines Geistes über die Oberfläche und die Farben und die schräg liegende Struktur des Gesteins und der schrägen Terrasse und dann wieder des Gesteins. Und kurz darauf stand ich im inneren Bereich des Amphitheaters bewundernd vor einer zerbrechlichen weißen Wüstenprimel, die vor meinen Füßen der Geröllödnis entwuchs. Der Zeitdruck versuchte immer wieder, solche sanfteren Momente beiseite zu wischen, war aber nicht allzu erfolgreich damit.

Nach der roten Klamm bot dieser Tag nur noch zwei echte Höhepunkte. Und mit keinem davon hatte ich gerechnet.

Der erste dauerte kaum 15 Sekunden.

Ich lief eine Felsterrasse entlang, die zum zweiten Amphitheater führte. Wirbelnde Wolken waren herabgesunken. Sie verwehrten mir einen zweiten großartigen Blick in die Tiefe der Inneren Schlucht und zwangen mich, meinen Weg durch schattige Felsformen hindurch zu suchen. Es war, als wanderte ich mitten im Winter über ein schottisches Moor.

Ich glaube, zuerst nahm ich die Bewegung wahr. Wie auch immer – ich weiß jedenfalls, daß ich plötzlich auf eine undeutliche Gestalt starrte, die 40 oder 50 Meter entfernt am Rand des Abgrunds stand. Einen Moment lang starrte das Tier zu mir zurück – gespannt und erwartungsvoll. Doch fast augenblicklich verschwand es mit einem Satz.

Dann sah ich noch eins.

Es war näher als das erste. Kaum 30 Meter von mir entfernt. Wie es da am Abgrund reglos vor den wirbelnden Wolken stand, wirkte es weniger wie ein Tier, sondern eher wie eine Geistererscheinung. Eine großartige grüne Erscheinung. Eine stattliche gemeißelte Skulptur. Lange Zeit blickten wir einander an, die Statue und ich, und ich hatte genug Zeit, um zu erkennen, daß das Grüne die massigen Hörner waren, die sich fast zu einem Kreis bogen. Mir blieb auch Zeit genug, um zu begreifen, daß auch seine Würde von diesen Hörnern ausging. Von den Hörnern und der überlegenen Kopfhaltung. Ganz langsam tastete ich nach meinem Fernglas. Das Bighorn drehte sich gemächlich um. Bei seinem großartigen Kopf wirkte sein weißer Rumpf eher lachhaft. Doch das Tier bewegte sich mit unerschütterlicher Würde, mit gemessener und fließender Eleganz. Drei, vier Meter bewegte es sich langsam von mir weg. Und dann war es verschwunden. Nicht mit Holterdiepolter; es schien sich eher aufzulösen und mit seiner Umgebung zu verschmelzen, so daß es in einem Moment noch da war und im nächsten irgendwie nicht mehr und ich wieder allein in der wirbelnden, fast schottisch anmutenden Düsternis stand.

Auch der andere große Augenblick dieses Tages hatte etwas Spukhaftes an sich.

Ich hatte das zweite Amphitheater durchquert und danach auch das dritte. Beide waren steil, allerdings war keines von ihnen so schwierig wie das erste. Den ganzen Tag über waren Schauer und Hagelstürme von Nordwesten her niedergegangen. Am mittleren Nachmittag wurde es allmählich kälter. Und als ich schließlich gegen fünf Uhr auf die breite Felsterrasse hinaustrat, die zur Fossil Bay führte, fing es an zu schneien.

Schnell bedeckten die Flocken die sandige, schokoladenbraune Erde, die die größeren Felsbecken umgab. Wenig später blieben sie auch auf den nassen Felsen selbst liegen. Wieder einmal – wie schon am Morgen nach dem Mount Sinyala – lief ich durch eine gedämpfte weiße Welt voller undeutlicher Formen und vermummter Horizonte.

Und dann, als ich über einen Zentimeter Schnee durch eins der mit Erde gefüllten Becken tappte und allmählich etwas müde wurde, blieb ich plötzlich wie vom Donner gerührt stehen. Durch den Schnee vor mir zog sich – dunkel und klar umrissen und unmöglich – eine Spur menschlicher Fußabdrücke. Jeder Abdruck war vollkommen deutlich und scharf. Und die Spur verlief gerade und zielgerichtet – wie eine Vorwegnahme meiner eigenen – in die Düsternis hinaus.

Ich stand reglos in den dicken Flocken, starrte, versuchte das, was ich sah, mit dem in Einklang zu bringen, was ich wußte. Die Abdrücke waren nicht zu leugnen. Aber es schien mir unmöglich, daß jemand auf dieser entlegenen, gottverlassenen Felsterrasse unmittelbar vor mir herlaufen sollte. Und das in so dichtem Abstand, daß der Schnee noch nicht einmal die Umrisse der Spuren verwischt hatte. Ich spähte in das Weiß und versuchte, noch weiter nach vorn zu sehen. Den ganzen Tag lang hatte ich die Vorstellung gehegt, ich sei erst der zweite Mensch überhaupt, der hier entlangkäme. Vielleicht sogar der erste. Und jetzt schien es, als sei hier eine Fußgängerzone.

Ich kniete mich hin und untersuchte einen der Abdrücke. Er war echt, kein Zweifel. Doch dann begriff ich es fast augenblicklich. Überall um den Abdruck herum bestand die unberührte Erdoberfläche aus winzigen Eisnadeln. Die Schneeflocken legten sich auf die Spitzen dieser Nadeln und wurden dort zu einem dicken weißen Teppich. Doch innerhalb des Abdrucks hatte das Gewicht des Stiefels die Erde zu einer harten und relativ flachen Pfanne zusammengedrückt. In ihr hatte sich der Regen der letzten Zeit gesammelt, und Schneeflocken, die hier hineinfielen, wurden von der Flüssigkeit aufgelöst. Ich untersuchte die Ränder des Fußabdrucks. Wind und Wasser hatten an den Konturen genagt – schätzungsweise seit einer Woche.

Ich stand lächelnd auf. Als ich den dunklen Abdrücken durch den Schneesturm in die Düsternis hinein folgte, war meine Müdigkeit verflogen. Es tat gut, ohne den Anflug eines Zweifels zu wissen, daß ich – welch atemberaubende Symbolik! – den Fußstapfen jenes Mannes folgte, der mir den Weg gewiesen und sich eine Woche zuvor einen 17 Jahre alten Traum verwirklicht hatte. Doch ich glaube, ich empfand noch mehr als nur Freude für Harvey. Diese Fußabdrücke hatten etwas schwer zu Beschreibendes, etwas Wärmendes – sie leisteten mir Gesellschaft. Und was sie darstellten, war so entrückt, das es mein Alleinsein nicht einmal ankratzte.

Meine erleichterte Heiterkeit überdauerte den Schneesturm und auch noch den Schneeregen, der zwei Stunden danach niederfiel, als ich mich in der Dämmerung unter einem Überhang nah bei der Fossil Bay einnistete. Sie war auch am nächsten Morgen noch da, als ich bei blendendem Sonnenschein, der den Nachtschnee ganz schnell ausgelöscht hatte, in die Bay einlief. Und sie war auch noch da – durch die Erwartung sogar noch verstärkt –, als ich mich gegen halb zehn auf den Abwurf aus der Luft vorbereitete.

Zuerst breitete ich meinen leuchtend orangefarbenen Schlafsack aus, denn nach ihm würden Ranger Jim Bailey und sein Pilot Ausschau halten. Dann sammelte ich Feuerholz und füllte meine beiden Kochtöpfe mit Wasser, um Rauch- beziehungsweise Dampfzeichen zu erzeugen, die die Windrichtung anzeigen sollten. Und schließlich übte ich – in den plötzlich knappen Minuten, die mir noch blieben – wieder einmal die Methode, mit meinem ausgestreckten Daumen ein entferntes Objekt (das für das Flugzeug stand) anzuvisieren und dabei mit einem kleinen Spiegel die Sonnenstrahlen teils auf die Daumenspitze, teils in die Luft zu lenken. Ich hatte noch nie so einen Abwurf mitgemacht, doch in Flagstaff hatte mir der Pilot gezeigt, wie man auf diese Weise Signale gibt. Bei klarem Wetter, hatte er gesagt, würde er die Lichtblitze über Kilometer erkennen. Zum Teil war es sein Vertrauen auf diesen Spiegel, das mich im letzten Moment bewog, die Ladung bereits drei Kilometer vor der verabredeten Stelle am Ende der Fossil Bay in Empfang zu nehmen, und zwar an einem Platz, der nicht nur für mich selbst bequemer war – ich wollte von hier aus eine Erkundungstour in den Fossil Canyon unternehmen –, sondern mir auch für den notwendigen Tiefflug des Flugzeugs sicherer vorkam.

Der Zeitpunkt X, den ich mit Jim Bailey verabredet hatte, war zehn Uhr. Eine Minute vor zehn hörte ich Motorengeräusche. Die kleine Cessna – silbrig mit unverwechselbaren roten Flügelspitzen – kam aus größerer Höhe, als ich erwartet hatte. Ich fing an, mit dem Spiegel zu blinken. Die Maschine kam näher. Kam noch näher. Und noch näher. Und flog, immer noch hoch, direkt über mir vorbei, ohne erkennend mit den Flügelspitzen zu wackeln. Und dann brummte sie auf und davon, und ich stand mit offenem Mund auf der roten Felsterrasse.

Sie überquerte die Great Thumb Mesa und begann Kreise zu ziehen, wobei sie langsam tiefer kam. Ich konnte mir ausmalen, wie Jim Bailey zu der Pappel hinabstarrte, die an der Great-Thumb-Quelle stand – jener Quelle, an der ich vor zwei Nächten gelagert hatte, jener Quelle, die unser primäres Abwurfziel darstellte. Das Flugzeug verschwand hinter der Mesa, doch ich konnte es immer noch kreisen hören. Und ich konnte mir vorstellen, wie Jim Bailey zum Piloten hinüberschrie: »Er scheint's nicht geschafft zu haben.«

Ich wartete und lief dabei auf der roten Felsterrasse auf und ab.

Zehn Minuten später waren sie wieder da. Sie kamen hoch über das Ende der Fossil Bay geflogen und dann in einem Bogen auf mich zu. Und dröhnten dann – mein fieberhaftes Blinken völlig ignorierend – über mich hinweg. Dann grasten sie das Gebiet um den Great Thumb ab und suchten entlang der Felsterrassen und Amphitheater, die ich am Tag zuvor überquert hatte. Wenig später waren sie wieder verschwunden.

Eine Zeitlang konnte ich noch das entfernte Brummen der Maschine hören. Dann wurde der Canyon wieder von jener Stille beherrscht, an die ich mich gewöhnt hatte. Ich wußte, daß sie jetzt entlang der Esplanade Ausschau halten würden. Vielleicht würden sie sogar bis Supai zurückfliegen. Ich malte mir nicht weiter aus, was Jim Bailey wohl gerade sagte.

Die Minuten schleppten sich dahin. Zehn. Zwanzig. Dreißig. Die Sonne knallte auf das rote Gestein. Ich versuchte, nicht an den knappen Lebensmittelvorrat in meinem Rucksack zu denken.

Schließlich kehrten sie zurück, immer noch sehr hoch. Genau als sie hinter der Great Thumb Mesa hervorkamen, zündete ich das Feuer an. Die Maschine brummte weiter, offenbar in Richtung auf Grand Canyon Village und nach Hause. Als das Feuer kräftig genug brannte, schüttete ich das Wasser aus den bereitgestellten Töpfen hinein. Eine Dampfsäule erhob sich in die klare Luft. Dann blinkte ich wieder wild mit dem Spiegel – ich wollte die Sonnenstrahlen förmlich in das Gesicht des Piloten zwingen. Für einige lange, quälende Sekunden blieb die Maschine auf

Kurs. Dann kurvte sie zu mir herunter. Wenig später wackelten die Flügelspitzen.[8]

Die Maschine machte drei Probeanflüge – sie flog so tief, daß ich erkennen konnte, daß die eine Tür entfernt worden war, um das Abwerfen zu vereinfachen. Beim vierten Anflug kippte etwas aus dem leeren Türrahmen. Ein leuchtend orangefarbener Fallschirm entfaltete sich. Wenige Sekunden lang driftete er prall und ruhig und wunderschön vor dem Blau des Himmels. Dann erreichte der in Karton verpackte Behälter unter ihm den Boden, keine hundert Meter von meinem Schlafsack entfernt. Der Schirm fiel in sich zusammen. Ich rannte hin.

Die Maschine kam noch einmal zurück, immer noch sehr tief. Ich wedelte mit beiden Armen: »Alles okay«. Die Flügelspitzen wackelten. Dann verschwand die kleine Cessna in der Ferne, und ich stand wieder allein in der Sonne und der Stille.

Übergang

Ich glaube, während ich zusah, wie das Flugzeug zu einem Fleck zusammenschrumpfte und sich schließlich in der blauen Ferne verlor, wußte ich schon, daß sich mein Projekt weiterentwickelt hatte. Es war immer noch kein Picknick und erst recht keine Pilgerfahrt, aber die ent-

[8] Damals fragte ich mich, ob der Dampf oder der Spiegel sie auf mich aufmerksam gemacht hatten. Viel später befragte ich Jim Bailey dazu. »Der Dampf«, sagte er. »Ich entdeckte ihn sofort. Und das war auch gut so. Genau wie Sie sich dachten, waren wir inzwischen auf dem Heimweg. Den Spiegel sahen wir erst, als wir schon über Ihnen waren, unmittelbar bevor wir mit den Flügeln wackelten. Ich vermute, daß Sie den Spiegel nicht stark genug bewegt haben. Um ein richtiges Blitzen hinzukriegen, muß man das machen. Dann kam noch dazu, daß Ihr orangefarbener Schlafsack auf dem roten Gestein über-

scheidenden Schritte hatte ich bewältigt. Ich hatte die Amphitheater durchquert. Und indem ich es für den Abwurf des Nachschubs bis zu der Alternativstelle geschafft hatte, hatte ich zweifelsfrei gezeigt, daß ich den körperlichen Anforderungen des Canyon gewachsen war.

Allerdings begriff ich erst kurz nach Sonnenuntergang, was dieser Abwurf eigentlich bedeutete. Ich lag ausgestreckt auf meinem Schlafsack und tat nichts, als in den blassen Himmel zu starren, als ganz weit über mir kurz eine Düsenmaschine in der schon verschwundenen Sonne aufblitzte. Doch sie flog so hoch, daß ihr Flüstern die Stille gar nicht richtig durchbrach. Und ihre entfernte Gegenwart beeinträchtigte die Einsamkeit nicht im geringsten.

Da fiel mir plötzlich auf, daß der Abwurf meine Einsamkeit genauso wenig beeinträchtigt hatte. Meinen Kokon aus Frieden und Einfachheit hatte er nicht durchdrungen, denn es war dabei nicht das Gefühl eines persönlichen Kontakts entstanden. Selbst beim letzten Anflug der Cessna hatte ich eigenartigerweise keine Gestalten im Cockpit ausmachen können. Und jetzt wurde mir klar, daß ich das Flugzeug und sein Gedröhne gar nicht wirklich als etwas aus der Außenwelt angesehen hatte, sondern lediglich als Annehmlichkeit. Als unpersönliches Mittel, meine persönlichen Bedürfnisse zu befriedigen. Und während ich jetzt zu dem entfernten Fleck der Düsenmaschi-

haupt nicht auffiel. Selbst beim Abwurfanflug konnten wir ihn kaum erkennen.«

Aber immerhin lernte ich an diesem Tag eine wichtige Lektion: Ändere niemals die Abwurfstelle. Und was das Erkennungszeichen auf dem Boden betrifft: Bei den beiden späteren Abwürfen breitete ich die weiße Plastikfolie auf dem Boden aus, die ich bei der Erkundung der Inneren Schlucht verwendet hatte. Der Pilot sah sie jedesmal sofort, und ich brauchte den Spiegel gar nicht einzusetzen, ja, ich kam gar nicht dazu.

ne hinaufsah, erkannte ich auf die unvermittelte und überwältigende Weise, mit der sich das Augenfällige letztlich dem Bewußtsein aufdrängt, daß mein Kokon aus Frieden und Einsamkeit das Entscheidende war. Ja, allein schon der Umstand, daß dieser Kokon existierte. Ich war, so merkte ich, dem Widerspruch des einfachen Lebens schließlich entkommen. Die Banalitäten waren immer noch da und würden es auch bis zum Ende meiner Tour bleiben. Doch ich hatte sie überwunden. War endlich aus dem Getöse und Termindruck der äußeren Welt ausgebrochen.

Auf der Stelle feierte ich das. Ich stellte meinem Essen den Luxus der Woche voran: eine Büchse geräucherte Hummerscheiben, und anschließend löschte ich den Pemmikan und die entwässerten Kartoffeln mit Bordeaux ab. Nach dem Mahl schien ich den Canyon fünf halbzufriedene Minuten lang schon fast geschafft zu haben.[9]

Doch dieser für mich spürbare Wendepunkt schlug sich nicht sofort in der Praxis nieder. Ich bekam es sogar hin, die nächsten drei Tage noch schweißtreibender zu gestalten.

Diese ganzen drei Tage verbrachte ich mit mühsamen Erkundungen im Fossil Canyon. Offenbar hatte bisher niemand einen Weg in diese enge, fast 600 Meter tiefe Felsritze gefunden. Doch wenn es mir gelingen sollte, dann könnte ich am Colorado entlanglaufen und die entsetzlich lange und vermutlich wasserlose Verlängerung der Esplanade vermeiden, die mich immer noch von meinem Vorratsdepot unterhalb des Canyonrands bei Bass Camp

[9] Nur halb zufrieden: Obwohl die Delikatessen aus den Depots und Abwürfen jedesmal eine wohltuende Abwechslung waren, bildete der Bordeaux nie das I-Tüpfelchen, auf das ich gehofft hatte. Mir ist inzwischen klargeworden, daß man draußen in der Natur keinen Alkohol braucht. Jedenfalls nicht, wenn man allein ist.

trennte. (Soweit ich wußte, gab es auf dieser Terrasse überhaupt keine natürlichen Wasserstellen, aber ich hatte etwa auf Höhe ihrer Mitte, unter dem Rand bei Apache Point, mein einziges anderes Depot angelegt, und es enthielt vier Gallonen Wasser.)

Die Vorstellung, einen Weg in den Fossil Canyon hinunter ausfindig zu machen, hatte mich mindestens genauso gereizt wie dessen praktische Vorteile, und so lief und kroch und kletterte und kämpfte ich mich – immer von meinem Lager am Abwurfplatz aus – drei Tage lang hinab und entlang und wieder hinauf und entlang und dann hinüber und hinauf und entlang einer schier endlosen Folge von Terrassen und Kanten und Klippen. Zweimal folgte ich sich verjüngenden Rissen in der Felswand, bis ich an Stellen gelangte, an denen ich nie hätte sein dürfen. Und ich stieß auf eine Geröllhalde, von der ich hoffe, daß ich sie eines Tages vergessen kann. Am dritten Abend kam ich erschöpft zu meinem Lagerplatz zurück. Meine linke Hand war ein pochendes Nadelkissen: In einem Angstanfall hatte ich auf einer abschüssigen Felskante voller Schutt blind nach etwas zum Festhalten gesucht und einen Feigenkaktus gefunden. Und schon den dritten Tag nacheinander war es mir nicht gelungen, eine Lücke in der Redwall-Formation zu finden, die die Hauptbarriere zum Fossil Canyon bildet.

Als ich in meinem Mumien-Schlafsack lag und darauf wartete, daß mein Essen gar wurde, dämmerte mir, daß ich durch meine Konzentration auf die Erkundung ganz aus den Augen verloren hatte, warum ich überhaupt in den Canyon gekommen war. Sobald dieser Gedanke erst einmal aufgetaucht war, wurde mir die Dummheit meines Fehlers völlig deutlich. Und ich beschloß auf der Stelle, daß ich mich zwei Tage an dem großen Wasserloch am Ende der Fossil Bay ausruhen würde – jenem Wasserloch, das meine eigentliche Abwurfalternative gewesen war –, um dann die Terrasse nach Bass Camp in Angriff zu nehmen.

Diese Entscheidung war der wahre Wendepunkt.

Das heißt nicht, daß ich von nun an sofort das fand, was ich suchte. Doch von hier an bewegte ich mich kontinuierlich darauf zu. Kam den Felsen und dem Himmel, dem Licht und dem Schatten, dem Raum und der Stille näher. Fing an, ihre Rhythmen zu spüren.

Natürlich zeigte sich diese Wende nicht als klarer Schnitt. Hätte man mich zu einem fast beliebigen Zeitpunkt im Lauf jener Woche nach meinen Fortschritten gefragt, so hätte ich wahrscheinlich von der Wasserversorgung und dem Zustand meiner Füße berichtet, von den noch verbliebenen Lebensmitteln und der Entfernung zum nächsten Depot.

Was diesen wichtigen und dringlichen Bereich anging, so war die Woche eine Phase ständigen und geradlinigen physischen Fortschritts. Ich erholte mich wie geplant fast zwei volle Tage lang an dem tiefen Wasserloch am Ende der Fossil Bay, dann machte ich mich nach Süden auf. Die Terrasse nach Bass Camp war viermal so lang wie die, die ich an jenem ersten Butchart-Test-Tag auf dem Weg zum Sinyala Canyon gerade so geschafft hatte, und obwohl ich auf halber Strecke – bei Apache Point – ein Depot hatte, sprach alles dafür, daß dies der bislang härteste Abschnitt werden würde. Doch jetzt hatte ich schon zehn Tage Eingewöhnung hinter mir und nahm die Sache genau nach Plan in Angriff.

Ich verließ die Fossil Bay mit drei Gallonen Wasser in der Abendkühle, wie ich es für gewöhnlich mache, wenn ich einen langen Tag vor mir habe. Bis 18 Uhr am nächsten Tag hatte ich die steile Bucht des Forster Canyon überquert – eine Hürde, über die nicht mal Wildesel hinwegkommen und die das östliche Ende des Bighorn-Gebiets markiert, so wie die Amphitheater unterhalb der Great Thumb Mesa sein westliches. Bei Einbruch der Nacht lagerte ich knapp unterhalb von Apache Point – auf dem ersten Pfad seit Supai. Dieser Apache Trail zeigte allerdings keine Spuren von menschlicher Nutzung, sondern erwies sich als belebte Esel-Schnellstraße, auf der ich gut vorankam. (Die Esel sind die unbezahlten Wege-Instandhalter des Nationalparks.) Gegen Mittag des nächsten Tages hatte ich den Kanister mit Vorräten und die vier Gallonen Wasser in Flaschen gefunden, die mein – unversehrtes – Depot am Apache Point bildeten. (Als ich dort ankam, hatte ich nur noch 65 Kubikzentimeter Wasser übrig, doch das klingt bei weitem schlimmer, als es war, denn bevor ich die steile 300-Meter-Halde unterhalb des Depots erkletterte, hatte ich mein Gepäck verringert, indem ich fast das ganze Wasser trank, das ich noch in meinen Behältern hatte.) In der Kühle jenes Abends trug ich drei Gallonen Wasser auf die Terrasse hinunter und übernachtete dort. Am nächsten Tag bewältigte ich die lange, mäandernde Eselpfadschleife um das Aztec-Amphitheater herum, und am vierten Morgen nach der Fossil Bay stand ich um zehn Uhr auf dem Bass Trail. Ich hatte noch eine halbe Gallone Wasser in den Kanistern und zudem das beruhigende Wissen, daß mein Depot bei Bass Camp nur 300 Meter über mir lag. So einfach und geradlinig waren die physischen Fortschritte dieser Woche.

Die mentalen Fortschritte waren sogar noch befriedigender – allerdings weder so einfach noch so geradlinig. Es waren sporadische und zögerliche Schritte, so daß mir diese Woche später weniger als kontinuierliche Abfolge von Ereignissen erschien, sondern mehr als Collage aus einzelnen, oft völlig unerwarteten Augenblicken.

Gegen zehn Uhr an jenem Morgen, an dem ich die Erkundung des Fossil Canyon aufgegeben hatte, war ich dabei, ganz gemütlich mein Abwurflager abzubrechen, um mich zur Fossil Bay auf den Weg zu machen, als ich eine kleine, grüngefleckte Eidechse bemerkte, die sondierend aus einem Spalt des roten Gesteins kam. Sprunghaft untersuchte sie meine Zahnbürste, wobei sie oft forschend in die Knie ging. Dann schlenderte sie über meinen Waschlappen, stieg auf den Stein, der ihn beschwerte, schloß die Augen und sonnte sich. Leise machte ich weiter. Eine Viertelstunde verging, und die Eidechse schlug wieder die Augen auf. Es dauerte eine Minute, ehe sie sich bewegte, aber nun schlenderte sie nicht mehr. Sie schnellte los, hielt inne, untersuchte die Welt, richtete die Aufmerksamkeit auf ein Gestrüpp, jagte darauf zu, sprang. Der Sprung hob sie reichlich zehn Zentimeter vom Boden, zumindest hatte ich diesen Eindruck. Doch eigentlich sah ich nur etwas Verschwommenes – und dann wieder die gelandete Eidechse, die sich das Maul leckte, sehr zufrieden mit sich schien und offensichtlich nichts gegen eine weitere Fliege einzuwenden hatte, die so unklug sein würde, sich innerhalb ihres Sprungradius niederzulassen.

Jeder sonnige Wüstenmorgen hat seinen magischen Augenblick. Er kann um fünf, um sieben oder um elf eintreten, je nach Wetter und Jahreszeit. Doch er kommt. Wenn man zur richtigen Zeit in der richtigen Stimmung ist, dann wird einem plötzlich bewußt, daß die zahllosen Zahnrädchen der Wüste alle ineinandergreifen. Daß die Welt in einem lebendigen Mittelpunkt Gestalt annimmt. Und man reagiert. Man hält den Atem an oder springt auf die Füße, ganz nach Situation und Stimmungslage.

Die Eidechse leitete so einen Augenblick ein. Damit meine ich nicht, daß nun etwas ganz Dramatisches passierte. Eine wespenartige Fliege warf schwebend einen Blick auf mein Nylonseil und huschte dann in die Unsichtbarkeit.

Ein Schmetterling ließ sich auf einer meiner roten Socken nieder. Ein Kolibri sirrte die Socke an, und der Schmetterling schlug mit den Flügeln und verschwand. Der Kolibri interessierte sich jetzt für den orangefarbenen Fallschirm, verwarf ihn, huschte mit aufgestelltem Schwanz zu einem nahen Busch und ließ sich dort nieder, wobei er ständig unruhig mit dem violettgestreiften Hals zuckte. Und das war's schon, glaube ich. Das, und die Intensität des Sonnenlichts und der vom Wind herbeigetragenen Gerüche oder vielleicht auch der tieferen Schwingungen irgendwo in der Stille da draußen. Ich weiß jedenfalls, daß ich mit einem Schlag dort auf der roten Felsterrasse, während ich noch der Eidechse zusah, bis zum Bersten lebendig war.

Natürlich hielt das nicht an. Intensive Augenblicke wie dieser können nicht von Dauer sein. In fünf Minuten – oder in zehn oder dreißig – setzt die Hitze ein. Anfangs kommt sie noch maßvoll, aber dann schlägt sie brutal auf die Wüste ein und erstickt die Lebendigkeit des Tages. Und damit läßt auch die intensive Wahrnehmung nach. An diesem sonnigen Morgen auf der roten Felsterrasse ließ sie bei mir leider schon nach kurzer Zeit allmählich nach, aber während der ganzen zwei Tage, die ich danach an dem großen Wasserloch in der Fossil Bay ausruhte, blieb ich mir dieser schlichten Dinge bewußt. Ich stand still unter dem runden Gleichklang dreier riesiger Sandsteinblöcke. Ich rätselte, was in einem winzigen senkrechten Schacht im heißen roten Sand leben mochte. Ich ertappte mich sogar dabei, wie ich dem Gesang von Vögeln lauschte, was – so muß ich wohl einräumen – eigentlich nicht so sehr meine Sache ist. Ich hörte wirklich zu – einem durchdringenden, stoßweisen Ton, der so sehr einer Schiedsrichterpfeife ähnelte, daß er mich immer wieder verharren ließ, sowie einem weichen, nachdenklichen Trillern, das sich endlos wiederholte: »Years and years and years and years …«

Als ich noch ein Bighorn-Schaf sah – diesmal klar und deutlich in der Sonne und ziemlich nah –, wurde mir klar, daß ich einiges vom Leben dieser anmutigen und würdevollen Geschöpfe begriffen hatte. Ich meine keine harten zoologischen Fakten und auch nicht praxisbezogene Erkenntnisse der Art, daß diese behenden Individualisten zum Beispiel nur mäßige Wegemacher sind. (Ihre am häufigsten benutzte Straße ließ nie mehr als eine Andeutung davon erkennen, daß hier zu Custers Zeiten vielleicht ein paar kleine Bighorns im Gänsemarsch vorbeigezogen waren.) Nein, ich meine weniger greifbare Dinge.

Während meiner Erkundung des Fossil Canyon hatten Paarhuferspuren in vom Regen aufgeweichten Sand mir gezeigt, daß Bighorns sich vorzugsweise an den Kanten von Abgründen bewegen. Ich hatte auch entdeckt, daß sie ihre Verstecke, oder zumindest ihre bevorzugten Rastplätze, weit draußen auf nur unter großem Risiko erreichbaren Steinsimsen haben. Die meisten der von ihnen oft begangenen Steilhänge und all ihre Verstecke boten großartige, weite Aussichten jener Art, wie sie ein Mensch nicht ungerührt betrachten kann. Nach ein, zwei Tagen setzte sich in mir der Gedanke fest, daß das vielleicht kein Zufall war, und je mehr ich darüber nachdachte, desto schwerer konnte ich die Vorstellung unterdrücken, daß diese würdevollen Tiere vielleicht landschaftliche Schönheit schätzen.[10]

Während der zweitägigen Pause am Ausgang der Fossil

[10] Die Zoologen setzen sich mittlerweile in gerechtfertigter Einhelligkeit gegen jene effektvollen Ergüsse des letzten Jahrhunderts zur Wehr, in denen einfaches tierisches Verhalten mit komplizierten menschlichen Tätigkeiten gleichgesetzt wurde. Aber vielleicht sind sie über das Ziel hinausgeschossen. Die fast schon reflexhaften Bezichti-

Bay betrachtete ich sogar unbelebte Dinge anders als sonst. Während ich über der Karte brütete, stellte ich fest, daß ich, anstatt mir nur Gedanken über das Weiterkommen zu machen, ein Geschichtswerk studierte. Die Karte zog mich Schritt für Schritt in die Vergangenheit.

Die Landvermessung, aus der die Karte hervorging, wurde 1902 von einem gewissen François Matthes begonnen und erst 1923 abgeschlossen. Mit diesem Datum konnte ich ganz gut umgehen, denn ich wurde 1922 geboren. Die Bezeichnung »Stanton Point« versetzte mich zurück vor die Jahrhundertwende: 1889 und 1890 war Robert Brewster Stanton erst Mitglied und dann Leiter von zwei Erkundungstrupps gewesen, die einen Teil des Colorado im Auftrag einer optimistischen Eisenbahngesellschaft untersucht und dabei in sechs Tagen drei Mann durch Ertrinken verloren hatten – kaum überraschend, daß es ihm nicht gelang, irgendwen davon zu überzeugen, eine Eisenbahn durch den Canyon zu bauen. Ich war nun völlig in die Karte versunken, und der Bass Trail und der Hance Trail versetzten mich noch ein Jahrzehnt weiter zurück: Ende der 1880er und zu Beginn der 1890er fingen – ganz unabhängig voneinander und in verschiedenen Bereichen des Canyon – zwei Schürfer namens William Bass und John Hance damit an, Städter heranzukarren, womit

---

gungen des »Anthropomorphismus!« klingen allmählich irgendwie vertraut. Anderswo schreit man »Kommunismus!« oder »Kapitalismus!«.

Zum Glück gibt es Anzeichen für eine Gegenbewegung, doch die meisten Zoologen würden anläßlich meiner »Erkenntnisse« über die Bighorn-Psyche nach wie vor die Nase rümpfen. »Schutz vor Raubtieren«, würden sie im Chor anstimmen, »erfordert unzugängliche Ruheplätze und maximale Sicht.« Das klingt plausibel, aber es überzeugt nicht. Welchen praktischen Nutzen hat ein Tier davon, wenn es eine Landschaft weithin überblicken kann, in der jeder gesichtete Feind bereits durch unbezwingbare Klippen in Schach gehalten wird? Und warum sollte sich in Säugetieren – abgesehen von den mit Farbe kleck-

sie den Grundstein für die hiesige Touristik legten. Andere Ortsnamen erinnern an Schlüsselfiguren der weißen Geschichte des Canyon: Das Powell Plateau ehrt den einarmigen Major John Wesley Powell, der 1869 jene Bootsgruppe anführte, die sich die erste Durchfahrt durch den Canyon erkämpfte, und der später Leiter der Bundesvermessungsbehörde wurde; und der Ives Point gedenkt der Mühen von Leutnant Joseph Christmas Ives, der 1857 die erste Erforschung des Gebiets durch die Regierung leitete.[11] Und Cardenas Butte wurde offenbar nach García López de Cárdenas benannt, jenem Hauptmann unter Coronado, der die Gruppe anführte, die im Oktober 1540 den Canyon »entdeckte«.

Andere Namen auf der Karte wiesen noch weiter zurück in die Zeit, wenngleich nicht immer so deutlich. Jemand, der Kuppen und Felsnadeln Namen wie Vishnu Temple, Krishna Shrine, Tower of Ra und Wotan's Throne verlieh, war offensichtlich von Empfindungen bewegt, die über das Hier und Jetzt hinausgingen. Doch die Religion stellt nicht das einzige Rätsel dar, das einen Menschen beschäftigen kann. Nah dem Anfang des Bass Trail liegt das Darwin Plateau. An dessen Nordrand beginnen die Huxley und die Spencer Terrace. Und zwischen sie

senden Affen und ihren selbstbewußteren Nachfolgern – keine Ästhetik entwickelt haben? Wir bestehen im großen und ganzen alle aus demselben Fleisch, demselben Blut, denselben Nervenenden.

(Einige Zeit nachdem ich diese Fußnote geschrieben hatte, fand ich in Sally Carrighars provokantem Buch *Wild Heritage* zu meiner Freude handfeste Unterstützung für meine Überlegungen. Und der Trend, weg von der Platitüde des »Anthropomorphismus!«, hält an. Vor kurzem erlebten wir die noch fundamentalere Breitseite im *Sogenannten Bösen* von Konrad Lorenz, dem weltberühmten Zoologen, ebenso wie im eher populär geschriebenen *Territorial Imperative* von Robert Ardrey. Natürlich wurden beide Bücher heftig angegriffen.)

[11] In seinem Bericht an den Kongreß unterlief Ives ein Meisterstück

schmiegt sich passenderweise das Evolution-Amphitheater. Während ich da neben dem Wasserloch in der Fossil
Bay über der Karte brütete, schien es mir, als seien diese
letzten Namen am bedeutungsschwersten.

Manchmal dachte ich jetzt sehr gezielt über die Zeit
nach.

Seit den ersten Tagen des Planens hatte ich erwartet,
daß ich bei meiner Wanderung viel über das Gestein
nachdenken würde. Schließlich ist der Canyon in erster
Linie ein geologisches Phänomen. Doch es war anders gekommen. Das Gestein war überall, meine Augen hatten
indes meist nur seine Oberfläche gesehen. Hatten nur
Weg und Hindernis gesehen, Form und Schatten oder
bestenfalls großartige Skulpturen. Auf der Esplanade war
selbst ein bestechendes Exemplar eines Fliegenpilzfelsens
kaum mehr als eine Kuriosität gewesen, eine zufällige fo-
togene Merkwürdigkeit. Anders gesagt, ich hatte lediglich
statische Dinge gesehen, keine Merkmale eines fließenden
Prozesses.

Um unterwegs Anregungen zu bekommen, hatte ich
ein kleines Taschenbuch über Geologie in meinen Rucksack gesteckt, doch während der ersten zwei Wochen war
ich nicht dazu gekommen, mehr als flüchtige Blicke hin-
einzuwerfen. Aber nun fing ich an zu lesen.

Vielleicht trug das Buch dazu bei, warum ich, als ich
mich eines morgens mit Wasser aus einem Wasserloch

an Fehleinschätzung: »Wir waren die erste und werden zweifellos die
letzte Gruppe von Weißen sein, die diese unergiebige Örtlichkeit besucht. Die Natur scheint es so beabsichtigt zu haben, daß der Colorado auf dem größeren Stück seines einsamen und majestätischen Laufs
für immer ungesehen und ungestört bleiben wird.«
Heute kommen mehr als eine Million Menschen jährlich an den
Rand des Grand Canyon. Und der Colorado ist leider alles andere als
ungestört.

wusch und in der warmen, wohltuenden Sonne stand, wahrnahm, daß ich eine muschelverzierte Badezimmerwand hatte.

Der große weiße Steinbrocken, das konnte ich deutlich erkennen, war erst kürzlich aus der Felswand herausgebrochen. Bestimmt vor weniger als einer Million Jahren. Vermutlich erst vor wenigen hunderttausend Jahren. Vielleicht war er sogar erst nach jenem Gestern herabgestürzt, an dem García López de Cárdenas und seine Leute staunend am Rand gestanden hatten. Und als ich da naß und nackt in der Sonne stand und auf die Muscheln herabsah, die jetzt Fossilien waren (sie sahen genauso aus wie unsere heutigen Herzmuscheln), da begriff ich, anschaulich und mühelos, daß sie einst wahrnehmende, atmende Wesen beherbergt hatten, die ihr Leben auf einem dunklen, alten Ozeanboden verbrachten und dort auch gestorben waren. Mit den Jahren waren ihre leeren Schalen allmählich von winzigen Staubkörnchen bedeckt worden, die ständig auf den Boden jedes Ozeans niederrieseln (Staubkörnchen, die selbst häufig die Schalen kleinster Wesen sind, die ebenfalls lebten, wahrnahmen und starben). Einen Moment lang konnte ich mir das Schauspiel ziemlich anschaulich vorstellen, auch wenn das, was einst Meeresboden gewesen war, jetzt aus 130 Meter dickem, hartem Kalkstein bestand, der hoch über meinem Kopf weiß in der Wüstensonne leuchtete. Ich konnte diese vergangene Wirklichkeit so deutlich spüren, daß mir die Nässe jenes alten Ozeans so wirklich vorkam wie die Nässe des Wassers auf meiner Haut. *Wann* das alles passiert war, konnte ich mir jedoch auf keine sinnvolle Weise ausmalen, denn ich wußte, daß diese Muscheln in meiner Badezimmerwand 200 Millionen Jahre bevor ich herkam und mich neben ihnen wusch gelebt hatten und gestorben waren – und 200 Millionen Jahre, so mußte ich mir eingestehen, lagen jenseits meines Fassungsvermögens.

An dem Abend, an dem ich mich von der Fossil Bay nach Süden auf den Weg machte, holten mich der Anblick und die Herausforderung der Terrasse, die sich vor mir immer weiter und weiter hinzog, unvermeidlich in die Gegenwart zurück. Als nach zwei Stunden die Nacht hereinbrach, kampierte ich – weil ich gerade an dieser Stelle war, als es zum Weiterlaufen zu dunkel wurde – neben einem abgestorbenen Wacholderbaum. »Verdammt«, beschwerte sich mein Tagebuch, »schon wieder Druck, Druck, Druck. Schon wieder à la Butchart.« Doch am nächsten Morgen gegen neun hatte ich die Hälfte der direkten Entfernung zwischen Fossil und Apache zurückgelegt, und der Zeitdruck nahm ab. Als ich dann um einen Vorsprung bog und zum ersten Mal an diesem Morgen unmittelbar an den Rand der Terrasse kam, hielt ich inne.

Seit Supai hatte ich den Colorado nur kurz gesehen; ein winziger Ausschnitt, der tief unten vom V eines Nebencanyons umrahmt wurde. Er war etwas weit Entferntes geblieben, das nichts mit meiner Terrassenwelt zu tun hatte. Doch nun öffnete sich zu meinen Füßen ein gigantischer, unerwarteter Raum. Und auf dem Grund dieses Raums, 1000 Meter unter mir, strömte der Fluß. Er floß ohne Hindernisse durch den langen, pfeilförmigen Korridor einer ungeheuren Schlucht, und er floß direkt auf mich zu.

Die ganze kolossale Szenerie war vom magischen Licht der Wüstensonne erfüllt, mit ihm übersät, ja beinah in Brand gesteckt, und die Schlucht sah überhaupt nicht mehr schrecklich aus. Verglichen mit dem düsteren Abgrund, in dem ich erkundend unterwegs gewesen war, wirkte sie breit und offen und einladend. Und der Colorado wirbelte nicht mehr braun und trübe daher – seine hellblaue Oberfläche glänzte und funkelte. Und trotz der Distanz hatte ich nicht mehr das Gefühl, der Fluß existiere in einer völlig anderen Welt.

Doch aufgrund der Größe und Schönheit und Helligkeit dieses umwerfenden und überraschenden Anblicks empfand ich im ersten Moment an diesem Terrassenrand etwas Ähnliches wie den Schock, der mich überwältigt hatte, als ich ein Jahr zuvor zum ersten Mal über den Rand des Canyon blickte. Es schien sogar, als würde ich die Stille noch einmal als etwas Greifbares erleben, dem ich Aug in Aug gegenüberstand, obwohl ich gedacht hatte, ich hätte mich inzwischen an sie gewöhnt. Und einen Moment lang spürte ich ebenfalls wieder dasselbe Begreifen und Annehmen des unermeßlichen, unausweichlichen Verstreichens der geologischen Zeit.

Der Moment des Begreifens währte nur kurz. Er war an diesem Morgen zu sehr in die Minuten und Stunden eingebettet (obwohl ich fast eine Stunde lang blieb und diesen enormen Korridor, der auf der Karte als Conquistador Aisle vermerkt ist, anstarrte und dann fotografierte). Doch als ich dann nach Osten weiterlief – und mich jetzt ein bißchen beeilte, um die verlorene Zeit wettzumachen –, da blieb dieser Schockmoment, in dem sich der Korridor vor mir aufgetan hatte, in mir lebendig. Und wie bei den Muscheln in meinem Badezimmer wußte ich, daß dieser Augenblick ein Versprechen enthalten hatte.

In meiner Rekonstruktion der Augenblicke ist hier so etwas wie eine Lücke. An den folgenden beiden Tagen bestand – bei anhaltender Sonne und zunehmender Hitze – alles nur aus Meter und Kilometer, aus Minute und Stunde, aus zick und zack und wieder zick über Terrassen und Hänge, Terrassen und Hänge, Terrassen und Hänge; ein kriechendes, verschwitztes Gekraxele zum Apache Point und dann der lange Bogen um das Aztec-Amphitheater herum. Doch immerhin bot die Abendkühle jeden Tag Abwechslung.

Am ersten dieser Abende lagerte ich – schon wieder, aber gerade an dieser Stelle schwand das Tageslicht – neben einem großen Wacholderbaum. Als ich mich schlafen legte, krümmten sich schwarze Äste zu den Sternen hinauf. Auch am nächsten Abend schlug ich mein Lager neben einem Wacholderbaum auf. Diesmal, weil er am Rand eines Abgrunds wuchs, der bei Mondlicht großartige Ausblicke versprach. Ich machte kein Feuer, damit mich nichts von der Nacht fernhalten konnte. Und bevor ich schlief, saß ich da und sah zu, wie die versprochenen Ausblicke großartige Wirklichkeit wurden, und ich spürte die mühevollen, verschwitzten Stunden fortgleiten und verschwinden.

Am dritten Abend gab es einen jener Glücksfälle, mit denen man fast rechnen kann, wenn die Dinge gut laufen.

Mein Wasser war noch nicht wirklich knapp, aber bei Einbruch der Dämmerung war mir bewußt, daß ich mich mit dem Trinken etwas zurückhalten mußte, bis ich morgen irgendwann mein Depot am Bass Camp erreichte. Als der Eselpfad, dem ich folgte, um eine glatte Felsplatte führte, sah ich aus den Augenwinkeln etwas, das im schwindenden Licht wie das Glitzern von Feuchtigkeit wirkte. Ich hielt an und ging zwei Schritte zurück. Oberhalb der feuchten Stelle war halb versteckt eine kleine Pfütze. Nichts weiter. Ich fuhr mit einem Finger durch die Feuchtigkeit. Für einen Augenblick entstand eine trockene Linie auf dem Felsen. Dann quoll neue Nässe nach und löschte sie langsam, aber zielstrebig wieder aus.

Ich hielt den Atem an und lauschte. Etwas Rhythmisches murmelte kaum hörbar in der Stille. Ich kletterte ein paar Schritte den gestreiften Felsen unterhalb der feuchten Stelle hinab und kam an einen kleinen Überhang, und als ich einen meiner Töpfe darunterstellte, klang das metallische und gleichförmige »dip, dip, dip« der einzelnen Wassertropfen wie herrliche, anrührende Musik.

Ich übernachtete drei Meter neben der Sickerquelle an einem weißblühenden Busch, der über einen Abhang ragte. Von meinem Bett aus umrahmte er japanisch-filigran ein riesiges blauschwarzes Loch, das weniger mit Formen als mit Andeutungen von Formen angefüllt war – Gestalten ungeheuren Ausmaßes, die mich zutiefst verstört hätten, hätte ich nicht genau gewußt, was sie waren.

Auch an diesem Abend zündete ich kein Lagerfeuer an. Und während ich – in dem fauchenden Kreis meines kleinen Kochers von der Stille abgeschnitten – dasaß und darauf wartete, daß mein Abendessen fertig wurde, sah ich zu, wie der Abendhimmel dunkel und langsam immer dunkler wurde. Aber das blauschwarze Loch unter mir blieb blauschwarz. Ja, es entfernte sich sogar eher von völliger Schwärze. Denn mit dem Verschwinden des letzten Tageslichts warf der Mond Schatten aus neuen Winkeln, schuf neue Gestalten und parierte die Schwärze mit einem neuen und kühlen und auserlesenen Blau.

Als ich mein Essen vom Kocher nahm, blickte ich in einen Feuerkreis, der glühend aus der Dunkelheit leuchtete. Zu meiner Überraschung empfand ich ihn ebenfalls als schön und kostbar. Und als ich den Kocher abdrehte, vernahm ich überall um mich herum die plötzliche und jedesmal unerwartete Stille.

Während ich aß und die stille blauschwarze Öffnung unter mir klaffte, schwelgte ich in dem Gefühl von Neuheit und Erwartung, das mich jetzt bei jedem Schritt meiner Wanderung begleitete – diesem Immer-weiter, das nun jeden Tag erfüllte. Dann begann ich über die Uhr nachzudenken, an der sich dieser tägliche Fortschritt maß, und sofort fühlte ich, als hätte ich es nie zuvor verstanden, das Ziehen und Kreisen der Sonne. Sonnenaufgang und Sonnenuntergang, Sonnenaufgang und Sonnenuntergang. Natürlich war das überall auf der Erde so. Doch jetzt entdeckte ich in diesem Rhythmus ein Element, das ich früher nie wahrgenommen hatte. Ich konnte jetzt seine Unabänderlichkeit spüren. Eine Unabänderlichkeit, die unpersönlich und schrecklich, aber letztlich doch beruhigend war. Und mir fiel ein, daß die Pioniere, die mit ihren Planwagen die amerikanischen Prärien durchquert hatten, in Gebieten, in denen kilometerweit kein Gebirge zu sehen war, die Kraft dieses unaufhörlichen Rhythmus ebenfalls gespürt haben müssen. Für sie hätte sich das aus der Gleichförmigkeit der Ebenen erklärt. Für mich hing es mit der umwerfenden Selbstähnlichkeit im Canyon zusammen, die nicht in Monotonie, sondern in der endlosen Wiederholung eines endlos abgewandelten Musters bestand. Eine verschwenderische Wiederholung, bei der sich Terrasse auf Terrasse auf Terrasse türmte und Canyon auf Canyon auf Canyon folgte. Und sie alle waren in ihrer endlosen Folge dem Menschen so gut wie unbekannt – sie existierten einfach. Existierten, existierten, existierten. Zunächst schien es keine Hoffnung auf einen Anfang und keinen Hinweis auf ein Ende zu geben. Doch ich wußte jetzt, und zwar mit mehr Gewißheit und mit weniger Anstrengung, daß diese Regelmäßigkeit und diese Existenz nicht wirklich zeitlos waren. Ich wußte, sie waren der Widerhall einer gar nicht so lange vergangenen Zeit, in der das lärmende Tier noch nicht aufgetreten und die Erde noch still war.

Als ich mit dem Essen fertig war, lag ich einfach da – warm und gemütlich in meinem Mumien-Schlafsack und ganz der Stille und Dunkelheit hingegeben – und hörte der Stille zu. Der Stille und der Musik des Wassers, das mit der Gleichmäßigkeit eines Metronoms in meinen Kochtopf tropfte. Bevor ich einschlief, dachte ich noch, daß ich nun endlich an der Schwelle jenes riesigen natürlichen Museums stand, das Grand Canyon heißt.

Am nächsten Morgen um zehn kraxelte ich den Bass Trail hinauf zu meinem Depot. Auf dem Zettel, den Ranger Jim Bailey meinen Vorräten bei dem Abwurf aus der Luft beigelegt hatte, hatte er geschrieben, er würde um diese Zeit herum vielleicht dienstlich in der Nähe von Bass Camp sein und könnte möglicherweise nachsehen, ob ich das Depot gefunden hätte. Doch mir war klar, daß er wohl kaum in den Canyon hinuntersteigen würde, um mich zu suchen – das wäre, als würde man auf der Suche nach Livingston Afrika durchkämmen, ohne Eingeborene fragen zu können. Ich kletterte den steilen Pfad hinauf, sah, wie immer mehr von der roten Terrasse unter mir ins Blickfeld kam, sah, wie sie mit wachsender Entfernung immer weniger rot und immer mehr orange wurde. Ich bog in das letzte gewundene Stück vor meinem Depot ein. Und dann war da ganz plötzlich ein Tier, das mir entgegenkam. Ein massiges, grünes Tier. Ein großes Tier, das aufrecht ging.

Meine Stimme klang fremd. Ich hörte sie seit zwei Wochen zum ersten Mal.

»Mr. Stanley, nehme ich an«, sagte ich.

»Na, verdammich«, sagte Jim Bailey.

Gestein

Wir saßen neben der flachen Kalksteinhöhle, in der ich meine Vorräte versteckt hatte, und redeten – Jim Bailey und ein Naturwissenschaftler des Nationalparks und ich –, und für eine Stunde war die Welt jenseits des Canyonrands fast wieder wirklich. Denn hinter allem, was sie erzählten, hörte ich das Gewisper eines Lebens, das von Behörden und Konventionen eingeengt war, von finanziellen Transaktionen, von widerstreitenden Interessen, vom Heute und Morgen.

Doch als sie wieder zurück über den Rand stiegen, nahmen sie das Gewisper mit. Und bald war es, als hätten sie nie mit mir neben der kleinen Höhle gesessen, und ich gelangte zurück in meine eigene Welt. Ich beobachtete eine winzige rote Spinne, wie sie verrückte Muster auf einen Stein trippelte. Ich fuhr mit der Hand über die streifig-weißen Wände der Kalksteinhöhle. Ich ritt mit den Wolkenschatten tief da unten über das Darwin Plateau und die weiße Kuppel namens Mount Huethawali hinauf und dann weiter über die dunkle Innere Schlucht und noch weiter über die sonnenverbrannten Felsterrassen, bis wir schließlich auf und davon flogen über die weißen Klippen hinweg, die den Nordrand bildeten.

Am späten Nachmittag schüttete ich ganz vorsichtig das Wasser aus den Zwei-Gallonen-Weinflaschen, die Teil des Depots waren, in meine Kanister, und weil ich mit dem Fünf-Gallonen-Behälter, der die Vorräte für die nächste Woche enthielt, etwas vorhatte, stopfte ich ihn unausgepackt in meinen Rucksack. In der Abendfrische machte ich mich auf den Weg zurück den Bass Trail hinunter.

Ich hatte es jetzt nicht mehr eilig. Ich hatte Lebensmittel für eine Woche, und der Pfad führte direkt zum Fluß hinab und damit zur Sicherheit unbegrenzten Wassernachschubs. Ich ging langsam und hielt an, wenn mir danach war. Ich suchte erfolglos nach alten Felsbehausungen, die der Naturkundler erwähnt hatte. Ich suchte ebenso erfolglos in weißen Kalkschichten nach Muscheln und anderen Fossilien. Und als ich aus dem Kalkstein in den Sandstein hinunterkam – in denselben blaßbraunen Sandstein, der mich am ersten Abend meiner Tour unterhalb von Hualpai Hilltop hatte verstummen lassen –, da hielt ich für einen Moment an, um mit einiger Überraschung zu konstatieren, daß ich die ganze Zeit denselben roten Schichten aus sich abwechselndem Schiefer und Sandstein folgte, seit ich vor zwei Wochen auf die Terrasse oberhalb von Supai geklettert war. Bei den beiden Malen, an denen ich diese Schichten kurz verlassen hatte – bei der Erkundung des Fossil Canyon und bei der Kletterei zum Apache Point –, hatte ich keine Zeit gehabt, mich umzusehen. Jetzt war das anders. Ich konnte gemächlich, mit ausgefahrenen Antennen, vom Rand bis zum Fluß hinabwandern, durch jede einzelne Schicht der riesigen Canyonskulptur.

Ein Jahr zuvor hatte ich im Besucherzentrum des Nationalparks gelernt, daß jede dieser Schichten eine Seite in der Autobiographie der Erde repräsentierte. Und ich hatte erfahren, daß diese Seiten des Grand Canyon als Ganzes mehr über die Erdgeschichte verrieten, als sonst eine Stelle der Erdoberfläche. Bei meiner Erkundung der Inneren Schlucht war ich natürlich durch diese Schichten hindurchgekommen, aber damals war ich noch nicht so weit gewesen, sie lesen zu können.

Ich lief den Bass Trail hinab. Genau wie der Pfad unterhalb von Hualpai Hilltop mäanderte er durch den braunen Sandstein. Und ganz unvermittelt stand ich vor einer kleinen Grotte. Eigentlich war sie nicht mehr als eine Höhlung, die die Erosion in den Felsen hineingetrieben hatte, eine überdachte Platte, zirka 3 Meter lang, zirka 1,20 Meter tief und vielleicht 60 Zentimeter hoch. Doch genau in der Mitte ihres Zugangs stand, als würde er das Dach stützen, ein Pfeiler. Ein zufälliges Produkt der Erosion, ein Felsüberbleibsel, das mit der Zeit langsam unter der Einwirkung von Wind und Wasser – die es geschaffen hatten – dahinschwinden würde, bis es zerbröselte und verschwand. Jetzt, an genau diesem Punkt in der Zeit, war es einfach schön.

Der Pfeiler verschmolz in perfekt proportionierten Bögen mit Decke und Boden. Und auf seiner Stirnseite befand sich noch einmal eine kleine, fein herausgearbeitete Säule, die so eigentümlich verwittert war, daß sie fast wie eine nachträgliche dekorative Ergänzung wirkte. Die Oberfläche dieser Säule war rund und glatt, als habe ein geduldiger Steinmetz sie mit Schmirgelpapier bearbeitet, und ihre schmalen Schichten hoben sich klar und deutlich voneinander ab, wie die Maserung bei ungefärbtem, hochglanzpoliertem Holz. Die unregelmäßige Form der Säule verlief ganz unabhängig von der des Pfeilers: Sie mäanderte aufwärts, verengte sich zu einem Hals und verschmolz dann mit einem massigen, gekrümmten Aufbau aus tief eingebetteten Steinbändern. Und diese Bänder, die in flachem Winkel zu den Schichten sowohl der Säule als auch des Pfeilers nach unten zogen, beherrschten die Grotte und verschmolzen jedes ihrer Elemente zu einem Gleichklang aus Bögen und Querverbindungen, Maserung und Farbe, Licht und rätselhaftem Schatten.

Lange Zeit stand ich vor der Grotte und betrachtete sie. Ich tastete nach etwas, von dem ich wußte, daß es da war, das ich aber nicht ganz zu fassen bekam. Schließlich wandte ich mich ab und ging weiter den Pfad hinunter. Doch beim Gehen stellte ich fest, daß ich das Gestein jetzt intensiver sah und fühlte. Es war, als könne ich auf einmal auf neue und tiefer gehende Weise erkennen – und zwar nicht im Sinn einer Enthüllung, sondern einfach durch leichteren Zugang dazu –, wie die Zeit, indem sie das Gestein glattschmirgelte, Harmonie und Schönheit schuf. (Doch was war Schönheit, wenn nicht eine bestimmte Harmonie zwischen den Felsen und meinen Sinnen?) Der Sandstein war von demselben Wind und von demselben Staub geschaffen worden, die am Hualpai Hilltop meine nackten Beine gepiesackt hatten. Der Wind hatte den Staub vorwärts gepeitscht und ihn dann – Korn für Korn, Schicht für Schicht, Meter für Meter – fallen lassen, und das hatte er unaufhörlich getan: Tag um Jahr um Jahrzehnt um Jahrhundert um Jahrtausend – vielleicht zehn Millionen Jahre lang, bis sich schließlich eine Sandschicht von über hundert Meter Dicke gebildet hatte. Dann hatten Wasser und der ungeheure Druck den Sand langsam zementiert und in Gestein verwandelt. In Gestein, das die Konturen wandernder Dünen als schräge Schichten bewahrte. Als Schichten, die, wenn Zufall und Zeit eine Felswand schufen, plastisch hervortreten konnten wie die Querschnittsmaserung auf einer dekorativen Säule oder wie ein schräg verlaufender, massiver Streifen im Fels. Ein Streifen, der bei der richtigen zufälligen Erosion dazu beitragen konnte, die Harmonien einer erlesenen kleinen Grotte zu verschmelzen. Es war wirklich ganz einfach. Das einzige, was der Wind und der Staub brauchten, war Zeit.

Und ich spürte auch, daß ich die Zeit verstand. Ich konnte den Tag akzeptieren, der nach dem Jahrhundert kam, das nach dem Jahrtausend kam, das nach der Jahrmillion kam, in der der Wind den Staub in blassen Wolken über die wogenden Sanddünen getrieben hatte. Ich wußte jetzt, wie es gewesen war. Der Staub hatte hier ein Loch und dort eine Spalte geschlossen, hatte darüber neue Dünen errichtet und die neuen Hohlräume ausgefüllt – immer weiter und weiter. Dann hatte eine langsame und zufällige Bewegung der Erdkruste die Dünen in ein flaches Meer getaucht, und winzige, weißschalige Lebewesen hatten ihre Aufgabe in Angriff genommen: leben und sterben, leben und sterben, leben und sterben – bis sie auf dem Sand die 120 Meter dicke Schicht aus Kalk errichtet hatten, die jetzt der Rand des Canyon war. Ja, es war wirklich ganz einfach.

Nach dem Sandstein kam ich wieder auf vertrauten roten Fels und lief quer über das Darwin Plateau. Und als das Licht schwand, lagerte ich dicht unter der weißen Kuppel des Mount Huethawali, ziemlich nah bei der Huxley Terrace und nur einen Steinwurf vom Evolution-Amphitheater entfernt.

Aus nostalgischen Gründen ließ ich mich wieder neben einem großen Wacholderbaum nieder. Er wuchs am Rand der Redwall-Formation, und jenseits von ihm öffnete sich – wie es schon an anderen Abenden gewesen war – ein grauer, mit Umrissen gefüllter Abgrund. Doch weil ich diesmal wußte, daß ich am nächsten Morgen dort hinuntergehen würde, bekamen die Umrisse eine neue Bedeutung. Als die Dunkelheit hereinbrach, schienen sie mich herauszufordern, ja, anfangs sogar zu bedrohen.

Aber morgens war es nicht mehr so. Es gab eine Phase perfekter zeitlicher Harmonie, als sich genau in dem Augenblick, in dem der Mond hinter dem Canyonrand versank und die blauschwarzen Schatten des Abgrunds ins Schwarz übergingen, am Osthimmel Blässe auszubreiten begann. Die Schatten schwanden. Ungenaue Formen materialisierten sich zu Kuppen und Felswänden und Tafelbergen. Bald hatte das Tageslicht den Abgrund mit seinen kolossalen Skulpturen vollkommen ausgefüllt. Doch als ich nach dem Frühstück weiter den Bass Trail hinablief – mir der Seiten der irdischen Autobiographie wieder in aller Schärfe bewußt –, da blickte ich nicht mehr auf die Skulpturen. Statt dessen suchten meine Augen die Schichten, die den Skulpturen Bedeutung verliehen.

Unterhalb meines Nachtlagers bog der Pfad nach rechts und dann schräg durch einen Einschnitt durch die Wand der Redwall-Schicht. Hier war die Geschichte der Erde nicht mehr mit Sandkörnern geschrieben worden. Das glatte rote Gestein unter meinen Füßen war – ähnlich wie der weiße obere Kalk – aus den Schalen winziger Organismen gebildet worden, die zu Millionen und Milliarden in einem vorzeitlichen Meer gelebt hatten und gestorben waren. Ein Gestein, dessen Oberfläche sich durch herablaufendes Wasser aus den darüber liegenden eisenhaltigen Schichten rot gefärbt hatte. Ja, es war immer noch alles sehr einfach und leicht anzunehmen.

Ich lief tiefer in den Canyon hinunter.

Bald darauf lief ich über sich abwechselnde Schichten aus violettem und grünem Schiefer, der einst wirbelnder Schlamm in einem uralten Fluß gewesen war, der geflossen war, lange bevor der Colorado existierte. Der Schlamm hatte sich schließlich dick und weich an einem urzeitlichen Ufer abgelagert. Er hatte das genauso getan, wie sich auch heute dicker, weicher Schlamm vor der Mündung des Colorado ablagert, der höchstwahrscheinlich nach entsprechender Zeit zu neuem Schiefer wird.

Ich lief noch weiter hinab.

An der Kante zur Inneren Schlucht kam ich durch einen Streifen aus dunkelbraunem Sandstein. (Hier war es Sand von einem Strand gewesen.) Und dann, unterhalb des Sandsteins, kam ich in eine andere Welt.

Ganz unvermittelt wurde ich von schwarzen, bizarren Felsen bedrängt – Felsen, die von der Zeit und der Hitze und dem Druck so entstellt worden waren, daß niemand mit Sicherheit sagen kann, wie sie ursprünglich aussahen. Und während ich zwischen ihnen hinab immer tiefer in den Canyon stieg, immer tiefer in eine enge Kluft, die einen der wenigen größeren Durchbrüche in der Wand der

Inneren Schlucht bildet, spürte ich wieder den Druck der Bedeutungslosigkeit.

Ich lief weiter. Die Kluft wurde tiefer. Die schwarzen Felsen rückten immer näher; fast schlossen sie den Himmel aus. Und dann stand ich urplötzlich auf einer breiten Felsplattform. 100 Meter unter mir funkelte blaugrün und weiß der Fluß. Und der Himmel hatte sich wieder weit geöffnet.

Ich setzte mich auf die Plattform, ruhte mich aus und sah über den Fluß, wo Schicht auf Schicht sich bis zum Nordrand aufeinandertürmte. Ich konnte sie alle erkennen, jede einzelne. Sie waren die Gegenstücke zu jenen, durch die ich gerade herabgestiegen war. Als mein Blick jetzt vom Rand abwärts wanderte, sah ich das Gestein älter werden.

Ich sah es auf eine Weise, die mir in der Zivilisation – umringt und gepolstert und isoliert – unmöglich gewesen wäre. Ich wußte, wenn ich in jene Welt zurückkehrte, dann würde mir das, was ich jetzt sah, wahrscheinlich als Phantasterei vorkommen, als hochtrabender Symbolismus. Doch solange ich dort auf der Felsplattform über dem blitzenden Fluß saß, erstrahlte das Schauspiel, das sich mir darbot, in einer Realität, wie ich sie so intensiv nie im Licht der Logik zu fassen bekam.

Wenn ich zum Rand hochblickte, sah ich, daß die obersten Gesteinsschichten hell, deutlich ausgeprägt und jung waren. Ihre glatten Frontflächen leuchteten rosa oder weiß oder wie sonnengebräunt; sie waren noch unberührt von den Umwälzungen, die die Zeit uns allen auferlegt. Doch unterhalb der Redwall-Formation konnte man ihnen ihr Alter bereits ansehen. Hier zeigten sie, gesetzt und gereift, dunkle Grün- und gedämpfte Brauntöne. Und ihr Äußeres begann runzlig zu werden. Als mein Blick den Rand der Inneren Schlucht erreichte, trat das Gestein ins hohe Alter ein. Hier trug es Grau und nüchternes Schwarz. Die Runzeln waren tiefer geworden. Seine Gestalt hatte sich unter der erdrückenden Last der Jahre verformt. Das Greisentum hatte es heimgesucht, so wie es uns alle heimsucht, wenn wir lange genug leben.

Eine Stunde lang pausierte ich auf der Felsplattform. Dann kletterte ich durch das dunkelste und deformierteste Gestein von allen hinunter zum Fluß. Wie schon bei meiner Erkundung der Inneren Schlucht wirkte hier jeder Steinbrocken und jede Felsnase, als würden sie im nächsten Moment krachend herabstürzen. Aber diesmal mußte ich mich nicht gedanklich am Riemen reißen, um die Angst abzuwehren. Im Verlauf meiner drei Wochen zwischen bröckelnden Felswänden und lockeren Geröllhalden hatte ich nur einmal weit entfernt gehört, wie ein kleiner Brocken ein sehr kurzes Stück gefallen war. Und jetzt verstand ich auch, warum.

Die balancierenden Steinblöcke und Felsbrocken warteten in der Tat nur darauf, jeden Moment herabzustürzen. Dennoch bestand keine allzu große Gefahr, daß mich einer von ihnen während dieses spezifischen Zeitrülpsers, den wir Menschen Mai 1963 nennen, erwischen würde. Denn unsere Menschenuhren und die geologische Uhr messen verschiedene Zeiten. »Jeden Moment« hieß im Rahmen der geologischen Zeit lediglich, daß diverse Felsstücke vermutlich bis zum Mai 2063 herunterfallen würden, und eine ganz beträchtliche Zahl würde das wahrscheinlich bis zum Mai 11963 tun. Ich begriff wohl immer noch nicht vollkommen und bis ins letzte, was »200 Millionen Jahre« bedeutet, doch ich kam jetzt mit jener Art von Geologie zurecht, die zu entdecken ich mir erhofft hatte. Endlich fing ich an, den Rhythmus des Gesteins wahrzunehmen.

Rhythmus

Als ich die Woche zwischen Bass Trail und Phantom Ranch später im Rückblick betrachtete, erkannte ich, daß sie mich wieder in mehrfacher Hinsicht weitergebracht hatte.

Äußerlich bedeutete sie: zwei Tage Rast am Fuß des Bass Trail, ein Tag Erkundung an der Inneren Schlucht, danach vier Tage zügiger Marsch nach Osten über das Tonto-Plateau – eine klar abgegrenzte Terrasse 300 Meter über dem Fluß, die östlich des Bass Trail an die Innere Schlucht grenzt.

Doch das Äußerliche war bei weitem nicht immer das wirklichste.

Wenn man sich selbst etwas zusammenbastelt, indem man einzelne Mosaiksteine ohne fremde Hilfe aneinanderfügt, dann bleibt es für den Rest des Lebens in gewisser Weise wahrer und unzweifelhafter als schlichte Fakten, die einem nur beigebracht wurden. Die vielfältigen Parallelen, die alles durchdringen, was wir kennen, hatte ich für mich selbst längst entdeckt, ehe jemand mir Worte wie Mikro- und Makrokosmos beibrachte; und jenseits des Bass Trail merkte ich mehr und mehr, daß ich nicht nur den Rhythmus des Gesteins immer deutlicher und unmißverständlicher hörte, sondern auch anfing, Punkt und Kontrapunkt zu erspüren.

Selbstverständlich ging diese Entwicklung nicht schlagartig vonstatten.

Die Woche begann als diffuser und unübersichtlicher Mischmasch von Eindrücken, die nichts miteinander gemein hatten, was sie zu einem durchgehenden Muster hätte zusammenfügen können. Dann nahmen die Dinge eine überraschende Wendung. Die überraschenden Ereignisse waren beide sehr einfacher Art, doch sie schienen als Katalysatoren zu wirken. Der Raum und die Stille und die Einsamkeit und die Schönheit hatten die ganze Zeit zusammengewirkt und verschmolzen jetzt. Ich lebte, als sei ich nicht nur tief in den realen Canyon eingetaucht, sondern ebenso in all die langsamen Prozesse, die an seiner Entstehung und sogar – noch lange davor – an der Entstehung seiner Grundsubstanz mitgewirkt hatten. Es war, als sei ich in einen anderen, Echos konservierenden Raum des Naturkundemuseums gelangt, das wir Grand Canyon nennen. Und bis ich zur Phantom Ranch kam, hatten sich die Bedeutungen dieser Woche vollkommen herauskristallisiert.

Wie alle natürlichen Prozesse hatte sich auch meine Wanderung der neuen Sachlage angepaßt und sich weiterentwickelt.

Zwei Tage und drei Nächte lagerte ich am Ende des Bass Trail in einer kleinen Bucht in den Felsen am Fluß.

Da ich im Moment dem Zeitdruck und der Unsicherheit der Wasserversorgung entronnen war, leistete ich mir anfangs den Luxus des Müßiggangs. Der Sand in der kleinen Bucht war weich und eben, und es tat gut, nichts weiter zu tun, als sich auf ihm oder auf meiner blauen, nicht mehr taufrischen Unterlage auszustrecken. Obwohl den ganzen ersten Nachmittag über dicke Wolken die Sonne verbargen, kletterte die Temperatur immer noch auf 27 °C, und nach all den langen, trockenen Tagen seit Supai wirkte der Fluß unwiderstehlich einladend. Alle ein, zwei Stunden nahm ich ein gemütliches Bad. Am zweiten Tag schien die Sonne, aber die Bucht wurde nie zum Backofen. Morgens und abends warfen die steilen Felswände um sie herum kühle Schatten, und nachmittags wehte Wind.

Gelegentlich erledigte ich ein paar Pflichten – die Art Pflichten, die offenbar immer dann anstehen, wenn man sich endlich mal einen Tag Ruhe gönnt. Ich packte die neuen Wochenvorräte aus dem Fünf-Gallonen-Kanister, den ich vom Depot am Bass Camp hergeschleppt hatte, und verteilte alles auf zwei der kissengroßen Lebensmitteltüten aus Plastik (eine für die aktuelle Tagesration, eine zum gewichtsmäßigen Ausgleich) oder in die »Knabbertasche« des Rucksacks, in der ich energiereiche Snacks hatte, an die ich bei Pausen schnell herankam. (Amüsiert stellte ich fest, daß ich – wie es schon bei Supai und am Apache Point passiert war – die neuen Vorräte seltsam aufregend fand. Ich neige zu der Annahme, daß das hauptsächlich auf die sauberen, neuen Gefrierbeutel zurückzuführen war, in die ich die Sachen eingepackt hatte.) Vorsichtig füllte ich den Salz-und-Pfeffer-Behälter, die Plastikbüchse mit Zucker und den Trockenmilchspender wieder auf (letzterer war einer dieser Plastikbehälter mit Tülle, in denen man Honig oder Senf oder Tomatenketchup bekommt). Ich rieb eine ganze Büchse Wachs aus dem Depot in das abgestoßene und ziemlich ausgetrocknete Oberleder meiner Stiefel. Ich scheuerte die Kochtöpfe blank. Ich wusch meine sämtlichen Sachen. Ich nähte einen abgerissenen Knopf an den verstellbaren Gürtel, der fest in meine Kordhosen eingezogen war, wofür ich die mit Garn umwickelte Nadel benutzte, die in meinem wasserdichten Streichholzbehälter mitreiste. Und ich nähte auch einen Tragriemen des Rucksacks fest, der abzureißen drohte.

Nach sorgfältigen Berechnungen kam ich zu dem Schluß, daß meine Nahrungsvorräte gerade so für acht Tage reichen würden, statt für sieben, und ich daher für den Weg zur Phantom Ranch einen Tag mehr zur Verfügung hatte. Es würde gar nicht nötig sein, mit der Wochenration zu knausern. Als ich am Depot angekommen war, hatte ich noch ein bißchen Eßbares gehabt, darunter einen Rum-Schoko-Riegel, der als eiserne Ration diente und jetzt durch einen neuen aus dem Depot ersetzt worden war. Zu den neuen Vorräten gehörte auch eine Delikatesse, die zusammen mit der Flasche Bordeaux Abwechslung in den Speiseplan bringen sollte: eine Büchse geräucherte Austern. Und außerdem gab es ja Fische.

Ich hatte eine federleichte Minimal-Angelausrüstung dabei: eine Rolle 0,22-mm-Angelschnur, mehrere bleierne Luftgewehrkugeln, einen Haken und Lachseier in einer Filmdose. Ich befestigte die Sachen in dieser Reihenfolge an meinem Wanderstock, und bald zog diese Angelrute rund ein Dutzend kleiner Katzenfische sowie – nach künstlerisch wertvollem Hantieren – einen prächtigen Karpfen aus einem Winkel meiner kleinen Bucht. Besonders der Karpfen, den ich direkt in der Glut und in der »Aluminiumfolie« seiner eigenen dicken Schuppen grillte, lieferte mir nicht nur wertvolle Extra-Kalorien, sondern bildete auch einen willkommenen Kontrast zum Pemmikan.[12]

Das Feuer, auf dem ich die Fische garte, war klein und diente nur diesem einen Zweck. Es war jetzt viele Nächte her, daß ich ein Feuer entzündet hatte, um mich zu wärmen oder mich dran zu erfreuen. Das war nicht nur Faulheit. Ein Lagerfeuer, so faszinierend sein zum Träumen anregendes Wabern auch sein mag, schneidet dich von der Nacht ab, und ich stellte fest, daß ich alles, was sich zwischen mich und die Wirklichkeit im Canyon schob, von Tag zu Tag immer weniger ertragen konnte.

Einen Großteil der beiden Tage verbrachte ich in meiner kleinen Bucht, aalte mich im Sand und ließ die Gedanken schweifen. Bevor ich in den Canyon gekommen

[12] Karpfen sind Neuankömmlinge im Canyon. Die aus Asien stammenden Fische wurden offenbar 1890 in Yuma, Arizona, ausgesetzt, paßten sich schnell an die neuen Bedingungen an und kommen heute im unteren und mittleren Colorado vor.

war, hatte ich, eher zufällig, etwas über die jüngere Vergangenheit gerade dieser speziellen Gegend gelesen, und so schaltete mein Kopf bald von den erhabenen Rhythmen der geologischen Zeit zurück zum Ticken der menschlichen Uhr.

Das schwarze Gestein, das meine kleine Bucht abgrenzte, hatte sich demnach vor anderthalb Milliarden Jahren als Sediment abgelagert. Vielleicht 500 Millionen oder auch eine Milliarde Jahre später waren Mineralstoffe in seine Ritzen und Spalten eingedrungen. Viel später – etwa um 1883 n. Chr. – zogen diese Mineralien einen jener gefährlichen Unzufriedenen an, deren Energie immer der Schlüssel zu einer neuen Welt ist und sie in Gang hält, bis besser Angepaßte hinterherkommen und die langweilige, aber notwendige Aufgabe in Angriff nehmen, alles zu organisieren. Dieser spezielle Pionier war ein 25jähriger unsteter Mensch aus Indiana, der sich während seiner Tätigkeit als Eisenbahnschaffner in New York mit Tuberkulose angesteckt hatte und nun zu einem letzten verzweifelten Genesungsversuch in den trockenen Südwesten kam. Er hieß William Wallace Bass.

Die Wüste erledigte ihre Aufgabe offenbar: Bass überlebte. Doch er zog auch nicht mehr Gewinn aus Kupfer und Asbest, als die anderen paar verwegenen Schürfer im Canyon. Um über die Runden zu kommen, fing William Bass an, Jagd- und Erschließungsgesellschaften durch den Canyon zu führen – wie es weiter flußaufwärts noch ein anderer Schürfer namens John Hance tat. Und in dieser Sparte war er erfolgreich. Bass stellte sich auf die neue Situation ein und fing an, Touristen zu werben. Er errichtete am Rand mehr schlecht als recht eine Ferienranch, die er Bass Camp nannte. Er legte einen Pfad (den Bass Trail) an, der von diesem Camp aus über Felsen und Terrassen und Halden bis zum Fluß und noch weiter führte.

(Ich fand die Grundmauern zweier Steinhütten auf der Felsplattform über meinem Lager.) Später spannte er ein solides Drahtkabel über den Colorado, an dem er Menschen und Pferde sowie alles, was für seine Schürf- und Sightseeing-Touren nötig war, in einer primitiven, aber stabilen Gondel über den Fluß beförderte.

Bass lebte 40 Jahre im Canyon. Bis zum Alter von 76, in dem er sich zur Ruhe setzte, führte er Touristen von seinem Camp aus zum Colorado hinunter. Er starb mit 83. Seine Asche wurde von einer majestätischen minarettartigen Canyonkuppe namens Holy Grail Temple 1300 Meter über seinem Kabel in alle Winde zerstreut.

William Bass hatte solide gebaut. Vom Bass Camp steht noch ein Haus. Obwohl sein Pfad nicht mehr instandgehalten wird, ist er für Wanderer nach wie vor begehbar. Und obwohl 60 Jahre vergangen sind, seit er sein Kabel über den Fluß gespannt, und vielleicht 40, seit er es zum letzten Mal gewartet hatte, stand ich nur maßvoll nervös auf der knarrenden Holzplattform mit der immer noch dort hängenden Gondel.

Bass hatte noch andere Spuren hinterlassen. Zu meiner kleinen Bucht gelangte ich über einen steilen, schmalen Pfad, auf den ich zufällig gestoßen war. Er war aus dem schwarzen, deformierten Gestein herausgeschlagen worden. Mittlerweile hatten Pflanzen begonnen, ihn zurückzufordern, außerdem bremsten heruntergefallene Steinbrocken mein Vorwärtskommen. (Gestein, an das einmal Hand angelegt wurde, richtet sich nicht mehr nach der geologischen Uhr; innerhalb von 40 Jahren können beträchtlich viele Steinbrocken herabfallen, wenn sie durch Menschenhand gelockert wurden.) Doch passierbar war der Pfad noch. Als ich ihn zum ersten Mal hinabstieg, fragte ich mich, warum Bass ihn angelegt hatte.

Als ich unten war, fand ich die Antwort. In einer glatten, vom Wind geschaffenen Mulde ragte – beinahe zu symbolträchtig, um wahr zu sein – ein altes Ruder aus dem heißen, blendenden Sand. Sein Holz war grau und rissig und vom wirbelnden Wasser glattgescheuert. Die Sonne brannte auf es herab, und Windböen hüllten es in kleine, fast lautlose Sandstürme. Hinter der Mulde fand ich einen Stoß gebleichtes Holz, den Hochwasser sauber vor dem schwarzen Fels aufgeschicht hatte, sowie eine verrostete Rudergabel. Dicht daneben lagen zwei rissige, gesplitterte Ruderblätter. An einem hing noch der kantenschützende Blechstreifen an einer verbogenen Niete. Diese Relikte sprachen eine deutliche Sprache. Ich wußte nämlich, daß Bass, ehe er sein Kabel spannte, Menschen und Güter in einem langen Ruderboot über den Fluß transportiert hatte. Und auch danach hatte er das Boot sicher noch gelegentlich benutzt, wenn das Kabel klemmte oder wenn ein Tourist sich sträubte, in der zweifellos sehr luftigen Gondel überzusetzen.

Meine kleine Bucht war auch sonst voller Echos. Echos der Vergangenheit und der Gegenwart. Jedes Geräusch, das ich machte, selbst das Klappern meiner Töpfe, kam von der gegenüberliegenden Seite der Schlucht über den Fluß zurück, und ich stellte mir vor, wie William Bass 40 Jahre lang mit den Echos seiner Handlungen in diesem Winkel des Canyon, den er zu seinem eigenen gemacht hatte, lebte. Als ich eine von meiner Bucht ausgehende Gesteinsrinne hinaufkletterte, um sein Kabel zu untersuchen, malte ich mir aus, wie er bei einer seiner ersten Erkundungen – noch bevor er den Pfad angelegt hatte – ebenfalls hier hochkletterte. Ich sah ihn nur als Schemen – jene Art Schemen, die wir alle einmal werden –, doch ich sah ihn. Er kletterte direkt vor mir her. Kaum 80 Jahre vor mir. Und als ich den Pfad zu meinem Lagerplatz wieder herunterkam, war er auch wieder da – jetzt nur 40 oder 50 Jahre vor mir – und führte, nun ein bißchen steifer laufend, einen seiner gondelscheuen Touristen den gut gangbaren Pfad zu der kleinen Bucht hinunter, in der sei Ruderboot lag.

Nach allem, was ich gehört hatte, hielt man im Grand Canyon von William Bass als Mensch nicht eben viel. Doch während der kurzen Zeit, die ich in seiner Bucht verbrachte, meinte ich ihm ein Stück näherzukommen. Ich meine, jenem Teil von ihm, der dem Canyon gehörte.

Als ich mich anfangs gefragt hatte, warum er hiergeblieben war, nachdem deutlich wurde, daß er mit Kupfer oder Asbest nichts verdienen würde, war mir keine passende Antwort außer »Trägheit« eingefallen. Doch am zweiten Tag stand für mich außer Frage, daß es die Faszination des Canyon gewesen war – besonders die Liebe zu jenem Winkel, den er zu seinem eigenen gemacht hatte. Ich glaube, es ist meistens diese Liebe – ob bewußt oder unbewußt –, die Menschen dazu bringt, an abgelegenen und unwirtlichen Orten zu bleiben.

Anfangs teilte ich Bass' Liebe zu diesem Fleckchen überhaupt nicht. Am ersten Nachmittag, an dem ich in der Bucht lagerte, drückten dunkle Wolken schwer und melancholisch auf meine Gemüt. Die bizarren Felsen schienen schwarz und bedrohlich auf mich zuzurücken. Böen stießen fauchend herab und raspelten Sand über alles hinweg. Mit Ausnahme des grünen Flusses (aus der Nähe war er mehr grün als blaugrün) war hier alles fast genauso düster und trübsinnig wie bei meiner Schlucht-Erkundung unterhalb von Supai. Doch am Abend brach die Sonne durch, färbte das schwarze Gestein rot und umrahmte die hängende Gondel mit einem Regenbogen in Technicolor. Im Sonnenschein des nächsten Tages verstand ich dann, warum Bass hiergeblieben war. Er hatte wie ich in dieser Bucht gesessen und zugesehen, wie die

Sonne sich rot auf die entfernten Felswände legte. Hatte beobachtet, wie das schräg einfallende Licht eine schwarze Steinfläche nach der anderen zu glänzendem Ebenholz polierte. Wenn es heißer wurde, hatte er die Nachmittagsbrisen gehört und gespürt und willkommen geheißen. Und nach Einbruch der Dunkelheit hatte er in der kathedralenhaften, stillen Schönheit gesessen und zugesehen, wie der sattschwarze Mondschatten des Schluchtrands immer weiter über den Fluß gewandert war.

In meiner zweiten Nacht in der Bucht leuchtete der Mond so hell, daß ich selbst im Schatten noch genug erkennen konnte, um Abend zu essen. Doch als ich über das ruhige Wasser hinwegblickte, stellte ich fest, daß das Mondlicht die Konturen, die Zeit und willkürliche Erosion den Felsen gegeben hatten, verwischte. Statt dessen beleuchtete es ihre innere Gestalt: die parallelen Schichten, die sich vor anderthalb Milliarden Jahren als Sediment auf dem Boden eines Meeres abgelagert hatten und dann von Hitze und Druck verformt und verdreht worden waren. Und weil William Bass nach Bodenschätzen suchte, hatte er diesen Röntgeneffekt des Mondlichts sicher auch gekannt. Vielleicht hatte er ihn zu ähnlichen Gedanken über die Zeit und über seine eigene Gegenwart angeregt wie mich. Wenn man lange an einem Ort wie diesem lebte, würde es schwierig sein, nicht so zu denken.

Doch es gab einen großen Unterschied zwischen der Bucht, in der ich lagerte, und jener, in der Bass sein Ruderboot vertäut hatte. Für mich war der Fluß nicht nur ein einigermaßen sauberes Trinkwasserreservoir, ein einladendes Schwimmbad und eine Speisekammer, sondern auch eine stille und besänftigende Schönheit. In der Sonne glitzerte er, im Mondlicht glänzte er. Und immer bildete er einen sanften Gegensatz zur Härte des schwarzen Gesteins. Als ich in die Bucht gekommen war, hatte ich das erste Mal in drei Wochen an einem Gewässer gestanden, das größer war als ein Wasserloch, und als ich am Ufer gekniet hatte, um meine Kanister zu füllen, war ein Marienkäfer auf der ruhigen, grünen Oberfläche vorbeigetrieben. Der Anblick war für meine Sinne so wohltuend gewesen, wie der des ersten Rotkehlchens im Jahr auf einem gepflegten Rasen.

Doch der Fluß, den William Bass gekannt hatte, war der ungebändigte Colorado gewesen – »zu dick zum Trinken, zu dünn zum Pflügen« –, der bei einem Sommerhochwasser schnell um zwölf Meter steigen konnte. Er war immer noch der flüssige Mühlstein gewesen, der, wenn sich etwa eine große Erhebung in seinem Weg befand, sich dieser Sachlage annahm, indem er mit der bloßen Kraft des dahinjagenden Wassers und des schmirgelnden Sandes und der hämmernden Steine sich einfach durch dieses Hindernis hindurchfraß.

Es war, so fiel mir ein, völlig ungewiß, wie der Fluß auf die neue Situation reagieren würde, die durch den Bau des Glen-Canyon-Damms entstanden war. Ich kam zu dem Schluß, daß er wahrscheinlich gar nicht würde reagieren müssen. Denn auch wenn solche Dämme uns sehr dauerhaft vorkommen mögen, so sind sie aus Sicht des Flusses doch wohl nur kurzlebige Hindernisse. Lange bevor er reagiert, sind diese schwachen Gebilde schon wieder zerfallen.[13]

[13] Kurzfristig gesehen stimmte meine Ansicht, der Fluß würde nicht reagieren müssen, natürlich in keiner Weise. Die Veränderungen durch den Bau des Glen-Canyon-Damms würden sich – genau wie die Folgen anderer Regulierungsvorrichtungen, die derzeit diskutiert werden – unmittelbar und drastisch auf das ganze empfindliche Gleichgewicht von Hochwasser und Trockenphase, von Erosion und Ablagerung sowie auf die Dynamik der Lebensbereiche im und am Fluß auswirken. So spülen zum Beispiel Unwetter oft große Massen von Schutt und Geröll die Nebencanyons zum Colorado hinab, den sie

Und so lange floß »mein« Fluß grün und freundlich dahin.

Wie am Havasu Creek bewog mich der niedrige Wasserstand, eine eintägige Erkundung einzulegen; ich wollte mir die Innere Schlucht oberhalb des Bass Trail ansehen. In der Tat stellte sich der niedrige Pegel als entscheidend heraus, denn ich mußte auf der Luftmatratze einen fast nahtlos glatten Felsbuckel umrunden, was bei der schwachen Strömung kein Problem darstellte. Bei normalem Wasserstand wäre es wahrscheinlich unmöglich gewesen, flußaufwärts hundepaddelnd um diesen Vorsprung herumzukommen.

Ich denke, ich wollte einfach um der reinen Befriedigung willen ein Gebiet erforschen, das vermutlich noch nie jemand betreten hatte. Aber ich hatte außerdem noch einen ganz handfesten Grund für diesen Abstecher. Wenn ich mich vom Bass Trail aus auf dem Tonto-Plateau nach Osten auf den Weg machte, würde es lange dauern, bis ich wieder auf Wasser stieß – noch mal ungefähr halb so weit wie von der Fossil Bay zum Apache Point. Zwar versprach die Strecke weniger beschwerlich zu werden, doch ich wollte auf Nummer Sicher gehen und in einiger Entfernung ein Wasserdepot anlegen. Darum zog ich für die-

dann teilweise blockieren. Ohne die regelmäßigen Hochwasser, die sein Hauptbett freispülen, könnte der Fluß schon bald zu einer Kette toter Wasserlachen degenerieren.

Langfristig gesehen lag ich schon richtiger. Ehe der Fluß auf eine weitere Anhebung des Kegels in seinem Weg, der die Schaffung des Canyon zur Folge hatte, reagieren muß, werden die Dämme längst eingestürzt sein. Und lange bevor der Canyon wieder eingeebnet wird und selbst verschwindet – was im Rahmen der geologischen Zeit in gar nicht so ferner Zukunft liegt –, wird von ihnen nichts mehr übrig sein.

Zwei Tage nachdem ich den Canyon wieder verlassen hatte, besuchte ich den Hoover-Damm. Unser Führer erklärte im Rahmen seise Erkundung den Rucksack von seinem Rahmen und befestigte den leeren Fünf-Gallonen-Behälter aus dem Depot am Bass Camp an seiner Stelle.

Der Abstecher erfüllte seinen praktischen Zweck. Ich kletterte eifrig, aber vorsichtig, fast fünf Stunden und rund drei Flußkilometer weit die steile Schluchtwand entlang (mit Ausnahme der einen Umgehung per Luftmatratze). An der Mündung des Serpentine Canyon füllte ich den Fünf-Gallonen-Behälter mit Flußwasser, gab Chlortabletten dazu, und suchte mir dann mit dem metallischen Glucksen zwischen den Schulterblättern einen Weg durch den Nebencanyon auf das Tonto-Plateau hinauf. Ich verstaute das Wasser unter einem Überhang, butchartete auf das Tonto-Plateau zurück, stieg die letzten 300 Meter des Bass Trail hinab, und erreichte mein Lager bei Einbruch der Dämmerung mit dem beruhigenden Wissen, daß ich am folgenden Tag gemütlich zum Plateau hinaufsteigen, ein paar Stunden auf ihm entlangschlendern und gut mit Wasser versorgt ausruhen und übernachten konnte, um mir dann am Morgen danach eine wasserlose Strecke vorzunehmen.

Doch der Tag diente auch höheren Zwecken. Noch

nes ansonsten ausgezeichneten Vortrags feierlich, der Damm sei »für die Ewigkeit gebaut«. Später nahm ich ihn beiseite und meinte, diese Formulierung sei vielleicht etwas irreführend gewesen. »Ach ja«, sagte er, ohne recht zu verstehen, worauf ich hinauswollte, »ich wollte es nur nicht unnötig verkomplizieren. Das bringt die Leute nur durcheinander.«

Da ich gerade aus dem Canyon kam, blieb ich vom Hoover-Damm leider recht unbeeindruckt. Während der Führer uns durch blitzende Labyrinthe mit Turbinen und Aufzügen geleitete, konnte ich immer nur daran denken, was für ein Prachtobjekt das Ganze für Archäologen in drei- oder viertausend Jahren sein würde. Ich versuchte, diesen Gedanken mit einem anderen Besucher zu teilen, stieß aber auf völliges Unverständnis.

höheren, als mein angenehm-selbstsüchtiges Ziel, ein vermutlich jungfräuliches Stück Land als erster zu betreten.

Um eine Szenerie zu fotografieren, die – zur Dokumentation und des optischen Gleichgewichts wegen – eine Gestalt im Vordergrund benötigte, hatte ich meinen Fotoapparat auf seinem leichten, zusammenschiebbaren Stativ befestigt und wollte ein Selbstporträt machen. Doch als ich mich in Positur stellte, kippte eine Böe den Dreifuß samt Apparat um. Und danach verweigerte der Kameraverschluß den Dienst.

Ich hatte nur diesen einen Fotoapparat dabei und kochte anfangs vor Enttäuschung. Doch es verging keine Stunde, bis ich bei dieser Sache einen ganz neuen Aspekt entdeckte. Ich erkannte ziemlich deutlich, daß sich das Fotografieren eigentlich nicht mit dem Betrachten verträgt. Die Details, die man dabei beachten muß, sind zu aufdringlich. Sie schwirren einem dauernd im Kopf herum und verhindern eine wahre Würdigung der Dinge, die man sieht. Wenn man unterwegs ist, erkennt man diese Wechselwirkung nur selten, und selbst wenn man sie erkennt, kann man wenig dagegen machen. Doch nachdem die Kamera an diesem Vormittag bei der Erkundung des Serpentine Canyon kaputtgegangen war, fühlte ich mich von einem Hindernis befreit, von dem ich gar nicht gewußt hatte, daß es überhaupt existierte. Ich war der Tyrannei des Films entkommen. Wenn ich jetzt etwas Interessantes sah, blieb ich nicht mehr kurz stehen, machte ein Bild und vergaß das Ganze – ich blieb stehen, sah bewußt hin und hielt die wahreren Bilder auf der Filmrolle meines Gedächtnisses fest.

Und die Erkundung wurde angesichts dieser Befreiung zu einem Feiertag. Diese Stimmung trug mich die steilen Abhänge des Serpentine Canyon hinauf und den Tonto Trail entlang. Selbst als ich zurück in mein Lager kam, war sie noch vorhanden. Und sie hielt an, solange ich in William Bass' kleiner Bucht lagerte.

Kurz nach neun Uhr vormittags verließ ich die Bucht endgültig, doch unmittelbar vorher ereignete sich noch ein merkwürdiger kleiner Zwischenfall, der eigentlich derart gewöhnlich, ja sogar im Prinzip unschön war, daß ich nicht genau sagen kann, wie er sich letztlich in so etwas wie eine feierlich-ernste, aber dennoch glückerfüllte Weihung dieser Örtlichkeit verwandelte. Es ist mir fast peinlich, so hochgestochene Worte zu verwenden, aber genauso fühlte ich mich dabei.

Ich hatte meine wöchentliche Flasche Bordeaux aus dem Depot am Bass Camp mitgebracht und sie bei meinem ersten Abendessen am Fluß geleert. Als die Zeit des Aufbruchs kam, gefiel mir der Gedanke gar nicht, die Flasche einfach in den Fluß zu werfen, doch das schien die einzige Lösung zu sein. Um sicherzugehen, daß sie auch unterging, füllte ich sie mit Wasser. Einen Augenblick lang stand ich mit der unverkorkten Flasche in der Hand da und hatte bei dem Gedanken Schuldgefühle, das grüne Wasser, das sich ruhig und klar bis zur Schwärze der fernen Felswand erstreckte, in Unruhe zu versetzen. Dann holte ich aus, verharrte einen Moment und schleuderte die Flasche mit aller Kraft mitten in den Fluß.

Sie flog in hohem Bogen über das grüne Wasser und drehte sich dabei langsam um sich selbst. Und während sie diesen Bogen durch die Morgensonne beschrieb, sprühte sie eine spiralförmige Brillantenbahn in die Luft. Dieser funkelnde Wasserbogen schien wie festgewachsen in der Luft zu hängen, als würde die Zeit in Zeitlupe vergehen. Angespannt und atemlos sah ich zu. Und als die Flasche langsam weiterwirbelte und immer mehr Brillanten in der Sonne verstreute, wurde mir plötzlich mit aller Schärfe bewußt, daß sich etwas beinahe Magisches über die ganze Szenerie gelegt hatte. Alles, was ich sah, trug eine Aura, einen fast sichtbaren Strahlenkranz.

Als die Flasche sich schließlich senkte, erwartete ich fast, daß sich ein Arm aus dem Wasser strecken, sie ergreifen und dreimal mit ihr winken würde, ehe er sie für immer hinabzöge. Es erschien kein Arm, aber das spielte keine Rolle. Denn als die Flasche aufschlug, jagte sie eine neue Glitzerfontäne in die Luft. Diese neue, wunderschöne Form ergänzte das immer noch in der Luft funkelnde Muster zu einem perfekt ausgewogenen Ganzen. Und das war, solange der ausgedehnte Moment dauerte, fast genauso gut.

Anfangs zögerte ich, diese Phantasie zu Papier zu bringen. Doch ich weiß selbst jetzt noch, daß es mir, während ich zusah, wie die letzten Tropfen sanft herabschwebten, und ich darauf wartete, daß sich dieser Ort wieder beruhigte, vorkam, als hätte ich eine Art Weihe und einen angemessenen Abschied vollzogen.

Eine Stunde später war ich den Bass Trail die 300 Meter bis zum Tonto-Plateau hinaufgestiegen. Ehe ich mich nach Osten auf den Weg machte, hielt ich noch einmal an und blickte in den Bass Canyon hinab. Und ohne genau zu wissen, ob ich mehr den Mann oder den Ort meinte, sagte ich: »Mach's gut, Bass.« Ich sagte es laut in den Raum und in die Stille hinein, und ich sagte es mit Rührung. Und als ich dann nach Osten lief, verglich ich, geradezu verblüfft, mit welcher Bedrückung ich vor drei Tagen zum ersten Mal an die Sandbucht gekommen war und welch warme Zuneigung zu ihr mich jetzt erfüllte.[14]

---

[14] Auch andere Leute haben festgestellt, daß man sich an den Canyon erst gewöhnen muß. Clarence E. Dutton schrieb 1882: »Der Naturliebhaber, dessen Wahrnehmung anderswo geschult wurde, wird diese fremdartige Gegend als Schock erleben und sich eine Zeitlang bedrückt fühlen. Die Formen werden ihm grotesk vorkommen, die

Wenn man vom Rand des Grand Canyon auf das Tonto-Plateau hinabblickt, sieht man eine flache graue Fels-terrasse, die unmittelbar am Rand der Inneren Schlucht klebt. Sie wirkt ziemlich kahl und öde.

Wenn man den Tonto Trail entlangläuft (der sich über die ganze Länge des Tonto-Plateaus zieht und heute, wie der Apache Trail, eigentlich ein Eselpfad ist), dann stellt man fest, daß das Grau, das man von oben sah, nicht vom Gestein herrührt, sondern von verstreut wachsen-den, schäbigen, kniehohen Büschen. Diese Stoppeldecke verhüllt Teile eines groben und oft steinigen Erdreichs, dessen Farbe von Blaßgrün über Grau bis fast zu Violett reicht, je nachdem, welche Formation des vielfarbigen Tonto-Schiefers gerade an die Oberfläche tritt. Und das Plateau erweist sich als keineswegs so platt, wie man ge-dacht hatte. Selbst wenn man um einen Kamm oder eine Kuppe herum auf eine der weit hinausragenden Vorsprün-ge oder Landzungen kommt – die das einzige waren, was man vom Canyonrand aus wirklich gesehen hat –, klettert man immer einen Abhang hinauf oder hinunter. Doch mehr Zeit als auf diesen Vorsprüngen verbringt man in den Nebencanyons, denn die reichen weitaus tiefer zu-rück, als man vermutete. Und es läuft sich sehr beschwer-lich in ihnen.

Noch eine andere kleine Überraschung erwartet ei-nen. Obwohl das Plateau direkt am Rand der Inneren Schlucht hängt, schmiegt sich der Tonto Trail meist an

Farben zu extrem, und die Feinheiten wird er vermissen. Doch mit der Zeit wird ein allmählicher Wandel einsetzen, und das Majestätische wird immer deutlicher werden. Große Neuheiten, ob in der Kunst oder der Literatur, in der Wissenschaft oder der Natur, erobern die Welt nur selten im Sturm. Ehe man sie bewerten kann, muß man sie begriffen haben, und ehe man sie begreifen kann, muß man sich ihnen gewidmet haben.«

den bergseitigen Hang, so daß man den Colorado nur selten sieht. Ab und zu hört man ein schwaches Dröhnen von Wasserfällen. Wenn man zum Rand geht, sieht man den Fluß 300 Meter unter sich am Fuß seiner steilen schwarzen Wände. Doch wenn man sich auf dem Pfad hält, läuft man ziemlich einsam durch eine Welt, die von allem Darüber und Darunter abgeschnitten ist.

Links der schwarze Abgrund der Inneren Schlucht. Er ist mehr als eine physische Barriere. Seinetwegen gehören die Klippen und Terrassen dahinter nicht mehr zu dieser Welt. Natürlich betrachtet man sie, nimmt sich vielleicht sogar die Zeit, Einzelheiten genauer in Augenschein zu nehmen, doch meistens zieht die gegenüberliegende Schluchtseite an einem vorbei, als befinde sie sich hinter einer riesigen Glasscheibe.

Zur Rechten ragt die Redwall-Formation auf. Wenn man nah an sie herangeht, entdeckt man hier und da kleine graue Stellen, an denen Gesteinsbrocken erst vor so kurzer Zeit abgebröckelt sind, daß das Eisenoxid noch keine Zeit hatte, von der höher liegenden Terrasse herunterzurinnen und diese Stellen neu einzufärben. Manchmal holt der Pfad in weitem Bogen aus, so daß sich der Blick am Schwung jeder Bucht und jeder Formation laben kann. Der südliche Canyonrand ist hoch und weit, weit entfernt. Die Welt hinter ihr liegt irgendwo jenseits des Verstandes.

Als ich anfing, durch diese merkwürdig isolierte Welt zu laufen, fürchtete ich, daß sie sich als so öde erweisen würde, wie sie vom Rand aus ausgesehen hatte. Ich hätte mir aber keine Sorgen machen müssen. Die fotofreie Festtagslaune und die Stimmung aus William Bass' kleiner Bucht begleiteten mich.

Den ganzen ersten Nachmittag hindurch ruhte ich mich unter dem Überhang aus, unter dem ich meine fünf

Gallonen Wasser deponiert hatte. Selbst während der Tageshitze war es dort, tief im Felsschatten, kühl und erholsam. Ein Busch, der aufgrund merkwürdiger Zufälle einem Riß weit hinten in der Decke entsproß und nun erst nach unten und dann nach außen wachsen mußte, um zum Licht zu gelangen, und ein Vogelnest, das sorgsam in seine herabhängenden Zweige eingewoben war, verliehen diesem Ort eine gemütliche Unter-dem-Dach-meines-Landhauses-Atmosphäre. Als es dunkel wurde, stellte ich meine Taschenlampe senkrecht auf, so daß ein weißer Alkalifleck an der Decke mildes, aber ausreichendes Licht reflektierte. Ich schlief nicht sehr tief -- so wie meistens, wenn ich weiß, daß ich am nächsten Tag früh auf den Beinen sein muß. Und als ich um kurz nach vier aus meinem pittoresken Eingang blickte, sah ich den Morgenstern über dem Nordrand des Canyon aufgehen. Während ich frühstückte und während die Nacht sich zurückzuziehen begann, rief mich eine Eule von irgendwo weit oben in der Redwall-Formation zum Tagwerk, und bis ich halb um das erste Felskap herum war, flutete die Sonne über die Kuppen.

Den ganzen Vormittag eilte ich ostwärts und machte nur jede Stunde eine kurze Rast. Felskap, Nebencanyon, Felskap und wieder ein Nebencanyon. Manchmal dauerte der Zyklus von Kap zu Kap eine Stunde, manchmal auch zwei, aber immer schwang dabei eine gleichmäßige, rhythmische Unausweichlichkeit mit, die beruhigend, aber auch zwingend war. So zwingend, daß es fast zwei Uhr wurde, ehe ich zum Mittagessen anhielt. Da aber wußte ich schon, daß ich das erste lange wasserlose Stück des Tonto-Plateaus geknackt hatte. Und danach war der Tag ein anderer.

Wanderer, Bergsteiger und andere Leute dieser Art lassen sich zwei unterschiedlichen Typen zuordnen: diejenigen, die anziehen, was sie für richtig halten, und diese Sachen dann Stunde um Stunde tragen, ohne sich ersichtlich unwohl zu fühlen, und jene, die auf jede Veränderung der Umgebung und der Anforderung reagieren, indem sie sich aus ihren Sachen pellen und andere überstreifen. Ich gehöre zu der hitzeempfindlichen Gruppe: Schon ein, zwei Kilometer Fußmarsch oder ein Hauch Sonne reichen, um mich bis auf Hut, Socken, Stiefel, Unterhosen und Shorts zu entblättern. Auf diese Weise hatte ich mich fast jeden Tag seit der Fossil Bay vorwärts bewegt. Doch mittlerweile war ich nicht nur weit in den Mai, sondern auch ziemlich tief in den Canyon gekommen – ich befand mich nur noch knapp 1000 Meter über dem Meeresspiegel. Am Mittag des vorigen Tages hatte mein Thermometer im Schatten 30 °C angezeigt. In der Sonne und auf dem blanken Sand waren es 52 °C gewesen – und natürlich konnte ich so gut wie nie im Schatten laufen. Aber der menschliche Körper ist ein bemerkenswert anpassungsfähiger Apparat, und solange etwas Wind wehte, fühlte ich mich selten allzu unwohl. Hörte der Wind jedoch auf, schlug die Hitze zu.

Gegen Mittag des Tages ließ der Wind plötzlich nach. Die Hitze schlug zu. Und mit einem Mal fiel mir ein, daß ich meine thermostatische Kleiderordnung in der Abgeschiedenheit des Canyon zur logischen Konsequenz führen konnte. Auf der Stelle zog ich mich bis auf Hut, Socken und Stiefel aus.

Nacktheit ist ein angenehmer Zustand. Und sie hält einen erfreulich kühl – besonders, so will mir scheinen, wenn man ein Mann ist. Aber als ich an diesem Nachmittag weiter durch die abgeschiedene Tonto-Welt nach Osten lief (nachdem ich die bislang geschützten Bereiche meiner Anatomie zunächst umsichtig versorgt hatte), stellte ich fest, daß ich mehr gewonnen hatte als Kühle. Ich verspürte eine unerwartete Befreiung, einen neuen Grad der Einfachheit. Einer Einfachheit, die mit der passenden paradiesischen Ursprünglichkeit einherging.

Ohne Zeitdruck, ohne Kamera und ohne Kleidung beobachtete ich meine Umgebung jetzt viel aufmerksamer. Ich sah nicht nur das Netz aus weißen Gangstöcken, die sich wie riesige Krampfadern durch die schwarzen Wände der Inneren Schlucht zogen, um das geschmolzene Herz der Erde zu versorgen. Nicht nur die Höhlen, die sich unerreichbar hoch im Redwall-Gestein öffneten und eine ähnliche Faszination ausübten wie Märchenschlösser in der Kindheit. Ich schaute jetzt auch auf die nahen Dinge. Auf die Winzigkeiten. Auf das Netzwerk des Lebens, das sich, fast unsichtbar, über die spartanische und scheinbar unbewohnbare Fläche des Tonto-Plateaus zog.

Anfangs sah ich nur Formen. Faszinierende und oft wunderschöne Formen, aber immer nur einzelne, nicht miteinander verknüpfte Formen.

Ein Feigenkaktus loderte violett auf nacktem Geröll. Ein Agavenstamm reckte sechs Meter gelber Blütenbüschel in die Höhe, und Hummeln brummten plump mit schweren gelben Pollenbeuteln um die Blütenöffnungen. Ich setzte mich zum Essen hin, und Ameisen kamen, um die Krümel abzuholen: Die großen trugen große Lasten, die kleinen geradezu unglaubliche.

Als ich mich einmal in der Kühle eines Überhangs ausruhte, beobachtete ich, wie ein durchscheinendes, braunes Insekt über die Steine auf mich zukroch. Es war gut einen Zentimeter lang, sechsbeinig, hatte zwei Fühlerantennen und einen spitzen Kopf. Sein Rücken war flach und hatte aufgewölbte Kanten, so daß es wie eine kleine, niedrige Schüssel auf Beinen aussah. Ich sah eine Zeitlang zu, wie es näher krabbelte. Es bewegte sich mit bemerkenswerter Behendigkeit vorwärts. Und irgendein bestimmter, unwiderstehlicher Grund schien es anzutreiben. Beiläufig fragte ich mich, warum es wohl einen so eigenartig geformten Körper besaß. Dann drifteten meine Gedanken ab.

Ein paar Minuten später bemerkte ich ein weiteres Insekt über die Steine kriechen, diesmal in Gegenrichtung. Obwohl von ungefähr derselben Länge, war dieses ein unbeholfenes Geschöpf, kaum fähig, seinen schweren, plumpen Körper vorwärts zu schleppen. Es schien auch nicht die Zielstrebigkeit des ersten zu haben. Doch es hatte ebenfalls sechs Beine. Und zwei Antennen. Und einen spitzen Kopf. Der Kopf kam mir irgendwie bekannt vor, so daß ich mich näher hinbeugte. Und dann sah ich mir den Körper noch einmal an. Er war rund und aufgebläht, aber auch er hatte irgend etwas Vertrautes. Und dann entdeckte ich, daß er mit einer dunkelroten Flüssigkeit angefüllt war. Und schlagartig wußte ich, daß diese Flüssigkeit nicht nur rot, sondern auch warm war. Warmes Säugetierblut. Walisisches Blut. Mein Blut.

Es war Nachmittag auf dem Pfad. Ich hielt mitten im Schritt inne: einen Meter vor meinen Stiefeln lag eine Eidechse. Ich kauerte mich langsam nieder, bis meine Augen nur noch etwa 20 Zentimeter von dem dicken, schwer atmenden Körper entfernt waren. Die Eidechse ließ sich bei ihrem Sonnenbad nicht stören. Ich machte mir geistige Notizen. Auf dem ernsten, geradezu weisen, graubraunen Kopf wölbten sich, eine über jedem Auge, zwei Kuppeln wie ein Paar leicht eingedrückter Iglus. Um den Hals lief ein auffallender Kragen aus blaugrauen und weißen Streifen. Rücken und Seiten waren gesprenkelt, die athletisch schlanken Beine gescheckt, die langen Künstlerfinger der Vorder- und Hinterfüße zeigten warmes Goldbraun, und der Schwanz, der sich fast endlos verjüngte, als weigere er sich, dem leeren Raum Platz zu machen, leuchtete durchgehend in großartigem Gold. Lange Zeit brutzelte die Eidechse japsend vor sich hin, den leicht glasigen Reptilienblick starr nach vorn gerichtet. Dann huschte sie ohne ersichtlichen Anlaß in ein Gestrüpp.

Es war früher Morgen, und die Frische des Tages war noch makellos. Die Klapperschlange lag bauchaufwärts neben dem Pfad, den Kopf fast zu Mus zerdrückt, Magen und ein Stück der Seite bereits von einem Tier mit kleinem Gebiß weggefressen. Ich drehte sie um. Der Rücken war intensiv rosafarben. Ich streckte den Körper aus – er erreichte fast einen Meter. Er war noch nicht steif. Ich untersuchte die Hufabdrücke im Staub und erkannte, daß Wildesel die Täter gewesen waren.[15]

Ich hatte mich im Wildesel-Land befunden, seit ich drüben, jenseits des Apache Point, das abschüssige Ende des Forster Canyon durchquert hatte. Die Esel traten in zwei Varianten auf: entweder gelbbraun mit schwarzen Streifen auf Rücken und Schultern oder durchgehend schokoladenfarben. Alle hatten sie graue Mäuler. Da sie den Tonto Trail durch pure Beinarbeit so schön in Schuß hielten, hatten sie meiner Ansicht nach das Besitzrecht auf das Tonto-Plateau erworben. Ihnen verdankte ich es, daß ich immer – Stunde um Stunde und Tag für Tag – mindestens einen Pfad hatte, dem ich folgen konnte.

Denn oft hatten die Esel nicht nur *einen* Pfad geschaffen, sondern gleich ein ganzes Netz davon. Im allgemeinen war leicht zu erkennen, welcher Spur ich folgen mußte,

---

[15] Reptilienkundler klassifizieren diese rosafarbenen Klapperschlangen des Grand Canyon als eigene Unterart der Prärie-Klapperschlangen *(Crotalus viridis)*. Und sie haben ihnen den angenehm passenden Namen *abyssus* (in Abgründen lebend) gegeben. Ihre benachbarten Vettern – die von den Hopi-Indianern bei ihrem berühmten alljährlichen Schlangentanz als symbolische Götterboten eingesetzt werden – heißen, ebenfalls passend, *nuntius* (Bote).

doch manchmal irrte ich einer hinterher, die von einer störrischen, rechts ausgerichteten Minderheit angelegt worden war, die gern den Abhang hinauf in Richtung Redwall-Formation wanderte. Diese Gehn-wir-doch-den-Berg-rauf-Fraktion erkannte letztlich immer ihren Fehler und schloß sich wieder dem Generalverband an, aber in ihrer Bereitschaft, erneut vom Pfad abzuweichen, blieben sie verstockt. Hier und dort lief ein ganzes Netz von Pfaden an einem kahlgewälzten Staubbad zusammen. Bei einem, an dem zufällig zwei unterschiedliche Arten von Tonto-Schiefer aufeinandertrafen, hatte ich die Wahl zwischen zwei solchen Bädern, einem rotvioletten und einem grünen. Ich schlug beide aus.

Auch bei anderer Gelegenheit brachten sich die Esel in Erinnerung. Mehrmals am Tag bekam ich von irgendwo da draußen in Raum und Stille eine Auswahl ihres großen Repertoires an lebensnahen Geräuschimitationen zu Gehör – es reichte vom Prusten eines magenkranken Obersten bis zum Pfeifen einer Lokomotive. Und gelegentlich überraschte ich einen von ihnen beim Durchstöbern der grünen Büsche und Pappeln, die am Grund der meisten Nebencanyons wuchsen, oder ich begegnete einem, der mit leidender Miene in der grellen Sonne stand.

Solche Begegnungen, wie etwa die mit der Klapperschlange und mit der Eidechse und mit dem blutsaugenden Insekt, waren anfangs nichts als Begegnungen. Nichts als das zufällige Sichkreuzen der Lebenswege zweier Tiere.

Aber nach zwei Tagen auf dem Tonto-Plateau in Festlaune merkte ich, daß ich etwas hinter diesen Begegnungen sah. Ich sah uns alle als auf- und abtretende Akteure in einem langen, langen Tanz. Ich begriff diesen Tanz nicht nur mit dem geringen Fassungsvermögen des Intellekts, sondern verstand ihn so deutlich, daß ich mir seiner fließenden Bewegungen und seines Rhythmus nach einiger Zeit so gewiß war, wie der Begegnungen selbst.

Die Esel waren die zufälligen Zuwanderer aus jüngerer Zeit, hergebracht von Männern wie William Bass. Geschöpfe, die im Canyon, und speziell entlang des Tonto-Plateaus, eine leere oder nur spärlich besetzte Nische vorgefunden hatten, in der sie leben und gedeihen und sich vermehren konnten – selbst angesichts einer dümmlich-beschränkten Nationalparkpolitik, die sie einmal sogar auszurotten versucht hatte. Und sie waren Wirte, die es hauptsächlich kleinen Insekten mit flachen Blutbehältern auf dem Rücken ermöglichten, diese Behälter ausreichend oft zu füllen, damit sie überlebten. (Offensichtlich geschah es nicht sehr oft, daß diese Insekten – heißa hoppsa – das Blut eines schwitzenden Walisers zu schnuppern bekamen.)

Und auf meine wirre keltische Weise begann ich noch andere Zusammenhänge deutlich zu erkennen:

Ich sah die Agave als Teil des grünen Mutterbodens des Lebens auf der Erde. Als Teil jener Pflanzenwelt, die die Sonnenenergie für diesen Planeten einfängt, sie speichert und an Insekten weitergibt, die nektarsaugend um ihre gelben Blüten schwirren, genauso wie an andere Tiere, die sich von anderen ihrer Teile ernähren, wie etwa bestimmte Eidechsen oder wie ein herumstöbernder Wildesel oder wie eine Gruppe Supai-Indianer, die um eine Meskalgrube herumhockt. Ein Wildesel oder ein Indianer, der seinerseits wieder die Blutbehälter von Insekten füllt, die wiederum Eidechsen nähren, die wiederum Klapperschlangen nähren, die wiederum etwas anderes nähren …

Anders gesagt: Während ich, fast so nackt wie die anderen Tiere, auf dem Tonto-Plateau nach Osten wanderte, fing ich an, alles um mich herum als komplexes, ineinandergreifendes Lebensgeflecht zu begreifen.

Und dieses Geflecht erstreckte sich auch in die Zeit.

Ich sah das Rosa der Klapperschlange als das Ergebnis einer unendlich langsamen, aber unbeirrbaren Selektion, die während der vergleichsweise kurz zurückliegenden zwei oder drei Millionen Jahre stattgefunden hatte, in denen der Canyon allmählich seine heutigen Ausmaße annahm. Einer Selektion, die Individuen begünstigte, die zufällig rosa geboren waren. Denn weil ihre Farbe mit dem vorherrschenden Rosa des Canyongesteins verschmolz, entkamen diese Exemplare häufiger der Aufmerksamkeit ihrer Feinde, lebten darum oft länger als ihre andersfarbigen Artgenossen und konnten daher wiederum mehr Nachwuchs in die Welt setzen – der seinerseits immer häufiger rosa war.

Die Eidechse sah ich jetzt nicht mehr nur als einzelnes Lebewesen, sondern als eine Lebensform, die mithalf, die Entwicklung einer Spezies voranzutreiben, als einen Zweig an einem Ast des Lebens, der – soweit wir Säugetiere das abschätzen können – eine erfolgversprechende Zukunft hat.

Ich sah, daß so einseitige Wesen wie die kleinen Blutbehälter auf Beinen (die sich vermutlich von nichts anderem als von ihrer Lieblingsspeise ernährten), kaum hätten erfolgreich sein können, bevor nicht warmblütige Säugetiere wie Backenhörnchen oder Wildesel oder herumstromernde Waliser eine halbwegs sichere Lebensgrundlage gefunden hatten.

Und ich sah die blühende Agave als Neuling der Pflanzenwelt. Denn leuchtend gefärbte Blüten hätten sich nicht erfolgreich entwickelt, wenn es keine Insekten gegeben hätte, die sich von diesen leuchtenden Farben hätten anlocken lassen. Nun gibt es wahrscheinlich seit, sagen wir, 400 Millionen Jahren Pflanzen auf den Kontinenten der Erde – das heißt, sie kamen auf, bald nachdem sich der

Schlamm abgelagert hatte, der heute der Schiefer des Tonto-Plateaus ist. Insekten, die in der Lage sind, Pflanzen durch ihr Hinundherfliegen bei der Suche nach Nektar regelmäßig zu bestäuben, traten erst vor rund 180 Millionen Jahren auf – also nach der Entstehung des weißen Kalksteins, der den gegenwärtigen Rand des Canyon bildet. Bald danach (zehn oder meinetwegen 30 Millionen Jahre später) begannen sich folgerichtig Blütenpflanzen durchzusetzen. Sie sind also eher Neulinge in der Welt der Pflanzen.

Doch vielleicht schummele ich, wenn ich – beim Versuch, zu vermitteln, wie sich mir die Dinge während der heißen und rhythmischen Tage auf dem Tonto-Plateau darstellten – diese biologischen Details anführe. Denn ich glaube nicht, daß ich damals sehr bewußt über dieses komplexe Zeitgeflecht nachdachte – ich empfand es mehr. Ich empfand mich selbst als wesentlichen Bestandteil von allem, was um mich herum vorging. Empfand das mit einer einfachen und schnörkellosen Gewißheit, wie ich sie nie zuvor erlebt hatte.

Es war Mittag, und ich war verschwitzt und müde und hungrig. Der Tonto Trail bog wieder mal einen knappen Kilometer weit in einen Nebencanyon ein und wand sich dann steil rund 30 Meter in eine rauhe und glutheiße Landschaft hinab. Vor mir liefen zwei Klammen aufeinander zu. Nirgendwo entdeckte ich einen Hinweis auf das Wasser, mit dem ich gerechnet hatte. Ich trottete die östlichere der beiden Klammen hinauf. Der Karte zufolge hieß sie Boucher Creek. Kein Windhauch drang in diese Senke vor. Die Hitze drückte auf mich herab, als hätte sie sich plötzlich mit der Schwerkraft verbündet. Das Gewicht meines Rucksacks machte mir zu schaffen. Und dann, ganz unvermittelt, glitzerte ein Streifen klaren Wassers auf nacktem Fels. Mit leichten, beschwingten Schritten stieg ich neben ihm nach oben. Der Streifen wurde breiter. Noch 800 Meter weiter, und ich fand im Schatten einiger grüner Uferbüsche einen Lagerplatz. Bald darauf lag ich, nackt und erfrischt, ausgestreckt auf meinem Schlafsack.

Der kleine Bach, der kaum breiter als 25 Zentimeter war, murmelte und plätscherte so nah vorbei, daß ich, wann immer ich wollte, nur die Hand auszustrecken brauchte, um einen Becher kühles Trinkwasser herauszuschöpfen. Sehen konnte ich von hier aus nur grünes Laubwerk und dahinter eine Andeutung gleißenden Gesteins. Das und den funkelnden Bach und die seltsam buckligen, blaugrauen Steine, über die er floß. Zu hören war nichts als das Murmeln des Bachs und das träge Summen von Insekten und einmal das Trompeten eines Esels in der Ferne.

Den Rest des Tages verdöste ich weitgehend im Schatten der Büsche auf meinem Schlafsack (denn ich wußte jetzt, daß ich, sofern nichts Unvorhergesehenes passierte, problemlos zur Phantom Ranch kommen würde, ehe meine Vorräte verbraucht waren). Und während die Stunden dahinzogen, merkte ich, daß ich – beinahe schon körperlich – ein Teil der grünen und schattigen kleinen Welt geworden war, die im Augenblick alles darstellte, was ich kannte: der große, halb vergrabene Stein, der einen Knick im Bachlauf verursacht hatte; der Brocken, über den der Bach hinabstürzte, so daß sich darunter ein Becken gebildet hatte, das für wenigsten eine Kröte ein Zuhause war; der Streifen Kies neben dem Bach, der so tief lag, daß er halb überspült wurde und am Rand lauter weiße Alkaliflecken hatte.

Es vergingen wohl mehrere Stunden, ehe ich wirklich über die seltsam buckligen, blaugrauen Steine nachdachte, über die der Bach floß. Und es dauerte noch eine Weile, bis mir klar wurde, daß sie von dem alkalischen Bachwasser geschaffen worden waren, ähnlich wie der Havasu Creek sich seine Travertin-Katarakte geschaffen hatte.

Bald darauf versuchte ich, diesen Platz mit dem Blick der anderen Lebewesen zu sehen, die ihn nutzten. Mit dem Blick des Esels, dessen heraustrompetete Beschwerde ich gehört hatte, und mit dem Blick der Kröte, die sonnenbadend am Rand ihrer Schwimmbadwohnung lag, und sogar mit dem Blick der Insekten, deren träger Gesang das Gebüsch zu einer Freilichtoper machte. Ich erkannte, daß der Bach all diesen Tieren – und besonders den Insekten, da sie zu Tausenden innerhalb einer Zeitspanne lebten und starben, die selbst nach menschlichen Maßstäben kurz war – notwendigerweise unveränderlich vorkommen mußte. Das langsame Wachstum der blaugrauen Steine, das den Bach millimeterweise über das Niveau des umgebenden Bodens steigen ließ und den Kiesstreifen überflutete, nahmen sie ganz sicher nicht wahr. Und die meisten von ihnen erlebten auch die immensen Veränderungen nicht, die alle paar Jahre durch Unwetter ausgelöst wurden, die irgendwann selbst den Steinblock, der den Bachknick verursacht hatte, davonspülen würden. Doch uns Menschen fallen solche Veränderungen sehr wohl auf, selbst wenn wir in eine scheppernde Zivilisation eingebunden sind, in der die gemächlichen Rhythmen übertönt werden. Sie fallen uns nicht so sehr auf, weil wir länger leben – obwohl das auch eine Rolle spielt –, sondern weil wir seit einiger Zeit mit einer revolutionären, wenngleich immer noch in den Anfängen steckenden Methodik ausgestattet sind, die wir logisches Denken nennen.

Dieser träge Nachmittag am blaugrauen Bachbett des Boucher Creek brachte meine Reise wieder ein Stück voran. Denn danach begriff ich die Geschichte des Gesteins. Ich begriff, daß an dieser Geschichte immer noch ge-

schrieben wurde und daß ich mitten durch sie hindurchlief. Und daß ich das schon immer getan hatte.

Und ich begann endlich, die Lehrstücke, die der Canyon schon die ganze Zeit vor mir zum Lesen ausgebreitet
hatte, miteinander in Beziehung zu setzen. Manche von
ihnen waren Kindergarten-Lektionen, so minimiert, daß
sie ohne weiteres in den Rahmen unseres täglichen Lebens paßten.

Eine dieser einfachen Lektionen von vor drei Wochen
schob sich jetzt verspätet und unerwartet in mein Blickfeld. Ich sah wieder den Fliegenpilzstein vor mir, den ich
auf der Esplanade fotografiert hatte: ein Felsblock, der
genau wie ein drei Meter hoher, rotbrauner Fliegenpilz
aussah – am Fuß so dünngeschliffen, daß man sein Umkippen jeden Moment erwartete, und oben in einen massiven runden Eßtisch auslaufend. Doch nun sah ich nicht
mehr eine beeindruckende Kuriosität oder ein zufälliges, fotogenes Gebilde darin, sondern den Beweis für die
Schmirgelkraft des Sandes, der jahrhundertelang dicht über
den Boden geweht wurde – desselben Sandes, der sich dick
und rot in meinen Kochtöpfen sammelte, wenn ich sie
nicht abdeckte. Mit anderen Worten: Der statische Fliegenpilzstein wurde zu einer lebendigen Lektion. Zum handfesten Beweis für einen geologischen Vorgang. Zu einem
Beweis, der sich mit dem Verstreichen der Zeit veränderte und das auch getan hatte, als ich vor ihm stand und
ihn fotografierte.

Am nächsten Vormittag kam ich schon früh an den
Travertine Creek und sah – was sonst – große, runde Platten aus rotbraunem Travertin, die mitten in seiner Klamm
lagen. Die Stelle war völlig ausgedörrt, aber es fiel mir inzwischen leicht, mir einen blaugrünen Bach auszumalen,
der der Inneren Schlucht entgegenströmte, genau wie der
Havasu Creek es nach wie vor tat. Seinerzeit hatte dieser

Bach ebenfalls runde, porzellanweiße Becken erschaffen. Dann war er aufgrund einer zufälligen geologischen oder klimatischen Veränderung verschwunden, und die weißen Becken waren zu knochentrockenen, rotbraunen Platten oxidiert.

Und als ich später an diesem Tag den Monument Creek überquerte und die 30 Meter hohe Säule sah, der er seinen Namen verdankte, sah ich nicht nur eine Laune der Natur, sondern auch ihre Vergänglichkeit. Wahrscheinlich war diese Säule nicht allzu lange vor der Entstehung des Menschen aus ihrer Nebencanyonwand herausgelöst worden, und sie würde wohl nicht lange Bestand haben: Von einem Jahrtausend zum andern konnte sie umkippen.

Das waren natürlich alles leicht zu begreifende Dinge. Ich blickte zu den glatten und kurvigen Wänden der Redwall-Formation und zu den Kuppen und Mesas und Minaretten hinauf, die über ihnen aufragten, und dachte daran, daß der heiße Nachmittag am Boucher Creek zwischen den summenden Insekten für mich die Unerschütterlichkeit der »ewigen Hügel« aufgehoben hatte. Auch sie bildeten – während sie sich just in diesem Moment veränderten – nur einen vorübergehenden Abschnitt in einem Prozeß, den nichts stoppen kann.

Am Tag, an dem ich den Bass Trail hinuntergelaufen war, hatte sich mir ein Kapitel der Canyon-Autobiographie entzogen. Vor Beginn meiner Tour hatte ich in Büchern von der »Großen Uneinheitlichkeit« *(Great Unconformity)* gelesen, wie die Geologen sie nennen. Offenbar gab es zwischen zwei Gesteinsformationen eine große zeitliche Lücke. Obwohl ich diese Worte noch im Kopf hatte, hatten sie mir so wenig vermittelt, daß ich nicht einmal deutlich wahrnahm, wo diese Lücke auftrat. Doch gegen Ende meines Vier-Tage-Marschs über das Tonto-Plateau sah ich, da meine Augen nun offen dafür waren, sah ich diese Große Uneinheitlichkeit als einfache, unbestreitbare Tatsache jedesmal, wenn ich die Innere Schlucht sah.

Denn die schwarzen, deformierten Felsen, die steil aus dem Wasser emporsteigen, enden alle abrupt kurz vor der Schluchtkante. Eine horizontale Linie schneidet die qualvoll verformte Schieferschicht ab, und auf dieser Linie liegt – wie eine riesige, flache Schicht Streusel auf einer angeschnittenen Brombeertorte – eine Platte aus homogenem braunem Sandstein. Dieser sogenannte Tapeats-Sandstein läuft in einer gleichförmigen, 80 Meter dicken und fast ununterbrochenen Schicht 100 Kilometer die Innere Schlucht entlang. Als ich den Bass Trail hinabgelaufen war und dabei Gesteinsschicht um Gesteinsschicht durchquerte, hatte ich den Tapeats-Sandstein instinktiv als alte, aber vergleichsweise unbeeinträchtige Felsformation wahrgenommen. Und der Instinkt war richtig gewesen: Dieser Sandstein war noch nicht dem ungeheuren Druck der Zeit ausgesetzt gewesen, der den darunter liegenden Schiefer zerquetscht und verformt hatte. Tatsächlich liegen zwischen der Entstehung des Schiefers und der des Sandsteins 500 Millionen Jahre.

Ich will gar nicht so tun, als hätte mir das damals schon viel gesagt: 500 Millionen Jahre. Jedenfalls nicht als endliche Zeitspanne. Doch während ich Tag für Tag das Tonto-Plateau entlanglief und dabei die braune Streuselschicht des Tapeats-Sandsteins auf der anderen Seite der Inneren Schlucht immer geradezu aufdringlich vor mir sah, dämmerte mir allmählich, was sich ereignet hatte.

Der Schiefer, der heute alles ist, was man in der Inneren Schlucht sehen kann, ist der Grundstock uralter Berge, die nach Aussage von Geologen einst so hoch waren wie heute die Alpen. Und während der 500 Millionen Jahre starben diese Berge. Sie wurden abgetragen – Brocken für Brocken fiel hinab, der Wind riß ein Körnchen nach dem anderen mit sich, ein Molekül nach dem anderen ging im Regen auf –, bis die Berge flach und eben waren. Dann wurden auf dieser Fläche neue Steine abgelagert (die man in manchen Gebieten des Canyon noch sehen kann) und als neue Berge emporgehoben, nur um selbst auch wieder abgetragen zu werden, so daß die flache, gleichmäßige Oberfläche des alten Gesteins schließlich wieder freilag. 500 Millionen Jahre lang. Dann versank diese Ebene durch den zufälligen Gang der Dinge in einem flachen Meer. Und dieses Meer bedeckte die Ebene ziemlich schnell – vielleicht in einer Million Jahre – mit hellbraunem Sand. 80 Meter dick. Und dann veränderte der Zufall erneut das Antlitz der Erde, so daß auf diesem Meeresboden jetzt nicht mehr sauberer, körniger Sand abgelagert wurde, sondern dicker, weicher Schlamm, den ein Fluß herantrug. Schlamm, der manchmal violett und manchmal grün war, je nachdem welche Art Erdreich der Fluß gerade auf seinem langen Weg abtrug. Und nach entsprechend langer Zeit wurde dieser Schlamm zu dem violetten und grünen Schiefer, der heute das Tonto-Plateau bildet. Inzwischen hatten Druck, Wasser und Zeit den begrabenen Sand zu Sandstein gebacken. Zu einem braunen, homogenen Sandstein, der jetzt beredt und anschaulich von der Zeitlücke berichtete, die zwischen ihm und dem deformierten schwarzen Gestein klaffte, auf dem er ruhte. Von 500 Millionen Jahren.

Kurz darauf fiel mir ein, daß ich eine Meßlatte besaß, auf der ich diese 500 Millionen Jahre abstecken konnte. Eine Meßlatte, die nichts mit Zahlen zu tun hatte. Denn zufällig lagen ebenfalls 500 Millionen Jahre zwischen der Entstehung der Tapeats-Sandstein-Streuselschicht und meiner Wanderung durch den Grand Canyon. Und um zu erfahren, was in *diesen* 500 Millionen Jahren passiert war, mußte ich lediglich in die Runde und nach oben schauen. Ich sah das Grün und Violett des Bright-Angel-Schiefers[16]. Darüber sah ich die 180 Meter des Redwall-Kalks, der durch das Leben und Sterben und Auf-den-Grund-Sinken winziger Muscheln in einem späteren Meer entstanden war. Wieder darüber sah ich die rote Schicht, der ich auf der Esplanade und um die Fossil Bay herum bis zum Bass Trail gefolgt war; Schiefer und Sandstein wechselten sich auf fast 300 Meter Dicke in ihr ab. Noch höher sah ich den braunen, vom Wind geglätteten Sandstein, der einst als Dünen durch Wüsten geblasen worden war – ich hatte ihn am Hualpai Hilltop durchquert, und aus ihm hatte auch die kleine Grotte am Bass Trail bestanden. Und als Sahnehäubchen konnte ich ganz obendrauf die weißen Kalksteinfelsen sehen, die den Canyonrand bildeten.

Doch ich wußte, das war erst die halbe Wahrheit. Ziemlich genau die halbe. Der weiße Kalk des Rands hatte sich vor über 200 Millionen Jahren gebildet. Also etwa in der Mitte des Zeitabschnitts, der seit der Entstehung des Tapeats-Sandsteins vergangen war. Doch das Gestein hatte nicht immer die oberste Schicht gebildet. Andere Formationen hatten sich darübergelegt – und waren im Lauf der Zeit von Wind und Wasser wieder abgetragen worden, bis sie ganz verschwunden waren, fast als hätten sie nie existiert. Und nachdem all dies passiert war, hatte der Colorado – in dem sieben Millionen Jahre dauernden Bruchteil eines Wimpernschlags – den Grand Canyon erschaffen.[17]

---

[16] siehe Aufriß S. 10.

[17] Jene oberen Formationen sind eben nur *fast* verschwunden, als hätten sie nie existiert. Ein paar Kilometer vor der Südkante des Canyon gibt es zwei einzeln und weit auseinander stehende Anhöhen namens Red Butte und Cedar Mountain. Diese Erhebungen, die auf demselben weißen Kalk

Doch in diesen 500 Millionen Jahren war noch mehr passiert.

In der Zeit, als die Sandkörner, aus denen der Tapeats-Sandstein besteht, einen vorzeitlichen Strand bildeten, war die komplexeste Lebensform auf der Erde ein kleines Meerestier, das Trilobit genannt wird. Es ist längst ausgestorben, aber Fossilien lassen darauf schließen, daß es wie eine übergroße Kellerassel oder wie ein kleiner und vereinfachter Pfeilschwanzkrebs aussah. Die Trilobiten waren ihrer Zeit so weit voraus (das heißt erheblich überlebensfähiger als ihre Konkurrenten im Lebenskampf), daß sie die Weltmeere offenbar sowohl größen- als auch zahlenmäßig beherrschten. Während der folgenden 500 Millionen Jahre entwickelten sich diese Trilobiten, ohne dabei größer oder viel komplexer zu werden, zu landbewohnenden Skorpionen und pollenschleppenden oder blutsaugenden Insekten. Doch andere Lebensformen, die damals noch viel einfacher und weniger entwickelt waren, entwickelten sich auf verschiedenen Wegen zu Fischen und Fröschen und Kröten und Eidechsen und Klapperschlangen und Kolibris und Backenhörnchen und Wildeseln und zu Menschen, die Dämme und Städte errichte-

ruhen, der die Canyonkante bildet, bestehen zum größten Teil aus deutlich abgegrenzten Schichten roten Sandsteins beziehungsweise Schiefers. Beinahe identisches Gestein findet sich auch in großen Gebieten nördlich und östlich des Grand Canyon, und es gilt als ziemlich sicher, daß es einst als geschlossene Formation die gesamte Region bedeckte. Dann müssen sich die Verhältnisse dort geändert haben, und zwar gerade so lange, daß Wind und Wasser diese Schicht wieder abtragen konnten. Die bruchstückhaften, aber überzeugenden Beweise dafür, daß diese Schicht tatsächlich existierte, blieben am Red Butte und am Cedar Mountain durch Zufall erhalten: Das weiche, rote Gestein wurde bei ersterem durch eine harte Lavaschicht und bei letzterem durch ein Konglomerat vor der Erosion bewahrt. Diese schützenden Schichten bedecken die beiden Erhebungen heute noch.

ten und es gelegentlich notwendig oder ratsam oder vielleicht sogar merkwürdig unvermeidbar fanden, Rucksäcke auf ihre Rücken zu laden und ihre Städte hinter sich zu lassen.

Die Abfolge dieser Ereignisse zeigte sich mir ganz anschaulich, während ich das Tonto-Plateau entlanglief und auf die Große Uneinheitlichkeit blickte, die so deutlich zwischen dem schwarzen, deformierten Schiefer der Inneren Schlucht und der einheitlichen braunen Streuselschicht des Tapeats-Sandsteins zu erkennen war. Und wenngleich diese Ereignisse mir nichts Exaktes über die Bedeutung des Begriffs »500 Millionen Jahre« vermitteln konnten, so bildeten sie doch eine Art Prüfstein, mit dessen Hilfe ich die ungeheure Dimension so eines Zeitraums erspüren und anfangen konnte, sie in anschaulichen erdgeschichtlichen Begriffen zu erfassen.

Nackt und frei auf dem Tonto-Plateau akzeptierte ich vollkommen, daß die Welt des Gesteins so dynamisch ist, wie die ganze übrige Welt, die wir kennen. Denn jetzt war ihr Rhythmus für mich genauso wirklich wie der gleichmäßige Ablauf der Sekunden, die auf meiner Armbanduhr vorübertickten. Ja, als ich anhielt, um darüber nachzudenken, entdeckte ich zu meiner Überraschung, daß der Rhythmus der Steine mir im Augenblick wirklicher vorkam als der Rhythmus der Zivilisation, die vermutlich jenseits des Randes immer noch existierte.

Der Rhythmus des Gesteins ist sehr langsam, das ist alles. Der Minutenzeiger seiner Uhr bewegt sich in Millionen-Jahres-Schritten. Aber er bewegt sich. Und ihr Sekundenzeiger bewegt sich mit dem unaufhörlich erodierenden Tröpfeln einer Sickerquelle, mit dem pieksenden Flug von Sandkörnern an einem grauen, windigen Abend, mit dem partikelweisen Anwachsen von weißem Travertin in warmen, blaugrünen Gewässern – mit denselben tickenden Sekunden, die unsere Uhren uns zeigen. Und wenn man aufmerksam hinhört – wenn man körperlich und geistig lange genug in Raum, Stille und Einsamkeit eingetaucht ist –, dann entdeckt man, selbst wenn man gar nicht darauf aus ist, einen Hauch von Vertrautem in diesem Rhythmus. Man erinnert sich, daß man diesen Pulsschlag mit Punkt und Kontrapunkt schon einmal gehört hat – er pulste durch die unabänderliche Vorwärtsbewegung des Flusses und der Wanderung, der Arten und des abgeschiedenen Indianerdorfs, der Eidechse und der blühenden Pflanze und des querköpfigen Unzufriedenen aus Indiana. All diese Welten bewegen sich vorwärts, jede mit ihrer eigenen Geschwindigkeit, aber in Einklang mit dem einzigartigen Grundrhythmus des Universums.[18]

Am Tag bevor ich die Phantom Ranch erreichte, tauchten erste Anzeichen des Menschen auf. Hermit Camp war eine verlassene Ferienranch, die die Wüste wieder zurückeroberte. Kurz danach traf ich auf das erste Nationalparkschild, das ich seit Supai zu Gesicht bekam. Und bald waren da noch mehr Fossilien in spe: ein Stück zerfranstes, sonnengebleichtes Seil, ein Hufeisen, ein rostiger Eisenofen, der friedlich auseinanderfiel. Nicht lange, und es zog sich sogar ein Telefonkabel abstruserweise nach Indian Garden hinunter (wo die Havasupai in ihren leben-

---

[18] Tun Sie den »einzigartigen Grundrhythmus des Universums« bitte nicht als Affektiertheit eines Träumers ab, der zu lange nichts mit der »Realität« zu tun hatte. Ich habe diese Wendung – mit Dank – aus der Abhandlung eines sehr realistischen Mathematikers entwendet (G. J. Whitrow, *The Natural Philosophy of Time*, 1961). Ich las das Buch erst, nachdem ich aus dem Canyon zurück war, doch diese Formel umfaßt genau das, was ich auf meine wirre Art während dieser heißen, rhythmischen Tage empfand.

digeren Tagen gelegentlich gelagert haben sollen und wo-
der Tonto Trail den belebten Touristenpfad kreuzt, der
vom Canyonrand zur Phantom Ranch führt).

Wenn ich jetzt zum Canyonrand hochsah, dann wußte ich auf eine irgendwie distanzierte und blasse Weise,
daß auf ihr eine feste Straße entlangführte. Da oben, so
akzeptierte ich halbherzig, stiegen Touristen aus ihren
Wagen, um sich von ihrem ersten Blick auf den Canyon
das Bewußtsein erweitern zu lassen – oder um nach einem
schnellen Blick in die Runde auf die Uhr zu sehen und
festzustellen, daß es im Hotel schon Essen gab.

Noch ein paar Stunden, und ich würde – jetzt bedau-
erlicherweise halbwegs bekleidet – durch von Touristen
aufgewirbelten Staub laufen. Als nächstes kam die zer-
knüllte Verpackung eines Schokoladenriegels. Dann, als
ich schon in Sichtweite der grünen Bäume von Indian
Gardens war, das Winseln eines Generatorhäuschens. Und
schließlich sah ich einen Mann auf einem Stein sitzen,
der sich gerade die Stiefel auszog.

Ich folgte dem breiten und staubigen Maultierpfad bis
zum Colorado hinunter und überquerte eine Hängebrük-
ke. Und an diesem Abend speiste ich an einem Tisch von
einem Teller und schwatzte mit anderen Besuchern der
Phantom Ranch – dem einzigen Ausflugsort im Canyon,
der noch bewirtschaftet wird, dem einzigen Überbleibsel
einer Entwicklung, die ein dickschädeliger Unzufriedener
aus Indiana 70 Jahre zuvor in Gang gesetzt hatte, als er
die erste Touristengruppe seinen Pfad hinunter zu seiner
Kabel-Gondel führte oder sie von der kleinen Bucht aus,
in der sein Boot lag, über den Fluß ruderte.

Leben

Ich hätte natürlich wissen müssen, daß die Phantom Ranch mich wieder in die Gegenwart zerren würde.

Die meisten Leute kommen direkt aus der Welt jenseits des Rands an diesen stillen und abgeschiedenen Ort und erleben ihn darum im allgemeinen als etwas Weihevolles. Eine großstädtische, attraktive Blondine aus New York, mit der ich kurz nach meiner Ankunft sprach, sagte mit gedämpfter Stimme: »Hier ist man wirklich am Ende der Welt, nicht?« Aber für mich war die Ranch natürlich in Watte gepackte Zivilisation: frische Lebensmittel, Strom, Swimmingpool, Gespräche, Post, Schreibmaschine – sogar ein Telefon gab es. Und an der Schreibmaschine und am Telefon schlug ich mich mit genau denselben organisatorischen Einzelheiten herum, die unser Alltagsleben vollstopfen. In der ganzen Woche, die ich auf der Ranch verbrachte, lebte ich daher ein merkwürdiges Zwischen-Leben. Und als ich wieder in den Canyon hinauswanderte (hinterher fiel mir auf, daß ich die Phantom Ranch gar nicht als »im« Canyon liegend ansah), da war er nicht mehr derselbe.

Aber natürlich hatte er sich nicht verändert. Anfangs lief ich weiter das Tonto-Plateau entlang, zwischen Redwall-Formation und Innerer Schlucht in meiner eigenen, isolierten Welt. Ich lief weiterhin nackt durch Raum und Stille und Einsamkeit. Und die Sonne brannte auch immer noch herab und wurde von Tag zu Tag heißer.

Und auch die Schönheit war noch da. Ornamente aus Stein hingen wie abstrakte Bilder in offenen, sonnendurchfluteten Galerien. Ein Reh preschte über die Plattform davon und bewegte sich einen Moment lang in vollkommener Harmonie mit den dahinjagenden Wolkenschatten. Ein Kolibri verwechselte meinen orangefarbenen

Schlafsack mit einer Riesenblüte und tauchte sein Stilett von Schnabel auf der Suche nach Nektar allerliebst in seine Falten. Doch solche Szenen hatten jetzt etwas Statisches, wie eine Serie von Standbildern, die nichts miteinander zu tun hatten. Ich erkannte sie nicht mehr als Verbindungsstücke einer komplizierten Kette, die bis zu den Wurzeln der Zeit zurückreichte.

Und während ich lief, spürte ich den Pulsschlag der langsamen Rhythmen des Canyon nicht mehr. Der braune Tapeats-Sandstein erstreckte sich immer noch Kilometer um Kilometer oben an der Inneren Schlucht entlang. Aber die »500 Millionen Jahren« zwischen ihm und dem schwarzen Schiefer darunter machten keinen Sinn mehr. Er blieb eine Streusel-Kuriosität. Früh eines Morgens fand ich neben dem Tonto Trail ein Stück violetten Schiefer, der mit wurmartigen Versteinerungen überzogen war. Sie traten deutlich hervor, so plastisch gekrümmt, als hätte Michelangelo sie geschnitzt. Doch es kam keine Botschaft aus uralter Zeit bei mir an. Das Stück Schiefer blieb einfach ein Sammlerstück für das Archiv. Ich fotografierte es und zog weiter.

Ich glaube, die Fotografie stellte allein schon eine Barriere dar. Eine der organisatorischen Aufgaben, die mir die Woche auf der Phantom Ranch vollstopften, hatte darin bestanden, eiligst eine neue Kamera aus San Francisco zum Canyonrand und von dort per Muli zur Ranch bringen zu lassen. Und als wolle sie die verlorenen Tage zwischen Bass und Phantom wieder wettmachen, saß mir die Kamera noch tyrannischer im Nacken als je zuvor.

Es gab auch noch andere Barrieren. Ich mußte feststellen, daß mir im Lauf meiner Woche zivilisierten Lebens die Routinehandlungen der Wildnis ein Stück weit abhanden gekommen waren. Und nun stand mir eine neue körperliche Herausforderung bevor. Für die ersten anderthalb Tage nach der Phantom Ranch rechnete ich nicht damit, auf Wasser zu stoßen. Drei oder vier Tage danach, wenn das Tonto-Plateau abrupt auslief, würde ich in unwirtliches Gelände kommen. Und am achten Tag mußte ich an einer weiteren Abwurfstelle sein. Wie auf der Esplanade verbrachte ich zu Anfang also viel Zeit damit, mir eine Flut von Fragen zu stellen und zu beantworten, die alle aus einem Terminkalender hätten stammen können: »Wie viele Stunden noch bis zum Grapevine Creek?« »Komme ich mit dem Wasser hin?« »Ist die Trockenmilch tatsächlich fast alle?« »Wenn ich an dem Uferstreifen nicht durchkomme, schaffe ich es dann noch bis zum Abwurf?«

Doch ich will nicht den Eindruck erwecken, daß die Gegenwart mich so sehr bedrängte, wie sie es auf der Esplanade getan hatte. Immerhin war ich nun schon einen Monat unterwegs. Als Harvey Butchart extra zur Phantom Ranch kam, um über den weiteren Verlauf der Strecke zu sprechen, warf er einen Blick auf meine Mittelpartie, grinste und sagte: »Mann, 10 Kilo haben Sie ja schon locker weg.« Und daß ich wieder fit und abgehärtet war, hieß auch, daß mich viele der banalen, aber hartnäckigen Einzelheiten, die die allerersten Tage aufgezehrt hatten, nicht mehr belästigten. So benutzte ich zum Beispiel jenseits der Phantom Ranch die einst so kostbaren Moleskin-Flicken nur noch einmal – zum Verkeilen einer losen Verbindung zwischen Stativ und neuer Kamera.

Es dauerte nur etwa einen Tag, bis ich zu meiner reibungslosen Wildnis-Routine zurückgefunden hatte, aber dennoch wurde mir bald schmerzhaft bewußt, daß die Woche auf der Phantom Ranch mich zurückgeworfen hatte. Es vergingen fünf Tage, ehe es mir gelang, mein Denken wieder auf den Canyon auszurichten.

Zwei Tage lang eilte ich auf dem Tonto Trail ostwärts, fotografierte reichlich und sah nur die Oberfläche der

Dinge. Am dritten Tag folgte ich einem abkürzenden Pfad, der zur Redwall-Formation hinauf und über sie hinweg führte. Oben – auf der Horseshoe Mesa – fand ich die Überreste eines alten Schürferlagers. Zwei Stunden lang wanderte ich zwischen den paar windschiefen und schwankenden Gebäuden herum. Ich untersuchte rostige Maschinen. Ich nahm scharfe Hinterlassenschaften in die Hand: blaue Glasscherben, einen zerbrochenen Teller, eine kaputte Kerosinlampe. Ich blickte lange und nachdenklich auf viele verzogene und verwitterte Balken und hörte zu, wie sie im Wind knarrten. Doch obwohl der Ort kaum 60 Jahre tot war, weigerte er sich, lebendig zu werden. Ich vernahm keine Echos und begegnete keinen Schemen, die über die ausgetretenen Schwellen glitten.

Am vierten Tag öffnete sich wenigstens ein Spalt in der glatten Oberfläche der Gegenwart. Ich hatte in dem ausgetrockneten Wasserlauf eines Nebencanyon übernachtet. Ich erwachte im Zwielicht und sah links oberhalb von mir eine senkrecht aus dem Bachbett ragende, zweieinhalb bis drei Meter hohe Erhebung, die bei einer Überschwemmung aus dem Canyonboden gefräst worden sein mußte. Und während ich dalag und zusah, wie das Tageslicht den Sand und die Steine und Felsbrocken, aus denen sie bestand, sichtbar werden ließ, wurden die Fluten, die sie geschaffen hatten, plötzlich so wirklich, daß ich fast sehen konnte, wie die letzten Sandkörner in das ablaufende Wasser tröpfelten. Meine Vision verschwand zwar schnell wieder. Das Entscheidende war aber, daß ich sie überhaupt gehabt hatte. Sie deutete einen Umbruch an, sie war ein Versprechen.

Am Abend des fünften Tages wurde das Versprechen eingelöst.

Es gab sicher viele Faktoren, die dazu beitrugen. Bis jetzt hatte ich alle körperlichen Aufgaben dieser Woche bis auf eine gemeistert. Und ich hatte die Vorherrschaft meiner neuen Kamera gebrochen. Vor allem aber war ich fünf Tage lang durch Stille und Einsamkeit gelaufen. Und an jedem einzelnen dieser besonnten Tage hatten die Stille und Einsamkeit mich umschmeichelt und mich – fast körperlich – wieder in die friedliche Welt hineingesogen, durch die ich an den langen, rhythmischen Tagen auf dem Tonto-Plateau gelaufen war, ehe ich zur Phantom Ranch hinunterging. Am Abend dieses fünften Tages brachte mich ein unvermuteter Adrenalinschub wieder an die Schwelle dieser Welt. Und eine überraschende Begegnung stieß mich schließlich ganz in sie zurück.

Am Abend vorher hatte ich an den Hance Rapids gelagert. Diese Wasserfälle markieren die Stelle, an der das Tonto-Plateau sich endgültig verliert. (Sie markieren außerdem die östliche Grenze des Wildesel-Territoriums. Die Ausbreitung der Esel nach Osten scheint entweder durch die Unwegsamkeit des Geländes dort oder durch einen krassen Vegetationswechsel, der ihnen die Nahrungsgrundlage entzog, verhindert worden zu sein.) Die einzige Route, die Harvey Butchart jenseits davon kannte, beinhaltete ein mindestens zweitägiges Gekraxele über schmale, stark deformierte Terrassen, die sich 300 Meter und mehr über dem Fluß hinzogen. Doch der Fluß, der jetzt so wenig Wasser führte wie nie zuvor, bot nun möglicherweise eine Alternative. Mit etwas Glück würde ich direkt an ihm entlang einen gangbaren Weg finden. Obwohl Harvey diese Möglichkeit bezweifelte, beschloß ich, den Versuch zu wagen. Mir war dabei allerdings klar, daß mir die Zeit bis zur verabredeten Stelle für den Abwurf äußerst knapp werden würde, wenn ich nicht durchkam und dann doch über die Terrassen mußte.

Als ich früh am fünften Morgen seit der Phantom Ranch mein Lager an den Hance Rapids verließ, war ich äußerst optimistisch, was die Route am Fluß entlang betraf. Die vertikale, harte Gesteinsformation der Inneren Schlucht war hier schon fast verschwunden; sie senkte sich immer tiefer und zog weiter nach Osten. Vor mir versprach weicher, roter Schiefer ein leichteres Vorwärtskommen. Als ich eine Stunde lang am Fluß entlanggelaufen war, hatte sich das schwarze Gestein endgültig nach unten verabschiedet, und wie ich gehofft hatte, war der Neigungswinkel der roten Schieferhalden relativ sanft. Meine Hoffnungen stiegen.

Sie stiegen nicht nur aus praktischen Gründen. Jenseits der Hance Rapids war die Schlucht selbst nach objektiven Gesichtspunkten nicht mehr düster. Die roten Halden und Felsen wirkten freundlich. Der Fluß wirbelte blaugrün funkelnd dahin. An den Mündungen der Nebencanyons hatte er die nackten Felsen vor langer Zeit mit Sand gepolstert. Jetzt verschönten hellgrüne Büsche und selbst ein paar optimistische Weiden die Szenerie.

Durch diese wohltuende Landschaft kam ich den ganzen Morgen hindurch gut voran. Zweimal zwangen mich unüberwindliche Felsvorsprünge, die in den Fluß hineinragten, zu Abstechern auf der Luftmatratze. Bei 32 °C am Vormittag hätte ein Bad eigentlich etwas Verlockendes sein müssen, aber ich hatte immer noch ein bißchen meinen alten Kampf mit mir selbst auszufechten, ehe ich mich ins Wasser rutschen ließ und mit meinem sorgfältig abgedichteten Gepäck halb über der Schulter, halb im Wasser 30 Meter gegen die Strömung anpaddelte. Anschließend empfand ich nur einen Hauch von Erleichterung: Die Aufgabe war für eine größere Belohnung zu harmlos gewesen. Doch auch dieser geringe Ansporn trug dazu bei, den Tag zu bewältigen. (Diese Abstecher durchs Wasser waren außerdem wertvolle Trainingseinheiten. Ich wußte, daß ich irgendwann den Colorado würde durchqueren müssen, denn sowohl die Stelle für den letzten Luftabwurf, als auch mein Weg aus dem Canyon heraus lagen auf der gegenüberliegenden Flußseite.)

Am späten Nachmittag kam ein großer, abgerundeter Felsen in mein Blickfeld, der sich kahl und rot 120 oder 150 Meter weit aus dem Fluß erhob. Das war, so wußte ich, das letzte große Hindernis auf dem Weg zur Abwurfstelle. Die Karte hatte die Möglichkeit angedeutet, daß ich ihn eventuell durch einen Nebencanyon umgehen konnte, doch durch das Fernglas sah ich jetzt, daß ich vielleicht auch einen Weg an seinem Fuß entlang finden würde – an weißen, donnernden Katarakten vorbei.

Der Fuß des Felsens entpuppte sich als dramatische Stelle. Vorsichtig lavierte ich über die Steinplatten, die schräg aus dem Felsen wuchsen und dann abrupt im Wasser verschwanden. Links von mir raste der Fluß; manchmal nur Zentimeter unter meinen Stiefeln. Nach rechts fielen die Steinplatten oft in blaue, kristallklare Wasserbecken ab, die der zurückweichende Strom zwischen der Felswand und den durcheinandergewürfelten Platten hinterlassen hatte. An manchen Stellen verengte sich der steinige Streifen oberhalb des Wasserspiegels auf kaum mehr als eine Handbreite. Ich bewegte mich langsam und vorsichtig auf diesen Platten auf das Zentrum des Katarakts zu. Das Wasser kam immer dichter an meine Stiefel heran; die Wellen wurden schäumender, schneller, lauter. Die Platten wurden schmaler.

Und die ganze Zeit erschlug mich der Felsen fast mit seiner Massigkeit, seiner Schönheit und seiner Bedrohlichkeit. Mit seiner Massigkeit, weil es jenseits meiner rechten Schulter nichts anderes gab als die fast unerträgliche Schwere massiven Gesteins. Mit seiner Schönheit, weil die Zeit und der Fluß die gesamte Felsenfront mit Skulpturen versehen hatte, die hervorstanden wie schief gewachsene

Zähne – jeder von ihnen spitz und schräg, ihre Ober-flächen glatt, die Muster, die sie bildeten, ein Verwirrspiel aus sattem Tiefrot und fast undurchdringlichem Schwarz, wo Ecken und Vorsprünge Schatten in das Licht der Abendsonne warfen. Und am meisten mit seiner Bedroh-lichkeit, weil jeder dieser leicht abfallenden Vorsprünge direkt über meinem Kopf zu schweben schien und weil auf jedem von ihnen bedenkliche Steinbrocken lagen, die dort auf ihrem unabänderlichen Weg nach unten eine Pause einlegten, und weil ich – und das machte die Bedro-hung am anschaulichsten – mir meinen Weg durch Stei-ne hindurch suchen mußte, die offensichtlich erst wäh-rend des letzten halben Wimpernschlags der geologischen Zeit aus dieser Felswand gefallen waren, nämlich als das letzte Colorado-Hochwasser wie ein flüssiger Kehrbesen über die Steinplatten gefegt war. Manche der herunterge-fallenen Brocken sahen aus, als könnten sie ein Haus de-molieren. Und keiner von ihnen kam mir zu klein vor, um einen Menschenschädel nach einem Sturz von auch nur 20 Metern nicht in Brei verwandeln zu können.

Mit den schiefen roten Steinplatten hatte es noch et-was anderes auf sich: Ich wußte, daß ich der erste Mensch war, der auf ihnen entlanglief. Ein abgelegener Ort kann einen natürlich leicht zu so einer verlockenden Vorstellung verführen, doch wenn man sich zu Ehrlichkeit zwingt, weiß man meist, daß man damit wahrscheinlich falsch liegt. Aber hier war ich mir so sicher, wie man es nur sein kann: Die Platten ragten kaum aus dem Wasser heraus; die Schließung des Glen-Canyon-Damms, die diesen Nied-rigwasser-Rekord verursacht hatte, war erst zwei Monate her; und der Parkverwaltung zufolge war in dieser Zeit sicher niemand in diesem Bereich des Nationalparks ge-wesen. Je länger ich mir meinen Weg über die Platten und durch die heruntergefallenen roten Steinbrocken suchte, desto mehr ergriff mich eine gänzlich unerwartete Erregung.[19]

Die heikelste Partie kam kurz vor dem Ende des Felsens. Selbst mit dem Fernglas hatte ich aus der Entfernung nicht erkennen können, ob die Steinplatten kurz vor dem Zentrum des Katarakts ganz verschwanden oder sich lediglich zu einem schmalen Steg verjüngten, um dann wieder zu einer gut erkennbaren, breiten Plattform zu werden. Auch als ich – in den letzten Sonnenstrahlen des Tages – der kritischen Stelle näher kam, blieb die Sache ungewiß. Zwar zogen sich die Platten immer mehr in den Felsen zurück, doch es tauchte immer wieder eine auf, auf die ich überwechseln konnte. Die letzten paar Meter legte ich auf einem äußerst schrägen Miniatur-Riff zurück. Die Wellen waren jetzt sehr nah; sie waren noch höher, noch steiler, ja sogar noch lauter als vorher. Noch zehn Schritte, und ich wußte immer noch nicht, ob ich durchkommen würde. Und dann entdeckte ich einen halben Meter über dem Wasser einen zehn Zentimeter breiten Sims aus der glatten Felswand ragen. Er machte aus zwei Metern Unmöglichkeit einen Spaziergang. Ein paar Augenblicke verblüffend einfachen Balancierens, und ich stand auf der anderen Seite, am Anfang einer breiten Plattform. Kurz darauf jagte kein Wasser mehr unter mir vorbei, und keine Steinbrocken hingen mehr über meinem Kopf. Der Weg zur Abwurfstelle war frei.

[19] Lange nachdem ich den Canyon wieder verlassen hatte, fand ich heraus, daß ich in bezug auf den Wasserstand des Flusses doch nicht ganz richtig lag. An dem Tag, an dem ich unter dem Felsen hindurchlief, hatte der Colorado auf Höhe der Phantom Ranch 35,6 Kubikmeter Wasser pro Sekunde transportiert. Während der 40 Jahre, in denen genaue Messungen vorgenommen werden, ist dieser Wert einmal kurzzeitig unterboten worden ($28m^3$/s am 28. 12. 1924). Dennoch ist es, gelinde gesagt, höchst unwahrscheinlich, daß jemals jemand am Fuß dieses abgelegenen Felsens unterwegs war.

Ich lief weiter flußaufwärts. Die Sonne war inzwischen untergegangen, und nach dem Dröhnen des weißen Wassers wirkte der Abend sehr still. Ich ging langsam und hielt nach einer Übernachtungsmöglichkeit Ausschau. Diesmal wollte ich einen richtigen Lagerplatz, nicht einfach eine Stelle zum Schlafen – bis zur verabredeten Stelle waren es nur noch anderthalb Kilometer, und durch die Überwindung der letzten Hürde hatte ich zwei Tage gewonnen.

Ich kletterte um einen Felsvorsprung herum und kam auf eine längliche Sandbank. Ein Dickicht aus Büschen versperrte ihre Mitte, aber an ihrem Rand lief ein schmaler Sandstreifen über eine zwei Meter breite Steinböschung, die sich um einen Seitenarm des Flusses herumzog. Als ich auf diesen Streifen hinauslief, überschritt der Tag gerade jene geheimnisvolle Schwelle zwischen den Welten, jenseits derer die Nacht beginnt. Und da sah ich sie.

Es müssen ihre Bewegungen gewesen sein, die meine Aufmerksamkeit erregten, denn sie waren so still wie der Sand und das Dickicht. Zuerst sah ich nur zwei kleine Gestalten, die sich langsam, dicht unterhalb der Böschung in dem Seitenarm bewegten. Dann waren vier von ihnen da. Vier flache, dunkle Köpfe, halb im Wasser. Vier niedliche, nach oben gereckte Nasen, die gemächlich Vs in die Wasseroberfläche schnitten. Ich stand regungslos da und sah zu. Die Nasen zogen weiter ihre Kreise. Einmal erhob sich ein breiter Schwanz und schlug herab, und ein gekrümmter Körper beschrieb einen Bogen und tauchte wieder unter. Eine Zeitlang waren jetzt nur drei Köpfe und drei Nasen zu sehen. Dann tauchte die vierte wieder auf und schnitt wieder ihr bedächtiges V in den stillen, dunkler werdenden Nebenarm des Flusses.

Kurz darauf verharrte einer der Köpfe unter der Böschung, direkt zu meinen Füßen. Ich konnte ganz deutlich das glänzende Fell erkennen. Konnte im letzten Licht ein einzelnes blitzendes Auge in diesem Fell erkennen. Das Auge blickte mich an. Blickte und blickte, ohne zu blinzeln. Dann zog das Tier weiter seine Bahn, offenbar überzeugt, daß ich keine Gefahr darstellte.

Ich muß bestimmt 15 oder 20 Minuten auf dieser Böschung gestanden und auf diese ersten Biber meines Lebens hinabgestarrt haben. Vielleicht stand ich auch viel länger dort – festgehalten von dem wohligen Gefühl des Privilegiertseins, das sich einstellt, wenn man wirklich wild lebende Tiere aus der Nähe sieht, als sei einem Zugang zu einem großen Geheimnis gewährt worden. Doch da ich vor Einbruch der Nacht einen Lagerplatz finden mußte, ging ich schließlich vorsichtig weiter.

Keine zehn Schritte, und ich verharrte wieder. Aus einem Häufchen Holz auf der Böschung, fünf, sechs Meter vor mir, vernahm ich ein vertrautes Zischeln. Langsam, um die Biber nicht zu erschrecken, machte ich einen unbedrohlichen Annäherungsversuch mit meinem Stock. Die Schlange war blaßrosa, knapp einen Meter lang und so bemitleidenswert verängstigt wie die meisten aufgestörten Klapperschlangen. Nach ein oder zwei Minuten glitt sie seitwärts in das Dickicht. Als ich weiterging, schlug ich einen respektvollen Bogen um die Stelle, an der sie verschwunden war. Doch unsere Begegnung war eine friedliche Sache zwischen Gentlemen gewesen. Sie hatte die neue Wärme und Harmonie des Abends in keiner Weise gestört.

Fast unmittelbar darauf stieß ich auf das Gewirr aus sauber abgenagten Holzstücken, in dem die Biber hausten. Ich umging den Bau durch das Dickicht hindurch, wobei ich den Boden vor mir mit dem Stock abklopfte. (Ich war mir jetzt der Klapperschlangen unleugbar gewärtiger –

wie immer, wenn man gerade einer begegnet ist.) Hinter dem Gestrüpp lief die Sandbank in einer Spitze aus. Als ich sie erreicht hatte, hielt ich an und blickte zurück.

Das Licht war so gut wie verschwunden, aber ich konnte gerade noch erkennen, daß zwei der Biber aus dem Wasser gekommen waren und einen Uferstreifen der Sandbank entlangstromerten. An Land wirkten sie bucklig und unbeholfen. Sie bewegten sich langsam und wenig behende genau am Rand des sacht plätschernden Seitenarms entlang. Alle paar Schritte hielten sie an, um etwas von den herumliegenden Pflanzenteilen abzurupfen und es erstaunlich geschickt mit den fromm zusammengelegten Vorderpfoten an ihr Maul zu führen.

Ich stand da und beobachtete das stille und seltsam feierliche Bild. Es hatte etwas beinahe zu Urtümliches an sich, fand ich, als befänden sich die Biber in einer Zeit vor ihrer eigenen. Ich wußte zwar nicht, warum, aber es war eine Szene, wie ich sie während der heißen, feuchten Blütezeit der Dinosaurier am Rand eines Sumpfgebiets erwarten würde.

Ich schlug mein Lager dicht an der Sandbankspitze unter einer Weide auf, die am Rand einer kleinen Lichtung wuchs, 30 Meter vom Biberbau entfernt. Ich entzündete kein Feuer und bereitete mein Abendessen sehr leise zu. Die Biber schienen meine Anwesenheit zwar akzeptiert zu haben, wie es Wildtiere bisweilen tun, wenn man sich leise genug nähert und einen guten Moment erwischt, aber ich wollte nichts aufs Spiel setzen. Lodernde Flammen oder schwere Schritte oder das metallische Klappern des Löffels im Kochtopf hätte eventuell die ganze Familie zum Unterwassereingang ihres Baus wegtauchen lassen. Als ich meinen lärmenden Gaskocher anzündete, suchte mich die deutliche Vorstellung heim, daß sich tief unten im Gewirr des Baus vier gequälte Augenpaare zum Biberhimmel richteten und ein Quartett genervter Stimmen »Ach du Biber-Gott!« brummelte.

Doch mein ganzes Abendessen hindurch hörte ich das gelegentliche Klatschen eines breiten Schwanzes auf die Wasseroberfläche. Und kurz nachdem ich mich zum Schlafen auf meiner Luftmatratze ausgestreckt und mir den offenen Schlafsack über den nackten Körper gezogen hatte (es war schon seit einigen Nächten zu heiß, um *im* Schlafsack zu schlafen), kam einer der Biber aus dem Wasser, stromerte an meinem Lager vorbei und patrouillierte flußaufwärts davon. Sein Weg war leicht zu verfolgen: Alle paar Augenblicke, wenn auch unregelmäßig, schlug sein Schwanz peitschend herab. Ich folgte dem Geräusch mit den Ohren und versuchte es aus irgendeinem Grund genau einzugrenzen oder wenigstens in das schwer faßbare Puzzle des Erlebten einzuordnen. Doch das sah nach einer fruchtlosen Bemühung aus, denn schließlich erlebte ich Biber zum ersten Mal. Aber ich lauschte weiter. Jedes Aufklatschen klang wie ein heftiges, ganz charakteristisches »Ka-wuusch«, als ließe jemand zwei Steinbrocken fast gleichzeitig ins Wasser fallen. Irgend etwas kam mir an diesem Geräusch merkwürdig vertraut vor. Und während ich von der Sandbank aus die blassen Sterne am mondbeschienenen Himmel betrachtete und aufmerksam dem Biber bei seiner Patrouille zuhörte, vernahm ich plötzlich und völlig unerwartet die Antwort auf eine schon lange im Raum stehende Frage, von der ich eigentlich angenommen hatte, daß sie längst beantwortet sei.

Fünf Jahre zuvor hatte ich während einer 1600-Kilometer-Wanderung durch die kalifornischen Wüsten und Gebirge genau wie jetzt am Colorado gelagert, nur 500 Kilometer unterhalb des Canyon. Auch jene Nacht war von Sternen erfüllt und vom Mondlicht durchflutet gewesen. Und als ich mich gerade an der Schwelle zum Schlaf befunden hatte, hatte ich in der Dunkelheit von einem Nebenarm des Flusses her eine unregelmäßige Folge von platschenden Geräuschen gehört, die genau wie diese klangen. Sie waren dicht an meinem Lagerplatz vorbeigezogen, kreisten ein paarmal durch den Nebenarm und kamen dann vom Fluß selbst, wo sie schwächer und schwächer wurden, bis ich schließlich wieder nur noch das Wasser mit der Nacht sprechen hörte. Dieses Lager, das hatte damals schon festgestanden, würde mein letztes am Colorado sein, weil ich anschließend nach Westen durch die Mojave-Wüste laufen wollte; und obwohl ich nicht sagen konnte, warum, hörte ich in den platschenden Geräuschen die Andeutung eines Geheimnisses, das ich mit dem Colorado teilte.

Diese Nacht hatte ich nicht vergessen; sie war mir sogar sehr lebhaft in Erinnerung geblieben. Später hatte ich sie in einem Buch beschrieben. Sowohl in meiner Erinnerung als auch in diesem Buch war ich davon ausgegangen, daß die Geräusche von einem springenden Fisch gestammt hatten. Als ich dagelegen und ihnen gelauscht hatte, waren allerdings Zweifel in mir aufgestiegen, denn zu einem springenden Fisch paßte das Geräusch zwar fast, aber eben nur fast. Doch weil ein Fisch die einzig mögliche Erklärung zu sein schien, hatten sich diese Zweifel später verflüchtigt.

Doch ein einziger Erinnerungsblitz bestätigte sie jetzt – und löste sie auf. Ich wußte nun mit einer Sicherheit, als wäre es mir möglich gewesen, durch die blaue Wüstennacht fünf Jahre zurückzublicken und einen breiten Schwanz auf wirbelndes Wasser schlagen zu sehen, daß die Geräusche doch nicht von einem springenden Fisch gestammt hatten. Jetzt, hier im Canyon, paßte das Geräusch. Es paßte perfekt.

Und sofort merkte ich, daß diese Entdeckung den Tag

zu einem vollkommenen Abschluß brachte. Denn ohne es richtig zu wissen, hatte ich die ganze Zeit gespürt, daß der Colorado mir auch in dieser besternten und mond-beschienenen Nacht ein neues, kostbares Geheimnis an-vertraut hatte oder im Begriff war, es zu tun.

Ich kampierte zwei Tage lang auf der Biber-Sandbank. Zwei erholsame und empfängliche Tage lang. Ich tat ei-gentlich nicht viel, und schon gar nichts, was auch nur irgendwie aufsehenerregend gewesen wäre. Doch jede Mi-nute dieser beiden Tage war von Bedeutung.

Ich glaube, es war am ersten Morgen, als mir klar wur-de, daß mich die rein äußerliche Großartigkeit des Can-yon nicht mehr besonders interessierte. Weit über mir thronten die Palisades of the Desert: Kilometer um Kilo-meter riesiger, gestaffelter und wunderbar farbiger Felsen, die fast senkrecht über tausend Meter in den Himmel rag-ten. Als ich vor einem Jahr meinen ersten Schock am Can-yonrand erlebt hatte, waren es diese Palisades gewesen, die mich mehr als alles andere umgeworfen hatten. Doch jetzt merkte ich, daß sie mich nicht mehr beeindruckten. Großartigkeit gehörte für mich jetzt zum Normalzustand der Welt, in der ich gerade war. Ich suchte, sofern der Tag es zuließ, jetzt die Bedeutungen hinter der Großartig-keit.

Mit anderen Worten: Meine Reise hatte sich wieder ein-mal weiterentwickelt. Während der rhythmischen Tage zwischen Bass und Phantom hatte ich, mit einem Zuge-hörigkeitsgefühl, das mir neu war, gespürt, daß ich ein Bestandteil des Zeitgeflechts war: Gestein und Agave und Biene, Eidechse und Klapperschlange und Wildesel, India-ner und Waliser. Doch hier auf der Biber-Sandbank wuchs in mir nicht nur ein Gefühl der Zugehörigkeit, sondern auch der Verwandtschaft.

Später konnte ich den entscheidenden Moment nicht mehr genau benennen. Vielleicht als ich mich umdrehte und die beiden Biber ruhig und ernst und fast unnatürlich urzeitlich am Rand des Flußarms herumstöbern sah. Oder vielleicht als der patrouillierende Biber von sich aus das Rätsel des springenden Fischs löste. Ich wußte nur, daß ich mich an diesem friedvollen Ort sehr schnell in eine Zeit zurückbegeben zu haben schien, die vor meiner eigentlichen lag. Die Zeit, in die ich jetzt gekommen war, lag vor dem Erscheinen des lärmenden Tieres Mensch. Diese Reise hinab in die Vergangenheit hatte fast etwas Körperliches.

Doch die Gegenwart ergab sich dem Einfluß der Biber-Sandbank nicht ohne Gegenwehr. Während der zwei Tage, die ich dort verbrachte, stolperte ich mehrmals über unübersehbare Anachronismen, die der Fluß in diese vorzeitliche Welt gespült hatte: ein Stück Holz, das an einem Ende glatt abgesägt war; eine morsche Eisenbahnschwelle; eine schwarze Verteilerkappe, die zwischen zwei Steinen klemmte, und vor allem ein Kinderspielzeug – ein hellblaues Kampfflugzeug aus Plastik. Ich machte mir nicht die Mühe, diese Dinge zu ignorieren – ich stand einfach da, sah sie an, lächelte und hielt sie, da bin ich mir sicher, für nicht ganz wirklich.

Ich entdeckte, daß die Sandbank lebendig war. Sie brodelte nicht augenfällig vor Leben, wie eine Wiese das kann. Der Canyon ist nicht so. Doch im Lauf der Zeit lernte ich ein recht gut gefülltes Haus kennen – einen schüchternen Bewohner nach dem anderen.

Die Biber prägten den Tagen weiterhin den deutlichsten Stempel auf. Am ersten Morgen ging ich früh an den Fluß, um meine Kanister aufzufüllen. Fünfzehn Schritte von meiner Weide entfernt entdeckte ich auf dem weichen Sand die Spuren eines Tieres, das tropfnaß auf die

Sandbank gekrabbelt war. Ich konnte erkennen, daß es sich gerade weit genug hinaufbewegt hatte, um die orangefarbene vermummte Gestalt gut sehen zu können, die am Fuß der Weide lag, und dann wieder in den Fluß geglitten war und dabei eine 15 Zentimeter breite Spur hinterlassen hatte, die deutlich von einem eher nachlässig nachgeschleiften Schwanz Zeugnis ablegte.

Offenbar hatte ich auch diese zweite Harmlosigkeitsprüfung bestanden, denn den ganzen Nachmittag über beobachtete und fotografierte ich einen einzelnen Biber, der die sonnigen Tagesstunden verbummelte. Anfangs kroch ich in sicheren 100 Meter Entfernung hinter einen Busch. Aber das Tier ignorierte mich. Langsam kroch ich näher. Schließlich saß ich ganz ungeniert auf der Sandbank, kaum ein Dutzend Schritte von ihm entfernt.

Die meiste Zeit saß der Biber halb im Wasser auf der überfluteten Spitze einer sandigen Landzunge. Manchmal zog er ein paar Kontrollrunden auf dem Fluß, ohne Eile und den Kopf in den Nacken gelegt, so daß ich nur eine glänzende schwarze Nase in einem struppigen braunen Gesicht erkennen konnte. (Struppig und nicht mehr glatt-glänzend, braun und nicht mehr schwarz, weil Sonne und Wind das Fell schnell trockneten.) Wenn er in der Nähe vorbeischwamm, konnte ich unter Wasser seinen ganzen schlanken, stromlinienförmigen Körper sehen; ausgestreckt von der Nasen- bis zur Schwanzspitze schien er zwischen 1,20 Meter und 1,50 Meter lang zu sein. Zwei- oder dreimal ging er auf einer Insel im Fluß an Land. Er kletterte ans Ufer, setzte sich auf sein Hinterteil (wobei er erstaunlich stämmig aussah) und untersuchte irgendeinen Leckerbissen, den er mit beiden Vorderpfoten festhielt. Doch er kam immer wieder zu seiner Lieblingsstelle auf der Landzunge zurück und ließ sich sanft auf ihr nieder.

Und dort hockte er, naß, schwarz und glänzend. Bucklig. Statuenhaft. Unerschütterlich.

Im Profil hatte der Biber das typische spitze Gesicht und die Hängebacken eines Nagetiers. Doch er ähnelte weniger einer überdimensionalen Maus als vielmehr einer vergrößerten Version jener Spielzeugmäuse aus Gummi, die es fertigbringen, so unwirklich-kompakt zu wirken wie eine Bulldogge. Das soll natürlich nicht heißen, daß der Biber in irgendeiner Weise wie eine Bulldogge aussah. Er war viel zu geschmeidig und stromlinienförmig dafür. Doch wie er so halb ins Wasser getaucht dahockte und kleine Wellen träge an seinem nassen Fell leckten, besaß er die grundsolide und selbstsichere Ausstrahlung eines, sagen wir, viktorianischen Herrenausstatters. Eines Mannes, der ein vorbildliches Leben lang Herren gewissenhaft ausgestattet, gut gegessen und sich nicht allzuviel bewegt hatte, und nun, am sonnigen Nachmittag seines Lebens, gern mal seiner Frau und den Kindern und anderen Untergebenen das Geschäft überließ, um in seinem Lieblingsstuhl zu meditieren, wobei er sich gegen mögliche Verkühlungen in sein Statussymbol hüllte, einen glänzenden Biberfellmantel. Mit anderen Worten: Mein Biber saß entspannt und selbstbewußt auf seiner Lieblingssandbank und zeigte nichts von jener aus Angst geborenen Wachsamkeit, die für die meisten Wildtiere einen unabdingbaren Lebensbestandteil bildet. Biber haben nur wenige natürliche Feinde; fast der einzig ernstzunehmende ist der Mensch. Doch es war mittlerweile mehr als deutlich, daß Menschen für diesen gelassenen Biber überhaupt noch nicht existierten.

Den größten Teil dieses langen, heißen Nachmittags hindurch beobachtete ich den Biber durch mein Fernglas. Manchmal füllte die geschmeidige, schwarze Gestalt fast das ganze Sichtfeld aus. Im Fernglas wirken Objekte durch die Vergrößerung und den stereoskopischen Effekt besonders plastisch. Und darum schien ich Stunde um Stunde an diesem Nachmittag direkt auf dem Wasser neben dem behaglich dasitzenden Biber zu treiben – so nah, daß ich instinktiv flacher atmete, um ihn nicht zu erschrecken. Schließlich kam ich mir vor, als sei ich auf sehr wirkliche Weise Bestandteil seiner Nagetierwelt geworden. Ich fühlte, daß ich ganz genau wußte, wie es ist, wenn man in einem breiten, wellengekräuselten Fluß auf einer Sandbank hockt und einen Sommernachmittag vertrödelt. Wie es ist, wenn man aus irgendeinem unbekannten Drang heraus genüßlich, in langen, lässigen Bahnen im Fluß auf und ab schwimmt und die Augen dabei gerade so eben über die Wellenkämme blicken. Wenn man gelegentlich einen Landausflug macht und watschelnd aus dem Wasser in die heiße Sonne kommt, wo man eine gerade gefundene Kostbarkeit zwischen die Vorderpfoten nimmt und sie untersucht. Wenn man die ganze Zeit vage weiß, daß da hinten auf der Sandbank ein großer, rosiger, leicht behaarter Neuankömmling in meiner Welt hockt – ein seltsames Wesen, dem ich wahrscheinlich nicht über den Weg trauen würde, das ich aber zweimal überprüft und als harmlos erkannt habe.

Die Biber waren natürlich erst der Anfang auf der Biber-Sandbank.

Als ich am zweiten Abend nach dem Essen unter meiner Weide in der Dunkelheit lag und spätabendliche oder auch gar keine Gedanken dachte, hörte ich ein leises Rascheln. Ich knipste meine Taschenlampe an, und siehe da, gerade mal 50 Zentimeter vor meinen Augen saß eine winzige Maus. Ihr dunkelbrauner Körper, der an den vier Beinen und der Schwanzunterseite in Weiß überging, war glatt, und ihre großen, intelligent wirkenden Augen blickten direkt in meine. Ich sagte, die Maus »saß«, aber das ist der völlig falsche Ausdruck. Er ist viel zu statisch für dieses Geschöpf, das in jeder Sekunde der schnauzbärtige Inbegriff bebender Unruhe war. Es war vollkommen von jener unaufhörlichen, fliegenden Rastlosigkeit der mit der Angst lebenden Wildtiere durchdrungen, die dem gemütlichen Biber auf seinem Sandbankthron so auffallend gefehlt hatte.

Eine halbe Stunde lang lag ich da und sah der Maus zu.[20] Sie war ein faszinierendes kleines Geschöpf, flink und gepflegt und lebhaft. Meistens huschte sie auf dem Sand hin und her, kratzte die Oberfläche auf und zerkaute hektisch die Leckerbissen, die dabei zum Vorschein kamen. Ab und zu aber jagte sie unvermittelt und völlig unvorhersehbar zu einem Beutezug auf dünnen Weidenzweigen entlang. Einmal knabberte sie forschend am Stöpsel eines roten Plastikkanisters, den ich mit Zuckerwasser gefüllt und mit Klebeband an einem Ast der Weide befestigt hatte, um Kolibris anzulocken. Doch so weit ich erkennen konnte, brachten ihr diese spontanen Ausflüge nichts ein.

Jede Bewegung der Maus war pusteblumenleicht. Als sie auf dem Rand meines Kochtopfdeckels herumtrippelte, der sehr wackelig auf einem kleinen Holzstück balancierte, neigte der sich nicht einmal. Und bei ihren Jagdausflügen auf der Weide bogen sich die schlanken Zweige, auf denen sie entlangjagte, nur unmerklich. Und nachdem ich eine Zeitlang dagelegen und dem bebenden braunen Körper und den flitzenden weißen Beinchen zugesehen hatte, begann ich zu ahnen, wie es ist, wenn

---

[20] Es war höchstwahrscheinlich eine Weißfußmaus (wissenschaftlich *Peromyscus maniculatus*: »Beutelmaus mit kleinen Händen«). Die Weißfußmaus ist kaum bekannt, was eigenartig ist, da sie neben dem *Homo sapiens* die verbreitetste einheimische Säugetierart in den Vereinigten Staaten ist.

man zwischen groben Sandkörnern herumscharrt und -schnüffelt; wenn man ständig so kurz vorm Verhungern ist, daß man sich gewohnheitsmäßig mit fiebriger Ungeduld auf jeden Nahrungshappen stürzt; wenn man unvermittelt und aus Gründen, die man nicht im geringsten durchschaut, dicke Weidenstämme hinaufhastet. Aber hauptsächlich ahnte ich, welches Vergnügen es machen muß, wenn man jede Bewegung mit Pusteblumenleichtigkeit macht. Als Maus würde man dieses Vergnügen wohl nicht auf bewußte Weise empfinden, doch während ich dieses agile, kleine Geschöpf beobachtete, spürte ich seine Freude ebenso deutlich wie bei, sagen wir, dem größten Basketballspieler der Welt, einem Zwei-Meter-zwanzig-Hünen, der den Ball über drei sich abstrampelnde Gegner hinweg mit den Fingerspitzen in den Korb tropfen läßt, ehe er mit der Anmut und Eleganz einer Ballerina davonwirbelt und sich sein schweißnasses Gesicht einen Augenblick lang mit dem großen, milden Lächeln der Zufriedenheit überzieht, einem Lächeln, das ganz absichtslos die pure Lust an perfektioniertem Können zeigt. Als ich da im Sand unter meiner Weide lag und dem Strahl meiner Taschenlampe nachblickte, spürte ich den gemeinsamen Wesenszug, der die tänzelnde Eleganz sowohl des riesigen Menschen als auch der winzigen Maus durchdrang, und ich begriff, so unwahrscheinlich es auch klingen mag, das Gemeinsame ihrer Freude.

Allerdings muß ich einräumen, daß es bei der Maus etwas gab, was ich überhaupt nicht verstand: Sie schien das Licht meiner Taschenlampe kaum zu registrieren. Wenn ich das Licht anknipste, stutzte sie manchmal. Und ein- oder zweimal blickte sie seltsam in den Strahl. Doch meistens ignorierte sie das Licht völlig. Und das habe ich nie verstehen können, egal, ob es sich bei dem betreffenden Tier um eine Katze, einen Ameisenbären oder eine Maus handelte, warum ein Tier beim Wechsel von kohlraben-schwarzer Dunkelheit zu blendendem Flutlicht so gut wie keine Reaktion zeigt.

Doch solange ich mich auf der Biber-Sandbank aufhielt, verstand ich die anderen Tiere im großen und ganzen schon. Manchmal verstand ich sie sogar, ohne ihnen zu begegnen. Als ich einer Fährte folgte, die sich, Abdruck für Abdruck völlig gleichmäßig, von einem Ende der Sand-bank bis zum anderen direkt am Wasser hinzog, dämmer-te mir, wie es etwa für einen Kojoten sein muß, in einer Nacht 50 oder 60 Kilometer zurückzulegen. Und als ich auf einen mächtigen Pfotenabdruck von fast neun Zenti-meter Durchmesser stieß, war ich nahe daran, mich wie ein besonders großer Rotluchs oder ein Puma zu fühlen, der leise über weichen Sand trottet.

Doch all diese Tiere – Biber und Mäuse, Kojoten und Pumas – waren Säugetiere, und obwohl wir Menschen da-zu neigen, es zu vergessen, so trennen uns doch lediglich hauchdünne Grenzen von den anderen Zweigen unseres Lebensastes. Erst wenn wir am Stamm unserer Herkunft bis zu Lebewesen hinabgehen, deren Ast sich schon lange vor unserem vom Stamm abgegabelt hat, wird es schwie-rig, die Verwandtschaft nachzuvollziehen. Wenn ein Hund mit dem Schwanz wedelt, verstehen wir seine Freude, aber wie zeigt eine Schnecke, daß es ihr gutgeht? Und könnte man ihre Freude wirklich nachvollziehen? Obwohl ich mir dessen damals auf der Biber-Sandbank nicht völlig bewußt wurde, fing ich an, mich Stück für Stück auf un-serem Stammbaum abwärts zu bewegen.

Ich teilte meine Lichtung mit mehreren dort ansässi-gen Eidechsen: einem korpulenten Exemplar mit gelber Maske, das offensichtlich psychische Probleme bekam, als es auf einem ruhigen Spaziergang entlang eines Holz-stamms plötzlich mit meiner rosafarbenen Zahnbürste konfrontiert wurde; einem Exemplar mit sehr spitzer Nase, das zufällig vorbeikam, als ich gerade in den Sand pinkelte, und prompt einen Abstecher machte, um mit allen Anzeichen des Vergnügens zu duschen; und mit einem orange-bemützten Exemplar mit drachenhaft groben Schuppen und stachliger Halskrause, das von einem Weidenast fiel und völlig überraschend fünf Zentimeter neben meinem Ellbogen in den Sand plumpste, wo ich mir gerade Notizen machte. Schwer zu sagen, wer von uns beiden sich mehr erschreckte.

Nun scheinen Eidechsen, also Reptilien, für einen Menschen relativ leicht durchschaubar zu sein. Sie sind aufmerksame, schnell reagierende Geschöpfe, denen man ihr kaltes Blut nicht ohne weiteres anmerkt. Sie haben zwar eine ganz andere Haut als wir, aber immerhin haben sie vier Gliedmaßen. Und durch ihre Augenlider ähneln ihre Augen leidlich den ausdrucksstärksten Merkmalen des Menschen. Diese scheinbar zufällig übereinstimmenden Details sind wichtig. Sie machen es uns leicht, mit unserer Wahrnehmung – selbstverständlich ganz unbewußt – in so ein anderes Tier »hineinzukommen«. Selbst eine Eidechse, die im Garten hinter dem Haus auf einem Stein sonnenbadet, vermittelt einem wahrscheinlich eine leise Ahnung davon, wie es ist, wenn man sich, schlank und schuppig, auf einem heißen, rauhen Stein aalt.

Auch Schlangen sind Reptilien. Sie sind sogar die direkten Verwandten der Eidechsen. Doch mit den Augen eines Menschen gesehen, liegt eine Kluft zwischen ihnen. Schlangen haben weder Beine noch Augenlider. Und man hat uns beigebracht, sie als Inbegriff des Bösen zu sehen. In die Haut einer Schlange möchte man gemeinhin eher nicht schlüpfen.

Doch auf der Biber-Sandbank war es eine Klapperschlange, die mir über das erste Verständnishindernis hinweghalf. Ich bin mir fast sicher, daß es dieselbe Gentleman-Schlange war, die mich am ersten Abend begrüßt hatte. Sie trug dasselbe blasse Rosa und war etwa denselben knappen Meter lang. Und wir begegneten uns an fast genau derselben Stelle. (Klapperschlangen bewegen sich selten weit fort; manche scheinen ihr ganzes Leben innerhalb eines Radius von vielleicht 30 Metern zu verbringen.)

Nun bin ich allerdings kein Klapperschlangen-Liebhaber. Die erste, der ich begegnete, ängstigte mich halb zu Tode, und sie umzubringen kam mir wie eine Menschenpflicht vor. Das war auch am Colorado gewesen, kurz nach Beginn derselben Anderthalbtausend-Kilometer-Wanderung, bei der ich den »springenden Fisch« hörte. Doch am Ende jenes kalifornischen Sommers verspürte ich keine unbegründete Angst vor Klapperschlangen mehr. Solange sie nicht gefährlich nah an Stellen lebten, die oft von Menschen – besonders von Kindern – aufgesucht wurden, brachte ich sie nicht mehr um. Ich akzeptierte sie als Mitgeschöpfe. Zwar empfand ich diese Verbindung nicht sehr tief, aber immerhin hatte ich die lähmende Angst überwunden. Später wuchs mein Interesse an Klapperschlangen immerhin so weit, daß ich einen Artikel über sie schrieb. Bei meinen Recherchen dafür verleibte ich mir sogar beide Bände des definitiven Standardwerks mit ihren 1500 Seiten über sie ein. Danach kannte ich eine Menge Fakten über Klapperschlangen. Doch ich blieb ein bloßer Beobachter, der nichts von ihrer Welt teilte. Und ich blieb mir immer äußerst bewußt, daß sie gefährliche Geschöpfe sind. Je seltener sich unsere Wege in der freien Wildbahn kreuzen würden, desto besser.

Die Klapperschlangen des Grand Canyon – jene Unterart, die den passenden Namen *abyssus* (Abgrund) trägt – haben nach Klapperschlangenmaßstäben den Ruf, ein geradezu liebenswürdiges Völkchen zu sein, und meine drei bisherigen Begegnungen mit ihnen hatten in den Beteiligten wohl auch keinerlei Haß entstehen lassen. Das erklärt vielleicht, warum ich eher Neugier als Angst spürte, als ich am Ufer der Sandbank saß und beim Blick in das Dickicht hinter mir eine blaßrosa Klapperschlange keine zwei Meter entfernt über den Sand gleiten sah. Sie hatte meine Anwesenheit eindeutig nicht wahrgenommen. Langsam und anmutig fädelte sie sich durch einen Wald aus Weidenschößlingen. Immer wenn sie einen der Schößlinge mit der Seite wegdrückte, konnte ich genau sehen, wie sich die einzelnen Schuppen unter dem Druck des Stamms schrägstellten und anschließend wieder in ihre bündige Ausgangslage zurückkehrten. Gut einen Meter von meiner linken Hinterbacke entfernt hielt sie an; ihr Kopf ruhte auf einem sonnengesprenkelten Sandfleck neben ein paar Wurzeln. Gemächlich zog sie ihren Körper heran und rollte ihn zu einer flachen Spirale zusammen. Dann reckte sie sich und gähnte ein langes, unmißverständliches Gähnen. Ein so ungehemmtes Gähnen, daß ich viele, langsame Sekunden lang nichts anderes sah als die helle Kontur des Mauls und zwei Zwillingsbögen aus kleinen, spitzen Zähnen. Als das Gähnen schließlich endete, hob die Schlange ihren Kopf und bog ihn langsam und genüßlich von einer Seite zur anderen, so wie es auch ein Mensch im Vorgefühl von Ruhe und Behaglichkeit tut. Schließlich legte sie ihn – mit derart offensichtlicher Zufriedenheit, daß ich nicht überrascht gewesen wäre, wenn sie zu Schnurren angefangen hätte – sachte auf das Kissen ihres makellosen und wunderschön gezeichneten Körpers.

Und ich stellte urplötzlich fest, daß ich mich in eine Klapperschlange »hineinversetzt« hatte. Ganz unverhofft hatte ich ihre Schläfrigkeit und Vorfreude und Zufriedenheit geteilt. Und während ich dasaß und auf die schlafende Schlange blickte, wie sie zusammengerollt in ihrem sonnenfleckigen Stückchen Schatten lag, spürte ich, daß ich etwas für sie empfand, was bemerkenswert nah an Zuneigung heranreichte.[21]

Am zweiten Morgen wachte ich unter der Weide auf und blickte aus einer Entfernung von kaum 30 Zentimetern genau in die Augenschlitze einer Kröte, die auf meiner Zuckerbüchse thronte. Ich setzte mich auf. Die Kröte spürte Gefahr und sprang mitten in einen der Kochtöpfe. Doch unmittelbar bevor sie sprang, konnte ich für einen kurzen Moment die Panik nachfühlen, die sie durchflutet hatte. Vorsichtig hob ich sie aus dem Wasser des halb gefüllten Topfs. Ich würde gern behaupten, daß ich sowohl ihr Erstaunen darüber spürte, in einem glatten Metallgefängnis eingesperrt zu sein, als auch ihre Erleichterung, dem wieder zu entkommen, doch ich nahm nichts Derartiges wahr.

Mit der Kröte hatte ich natürlich gerade erst angefangen, mich auf unserem Stammbaum nach unten zu bewegen. Kröten sind Amphibien, also die Vorläufer der Reptilien. Sie sind die Überbleibsel jener »Versager des Meeres«, die als erste das Land besiedelten. Jener Versager, die ihre Lebenskraft darauf verwendeten (natürlich ohne auch

---

[21] Als dieses Buch kurz vor der Veröffentlichung stand, las ich erstaunt in Konrad Lorenz' faszinierendem Buch *Das sogenannte Böse*: »... z. B. fehlt Vögeln und Reptilien die Bewegungskoordination des weiten Maulöffnens mit gleichzeitigem tiefem Einatmen, die wir Gähnen nennen.«
Ich schrieb Dr. Lorenz unverzüglich einen Brief. Er antwortete: »Die Frage nach dem Gähnen stellt sich vielen meiner Leser, da ich nicht ausreichend verdeutlicht habe, daß ich, entsprechend der Definition von Heinroth, 1910, unter Gähnen ein motorisches Zusammenwirken verstehe, bei dem die rückseitigen Halsmuskeln und teilweise auch die Rückenmuskeln sich zusammenziehen und der Mund

nur zu ahnen, was sie da taten), eine neue Welt zu erschließen und sie eine Zeitlang in Gang zu halten, bis besser an die Bedingungen angepaßte Arten kamen. In diesem Fall waren die besser angepaßten Individuen die Reptilien.

Die unmittelbaren Vorgänger der Amphibien waren die Fische. Ich fing auf der Biber-Sandbank einige Katzenfische. Als ich aufwuchs, war ich derart dem Forellenfischen verfallen, daß ich die Hälfte meines jungen Lebens versuchte, wie eine Forelle zu denken – aber ich kann mich nicht daran erinnern, daß ich mich auch nur ansatzweise in einen dieser Katzenfische hätte »hineinversetzen« können. Andererseits dienten diese Katzenfische im Gegensatz zu den anderen Tieren als Nahrung. Sobald ich einen von ihnen mit meiner Wanderstock-Angelrute aus dem Fluß zog, beendete ich sein Leiden, indem ich ihm das Rückgrat brach. Und zweifellos schützte ich mich selbst vor Leid, indem ich mein Inneres für jede Anwandlung von Sympathie verschloß.

Nun residieren die Fische auf unserem Stammbaum auch nur ein kleines Stück weiter unten. Jenseits von ihnen klafft allerdings eine Lücke, die zu überbrücken uns

aufs äußerste geöffnet ist, während der Brustkorb sich gleichzeitig zur größtmöglichen Einatmung ausdehnt. Reptilien und Vögel dehnen gelegentlich ihre Kiefermuskeln, so daß sich ihr Maul maximal öffnet, doch dieser Vorgang ist bei ihnen nicht mit Atmungsbewegungen koordiniert.«

Das stellte mich vollauf zufrieden. Ich nehme mir die Freiheit, zu behaupten, daß das, was ich beobachtete, eine rudimentäre Aktivität war, aus der sich der komplette Vorgang des Gähnens der Säugetiere schließlich entwickelte. Da ich beobachten konnte, daß sich die Klapperschlange allem Anschein nach ganz genauso verhielt wie ein müder Mensch in einer vergleichbaren Situation, hege ich keinerlei Zweifel bezüglich dieser Behauptung. Doch zum Glück muß ich nichts beweisen.

Menschen schwerfällt. Denn die Fische waren die ersten Organismen, die eine Vorrichtung entwickelten, die sie, im Prinzip unverändert, allen Amphibien und Reptilien und Vögeln und Säugetieren weiterreichten. Sie »erfanden« das Rückgrat. Dieses erstaunlich erfolgreiche Konstrukt hält uns in mehr als physikalischer Hinsicht zusammen: Es verbindet uns zu einer Art Club. Und wie es bei Mitgliedern exklusiver Clubs häufig vorkommt, bekommen wir Verständnisschwierigkeiten, wenn wir nach draußen sehen. In diesem Fall erblicken wir draußen die Lebewesen ohne Rückgrat, die Wirbellosen.

Ich kann mich an einen einzigen kurzen Moment erinnern, in dem ich mich in einem Augenblick reinster Euphorie für einen Mückenschwarm freute, daß er am Leben war. Mich um ihretwillen freute, meine ich. (Dieser Augenblick fand ebenfalls während jener langen Sommerwanderung durch Kalifornien statt.) Die Brücke, über die ich so etwas wie einen Kontakt zu jenen kalifornischen Mücken herstellte, war eine dürftige und kurzlebige Angelegenheit. Auf der Biber-Sandbank versuchte ich zweimal durch Insekten die Lücke zu überwinden, die uns von den Wirbellosen trennt.

Der erste Versuch wurde ein kompletter Fehlschlag. Aus der Nacht kam im Licht meiner Taschenlampe ein großes, braunes Insekt herangeflogen, das ich auf den ersten Blick für eine Libelle hielt, obwohl ich wußte, daß das genaugenommen nicht stimmte. Das sieben bis acht Zentimeter lange Geschöpf ließ sich auf einem Stein nieder, den Kopf dem Wind zugewandt, der die ganze Zeit über die Sandbank wehte. Bei jeder Böe legte es seine Flügel eng an den Körper an und krallte sich mit seinen sechs langen Beinen an dem Stein fest. Ich griff in eine meiner Rucksacktaschen und fand meine Lupe, ein Mineralogenglas mit zehnfacher Vergrößerung. Als ich mich der Li-

belle damit näherte – man muß mit diesen Gläsern sehr
nah herangehen, fast bis auf Tuchfühlung –, zeigte sie
eine gewisse Unruhe. Ich pustete sie an. Die Libelle zog
ihre Flügel noch enger an den Körper und krallte sich noch
fester in den Stein. Ich spähte durch das Vergrößerungs-
glas – und erlebte eine umwerfende Guckkastenshow aus
der Mückenperspektive, die von meiner Taschenlampe in
gleißendes Flutlicht getaucht wurde. Wegen der winzigen Linse bekam ich immer nur ein kleines Stück des jetzt
gigantischen Tieres scharf zu sehen. Zuerst glänzenden,
braunen Panzer: wuchtig, schillernd, undurchdringlich.
Dann riesige Beine mit einer Behaarung wie aus Stachel-
draht. Dann die schwankenden Fühler, dick und stabil,
zusammengefügt aus Ring nach Ring nach Ring – wie ein
Wurm. Dann ein gewölbtes, umwerfendes Auge: eine Fläche aus vielen gekrümmten Linsen, die sich nahtlos an-
einanderfügten wie bei einem facettenreichen Schmuck-
stein, nur erheblich geschickter gearbeitet, und hinter
dieser Fläche eine höhlenartige Struktur aus winkligen
Prismen, von denen manche ein strahlendblaues Licht
reflektierten und andere das Licht in neue, verwinkelte
Galerien mit blauen Spiegeln weiterleiteten. Das ganze
Auge wirkte eher wie ein unglaublich vollkommener, von
Menschen hergestellter Gegenstand als wie ein »natürliches« Objekt, doch es war wunderschön und zugleich –
weil es so unerwartet kam – erschreckend. Und schließlich – noch erschreckender – das Gesicht: ein pulsierendes
Labyrinth aus haarigen Zangen und dunklem, verschlin-
gendem Raum. Ich dachte daran, daß dieser Raum für
viele todgeweihte Mücken der letzte grauenhafte Anblick
gewesen sein muß.

Doch wie ich es auch versuchte, ich blieb von der bizarren Wirklichkeit hinter der Linse getrennt – sie war
ihrem Wesen nach viel zu weit von allem entfernt, was

ich je erlebt hatte. Zehn Minuten lang starrte ich vollkommen fasziniert durch die Linse. Doch es gelang mir nicht einmal ein Stück weit, die Kluft zu überbrücken, die mich von der Welt trennte, die die Lupe mir enthüllte. Anschließend wurde mir klar, daß ein Überqueren der Kluft an diesem Abend beinahe ebenso schwierig gewesen wäre, als würde man versuchen, direkt und ohne Vorbereitung aus der Zivilisation in die Welt des Canyon-Museums hinüberzuwechseln.

Am folgenden Nachmittag lief es deutlich besser. Ich hatte mich nackt im heißen Sand ausgestreckt und tat, soweit ich mich erinnere, gar nichts. Solche Phasen, in denen man sich herumfläzt und gar nichts tut, sind großartige Gelegenheiten, um Dinge zu erkennen, für die man sonst keine Zeit hat. Nachdem ich lange dort gelegen hatte, die Augen nur knapp über dem leuchtenden, körnigen Sand, bemerkte ich eine Fliege. Eine derart kleine Fliege, daß sie selbst für meine bodennahen Augen nur gerade so eben existent war. Ich meine, sie war nur ein dunkler Fleck ohne erkennbare Gestalt oder Ausprägung. Diese Fliege – die ich clever als Sandfliege klassifizierte, obwohl ich keine Ahnung hatte, was sie war – erschien immer wieder in meinem Sichtfeld. Und jedesmal, wenn ich sie entdeckte, bewegte sie sich mit einer gewissen Aggressivität entlang derselben Zickzackroute. Es dauerte nicht lange, bis ich deren Verlauf genau kannte.

Von ihrem Stützpunkt im Sand aus stieg sie ohne erkennbaren Anlaß in schrägem Winkel in die Luft auf. Sie flog geradlinig wie auf einem Lineal etwa 30 Zentimeter weit. Dann kreuzte sich ihr Weg unvermittelt mit dem einer anderen Sandfliege. Die beiden Wege verschmolzen und wurden zu einem schwer durchschaubaren, unscharfen Knäuel. So schwer durchschaubar, daß ich keine Ahnung hatte, ob sich die beiden winzigen Körper, die vermutlich in einer Umlaufbahn kreisten, sich dabei begegneten. Dann löste sich das unscharfe Knäuel schlagartig auf: Die eine Fliege raste aus meinem Blickfeld, und die andere stürzte herab und patrouillierte kampflustig im Zickzack zwei Zentimeter über dem Sand. Diese Patrouille führte sie vier- oder fünfmal innerhalb von drei, vier Sekunden um den imaginären Rand eines Sandflecks, der etwa 30 Zentimeter breit und doppelt so lang war. Wenn sie damit fertig war, ließ sich die Sandfliege wieder auf ihrem Ausgangspunkt nieder.

Dieses Schauspiel wiederholte sich alle paar Minuten wenige Zentimeter vor meinen Augen: Kraft schöpfen, Abfangen des Gegners, Nahkampf, Patrouille, Kraft schöpfen. Natürlich fehlte mir jeder Beweis dafür, daß es immer wieder dieselbe Sandfliege war, die aus dem Nahkampfknäuel auftauchte, durch ihr Revier patrouillierte, sich kurz erholte und sich erneut in den Kampf stürzte, doch nach fünf oder sechs dieser Vorstellungen ließ sich daran eigentlich nicht mehr zweifeln: Die Patrouille führte immer dieselbe unsichtbare Grenze entlang, und die Fliege ließ sich danach immer auf demselben kleinen Sandhubbel nieder. Es war überdeutlich, daß diese winzige Sandfliege eifersüchtig ein Territorium verteidigte.

Ich hätte vermutlich nicht überrascht sein sollen. Viele Tiere verhalten sich so. Der Sandfleck, den meine Fliege verteidigte, hatte keine erkennbaren Grenzen, doch die Patrouillenflüge markierten seinen Umriß so gleichbleibend, daß ich das Territorium im leuchtenden, unebenen Sand nach kurzer Zeit beinah wie auf einer Landkarte als Insel mit länglicher Rautenform erkennen konnte. Manchmal sah es ziemlich wie Kuba aus, dann wieder ähnelte es verdächtig Formosa.

Vielleicht war es diese »Erdkundestunde«, die die Brücke baute. Wie auch immer: Nach kurzer Zeit merkte ich, daß ich – bildlich gesprochen – meinen schwerfälligen Körper aufgeklaubt und mich »in« diesen winzigen Fleck von Sandfliege begeben hatte. Als sie zum wiederholten Mal zu einem der Abwehrflüge aufbrach, spürte ich ein bißchen von ihrem verletzten Stolz und auch etwas von der hilflosen, reflexhaften Wut, die sie nolens, volens in das unscharfe Knäuel trieb, das vermutlich ein Nahkampf war. Ich spürte, anders gesagt, das Fliegen-Äquivalent zu geballten Fäusten, zu rasselnden Säbeln, zu lauernden Interkontinentalraketen. Und während ich dalag, die Augen knapp über dem blendenden, grobkörnigen Sand mit seiner klar umrissenen, wenngleich unsichtbaren Insel und ihrem angriffslustigen, kaum erkennbaren Verteidiger, da kamen mir die Kriege der Menschen genauso leicht erklärbar vor. Erklärbar – allerdings deswegen um keinen Deut weniger dumm.

Danach war ich in der versteckten, uralten Welt der Biber-Sandbank kein Fremdling mehr. Und ich konnte mich, so schien mir, fast nach Belieben durch jene langen, stillen Korridore der Zeit bewegen, die bei den ersten, primitiven Fitzelchen zuckenden Lebens anfangen und durch die Vergangenheit aufwärts führen.

Das soll nicht heißen, daß ich auf der Ebene des Intellekts neue Erkenntnisse gewann. Aber ich war dem Herzschlag des Lebens nähergekommen. Ich hatte in dem einzigartigen Grundrhythmus des Universums einen neuen Kontrapunkt vernommen. Und in ihm erkannte ich den gemeinsamen Keim alles Existierenden, mich selbst eingeschlossen.

Ich glaube, wir alle erleben dieses gewaltige Gefühl irgendwann einmal. Sein erstes Aufwallen war – kraftvoll, aber noch weit entfernt – bereits am Ende meiner anderthalbtausend Kilometer durch Kalifornien dagewesen. Hier auf der Biber-Sandbank war die Wahrnehmung der Einheit deutlich geworden, nah, völlig vereinnahmend. Es schloß alles ein. Nicht nur Mensch und Biber und Maus, Eidechse und Klapperschlange und Kröte, Sandfliege und Schnecke. Nicht nur Gebüsch und Weide. Nicht nur die Sandbank. Sondern auch das Gestein. Das Gestein, aus dem der Sand der Sandbank stammte. Das Gestein, das die Grundlage bildete, über die sich das ganze pulsierende, verflochtene Lebensgeflecht erstreckte – und von der es wahrscheinlich auch ausgegangen war. Ich hatte jetzt das Empfinden, mit dem Gestein und den Pflanzen und den Tieren, ja selbst mit dem Wind und den Wolkenschatten die Herkunft und den Weg zu teilen. Dieses Gefühl der Einheit lebte so kraftvoll in mir, daß mir das ganze Erlebnis auf der Biber-Sandbank rückblickend vorkam wie ein vollkommener Akt körperlicher Liebe. Denn diese Einheit war total und natürlich und selbstsüchtig und uneigennützig und wunderbar und heilig und zugleich auch schlicht ein Riesenspaß.

Mensch

Am Morgen des achten Tages nach der Phantom Ranch lief ich die anderthalb Kilometer zur Abwurfstelle den Fluß hinauf.

Zu diesem Zeitpunkt wußte ich genauer als während jeder anderen Phase meiner Wanderung, was ich als nächstes anstreben würde. Ich würde den nächsten logischen Schritt vollziehen, der nach der Biber-Sandbank erfolgen mußte. Ich würde in meinen letzten beiden Wochen herauszufinden versuchen, was mir das »Museum« Grand Canyon über jenen erstaunlich erfolgreichen Neuankömmling mitteilen konnte – über jenes Tier, das heute die Welt dominiert. Das Museum schien mich dazu regelrecht zu ermutigen, denn es kündigte mehrere Exponate an, die die deutliche Aufschrift »Homo sapiens« trugen. Und außerdem wollte sich mir am folgenden Tag ein Artgenosse dieser hochinteressanten Spezies anschließen.

Mein Freund Doug Powell ist von Beruf Geograph. Das heißt, er versucht ständig herauszufinden, was an einem Ort los ist – er untersucht das Gestein, die Pflanzen, die Tiere und die Menschen sowie die komplizierten, sich wandelnden Beziehungen, die sie alle verbinden. Deshalb war er hervorragend dafür geeignet, mir bei der Deutung dessen, was ich entdeckte, zu helfen. Außerdem brachte er noch einen hübschen Bonus mit: Er ist ein entfernter Nachfahre des einarmigen John Wesley Powell, der 1869 die erste Bootsexpedition durch den Canyon leitete.

Als ich an diesem Morgen von der Biber-Sandbank flußaufwärts zog, war ich mir daher auf erfreuliche Weise sicher – vielleicht zu sicher –, daß die letzten zwei Wochen meiner Wanderung höchst vielversprechend waren.

Die Irritationen begannen am Tag nach dem Abwurf.

Bei dem Nachschub war auch eine Nachricht von Doug gewesen, in der er bestätigte, daß er sich mir am nächsten Morgen anschließen wollte. Aber es wurde Mittag, und es war immer noch nichts von ihm zu sehen. Gegen vier Uhr fing ich an, unruhig zu werden. Gegen fünf machte ich mir richtig Sorgen. Um sechs, zwei Stunden vor Einbruch der Dunkelheit, brach ich auf, um ihm entgegenzuklettern. 300 Meter über dem Fluß stieß ich auf den alten Tanner Trail, den Doug herunterkommen wollte. Ich hatte mir den Verlauf dieses Pfads aus dem Artikel von Harvey Butchart im *Appalachia*-Magazin in meine Karte übertragen (es war derselbe Artikel, auf den ich kurz nach meinem ersten Besuch am Canyon gestoßen war). Harvey hatte darin berichtet, daß im Juli 1959 ein 32jähriger Priester mit zwei heranwachsenden Jungen vom Rand zum Fluß hinabgestiegen sei, ohne sich bei einem der Ranger-Posten abzumelden. Als sie auf dem Rückweg diesen Pfad hinaufkamen, hatten sie sich verlaufen. Am nächsten Morgen waren sie bereits gefährlich dehydriert und sie versuchten deshalb, durch ein ausgetrocknetes Bachbett wieder zum Fluß zu kommen. Kurz darauf standen sie an einer Stelle, an der es 25 Meter senkrecht in die Tiefe ging. Der Priester, der offenbar schon nicht mehr klar denken konnte, ließ alle drei ihre Schuhe ausziehen und hinunterwerfen. Dann versuchte er den Abstieg. Nach wenigen Metern stürzte er zu Tode. Die Jungen entdeckten wenig später einen gangbaren Weg, aber einer von ihnen starb noch auf dem Weg zum Fluß. Der andere wurde eine Woche später 13 Kilometer flußabwärts in kritischer Verfassung von einem Hubschrauber gerettet. Harvey hatte auf seiner Karte die Stelle mit »Hier stürzte der Priester« gekennzeichnet, und aus irgendeinem Grund hatte ich diesen Hinweis mit in meine Karte übertragen. Als ich jetzt voller Sorge den Pfad hinaufstieg, sprangen mich diese Worte jedesmal an, wenn ich auf die Karte sah.

An diesem Abend stieg ich weit genug nach oben, um mir sicher zu sein, daß keine Fußspuren auf dem Pfad waren; danach kehrte ich zu meinem Lager zurück. Nach Einbruch der Dunkelheit läßt sich kaum etwas zur Rettung Verschollener unternehmen, vor allem, wenn man nicht viel Wasser dabei hat. Am nächsten Morgen war ich um sechs wieder unterwegs. Ich hatte unter anderem mein Erste-Hilfe-Päckchen, energiereiche Lebensmittel und zwei Gallonen Wasser im Gepäck. Und ich beeilte mich: Wenn Doug wirklich in Not war, würde er ohne Wasser nicht lange durchhalten. Nicht an den jetzt üblichen Nachmittagen mit fast 40 °C im Schatten. Sobald die Sonne aufging, zog ich mich aus – ich glühte sowieso schon.

300 Meter über dem Fluß. 600 Meter. Immer noch keine Fußspuren. Wieder ein Blick auf die Karte: »Hier stürzte der Priester.« Mir wurde gelegentlich bewußt, daß diese neuerliche Aufregung meine friedliche kleine Welt der Biber-Sandbank bereits zerstört hatte. Natürlich war mir klar, daß es mir alles abverlangen würde, Doug zu finden, ihm, wenn nötig, Erste Hilfe zu leisten, zum Rand zu klettern, um Hilfe zu holen, und dann den Hilfstrupp in den Canyon zu führen. Doch eigenartigerweise durchzuckte mich auch einen Moment lang schamrot die Vorfreude auf eine neue, sinnvolle körperliche Herausforderung. Ich konstatierte sogar mit einiger Befriedigung, daß sich daran ablesen ließ, wie gut ich die Prüfungen des Canyon gemeistert hatte.

Nach drei Stunden kam ich an der Stelle vorbei, an der der Priester und seine Begleiter vom Weg abgekommen sein mußten. Kurz danach war ich auf dem Pfad und folgte ihm durch eine Kluft in der Redwall-Formation nach oben. Hinter ihr ruhte ich mich kurz aus – und blickte auf ein trockenes Bachbett, das unvermittelt in einen senkrechten Abgrund überging. »Hier stürzte der Priester.«

Jetzt war ich fast 1000 Meter über dem Fluß. Nur noch 600 bis zum Rand. Und immer noch keine Spuren. Ich hastete weiter. Die Sonne stieg.

Und mitten in dieser Leere und Stille rief urplötzlich eine Stimme: »Colin!«, und Doug stand zehn Schritte vor mir an einer Pfadbiegung. Sein Rucksack befand sich auf seinem Rücken, und er sah aus wie der Prototyp wasserstrotzender Gesundheit, auch wenn ihn mein tiefes Dekolleté ein klein wenig zu irritieren schien.

Wir gaben uns die Hand (irgendwie hatte das etwas Merkwürdig-Formales, und mir fielen wieder Stanley und Livingston ein) und setzten uns dann auf die roten Steine. Doug hatte an dem Morgen, an dem er den Abstieg geplant hatte, heftigen Durchfall bekommen, und außer der sehr teuren Benachrichtigung per Luftabwurf hatte es keine Möglichkeit gegeben, mich von der Verzögerung zu informieren. Sobald er sich am heutigen Morgen dazu in der Lage gefühlt hatte, war er losgelaufen. So einfach war das Ganze. Zwei Stunden später waren wir in meinem Lager.

Doch die Irritationen endeten damit keineswegs.

Ich hatte mein Lager in der Nähe der Abwurfstelle unter dem üppigen Sonnenschirm einer Weide aufgeschlagen. Wir waren gerade seit zehn Minuten in ihrem Schatten, als Doug, der dabei war, eine Stelle unter einem tiefhängenden, waagerechten Ast für seinen Schlafsack einzuebnen, plötzlich zurückwich.

»Schlange!« sagte er und zeigte mit dem Finger.

Auf dem Ast ausgestreckt lag – passiv und sympathisch – eine gefleckte rosafarbene Klapperschlange von knapp einem Meter Länge. Das erste, was Doug von ihr wahrgenommen hatte, war eine zuckende schwarze Zunge gewesen – 15 Zentimeter vor seinen Augen.

Es war ein bemerkenswert tolerantes Exemplar. Wir stocherten sie mit einem Stock von dem Ast herunter, so daß sie fast zwei Meter tief auf den harten Sand fiel, und scheuchten sie dann mit dem Stock und wedelnden Armen und Beinen, bis sie sich in ein nahe gelegenes Dickicht zurückzog. Erst unmittelbar bevor sie dort verschwand, nahm sie eine drohende Haltung ein und fing schließlich auch an zu klappern[22]. Es war erneut eine Begegnung zwischen Gentlemen gewesen. Doch als ich am nächsten Morgen kurz nach dem Frühstück zufällig über meinen

---

[22] Das Geräusch, das durch das Schütteln von Hornringen am Schwanzende erzeugt wird, ist eher ein Zischeln als ein Klappern – Anm. d. Ü.

Rucksack blickte, sah ich eine in bezug auf Farbe und Länge sehr ähnliche Klapperschlange durch den Sand gleiten. Gemächlich fädelte sie sich durch ein Labyrinth aus Wurzeln. Auf einem sonnigen Fleck einen halben Meter neben meinem Rucksack spulte sie ihren Körper zu einer flachen Spirale auf, gähnte, räkelte sich, legte ihren Kopf auf das schimmernde und wunderschön gemusterte Kissen ihres Körpers und schlief ein. Da Klapperschlangen aber nun mal potentiell gefährliche Geschöpfe sind und weil selbst mit den sympathischsten von ihnen letztlich ein Unglück passiert, wenn sie immer wieder zurückkommen, töteten wir sie. Das war soweit einfach – wenn man eine Klapperschlange erst mal entdeckt hat, ist das arme Ding praktisch wehrlos. Doch danach ging mir nicht mehr aus dem Kopf, wie das schläfrige Tier gegähnt und sich auf dem Fleckchen Sonne geräkelt hatte – genau wie eine Verwandte auf der Biber-Sandbank. Und mir gefiel gar nicht, was wir getan hatten.

Wie sich zeigte, war die Klapperschlange erst der Anfang.

Doug ist ein eher stiller Typ. Mich hat nie jemand dieser Eigenschaft bezichtigt, und so hörte ich mich schon bald nach Neuigkeiten aus der Außenwelt fragen.[23] Und fast auf der Stelle regte ich mich idiotischerweise über ein paar bornierte Bemerkungen auf, die ein gemeinsamer Bekannter Doug gegenüber gemacht hatte – ein Mann, mit dem ich unmittelbar nach unserer Rückkehr aus dem Canyon ein paar Dinge zu regeln hatte. Normalerweise hätte ich das Ganze gehört und wieder vergessen. Aber jetzt kochte ich geradezu und war kaum mehr zu beruhi-

---

[23] Später erfuhr ich, daß der Ranger Jim Bailey unter dem Eindruck unseres Treffens am Bass Trail Doug vorgewarnt hatte: »Glauben Sie mir, die ersten zwei Tage wird er Sie in Grund und Boden reden.«

gen. Als ich später daran zurückdachte, erklärte ich mir mein Verhalten so: Mit der Alltagswelt streift man auch seine Schutzhülle gegen ihre Nadelstiche ab und wird dadurch ihnen gegenüber sehr empfindlich.

Nach zwei Tagen begann unsere Wanderung flußaufwärts. Jetzt wurde der Canyon selbst bedrückend. Die Innere Schlucht war breiter geworden, wodurch ihre Großartigkeit verlorenging. Sie war jetzt weniger eine Schlucht als ein steiles und ziemlich abschreckendes Tal. Hoch oben, weit zu unserer Rechten, ragten nach wie vor die gestaffelten rosafarbenen Felsen der Palisaden empor. Wir kämpften uns tief unten in der Hitze am Fluß über weiche, blendende Sandbänke. Von beiden Seiten her drängten schwarze Lavaströme auf uns zu. Über unseren Köpfen kreisten und krächzten vereinzelt schwarze Raben.

Am zweiten Nachmittag bot sich uns gleich zweimal ein trauriger Anblick.

Am letzten Junitag des Jahres 1956 waren zwei Transkontinentalflugzeuge hoch über dem Canyon kollidiert. Beide stürzten ab, knapp zwei Kilometer voneinander entfernt. Es gab keine Überlebenden. 128 Menschen starben. An diesem zweiten Nachmittag kamen wir an beiden Wracks vorbei. Sie lagen auf der anderen Seite des Colorado. Von dem einen sahen wir nur ein Stück des Rumpfs, das dicht an der Kante eines 700-Meter-Abgrunds thronte. Die andere Maschine war offenbar in einen flachen Nebencanyon 70 Meter über dem Fluß gestürzt. Verstreut über den kahlen, stillen Fels konnten wir einen Streifen kleiner, schimmernder Wrackteile erkennen. Keins davon schien größer zu sein als ein Kindersarg. Es war ein Anblick, der einem jeden Tag verdorben hätte. Zum ersten Mal wollte ich die Stille des Canyon nicht mehr. Sie machte es einem allzu leicht, die letzten schrecklichen Sekunden in dem abstürzenden Flugzeug zu hören.

Wir waren an den Wracks vorbei und arbeiteten uns 70 Meter über dem Fluß über eine unwegsame, zerklüftete Terrasse, als die traurige Stille von etwas durchbrochen wurde, das nicht der lebhaften Phantasie entsprang. Zuerst war es nur ein Murmeln, kaum mehr als eine Variante der Stille. Dann ein Brummen. Dann plötzlich ein Dröhnen, das von den Felsen widerhallte. Ein Dröhnen und ein erkennbar rhythmisches Knattern. Fast noch bevor ich das Geräusch erkannte, sah ich den Hubschrauber.

Er flog sehr niedrig flußabwärts. Wir konnten in das lächerlich kleine Glaskügelchen von Kabine blicken und sahen Pilot und Passagier in seltsam zivilisierter Bequemlichkeit nebeneinandersitzen. Vor diesem bedrückenden Hintergrund hatte der Anblick etwas beinahe Obszön-Öffentliches.

Der Hubschrauber kurvte langsam an uns vorbei. Der Pilot würde kaum damit rechnen, hier jemanden auf dem Boden zu sehen, außerdem waren wir zwischen den dunklen und durcheinandergewürfelten Felsbrocken sowieso fast unsichtbar. Über dem Wrack des zweiten Flugzeugs blieb er eine Weile in der Luft stehen, dann machte er dröhnend kehrt und verschwand flußaufwärts außer Sicht. Auch das Dröhnen wurde schwächer und erstarb. Doch danach paßte der Tag noch weniger als vorher zu dem Canyon, den ich kennengelernt hatte.

Spät am Nachmittag ließen wir uns auf einer steinigen Sandbank an der Mündung des Little Colorado nieder. Es war kein gutes Lager. Doch seit einigen Tagen waren gute Lagerplätze schwer zu finden. Je heißer die Nachmittage wurden, desto mehr waren ihre angenehmen Brisen erst zu aggressiven Winden und dann zu lärmenden Stürmen geworden, die dicke braune Wolken von den Sandbänken peitschten und sie in heftigen Böen flußaufwärts, flußabwärts und quer über den Fluß jagten. Wo immer wir lagerten – der Sand fand uns. Er drang in Ohren, Mund und Augen. Er verstopfte die feinen Düsen unserer Gaskocher. Er würzte das Essen. Auf der Sandbank an der Mündung des Little Colorado arbeitete er sich schließlich so tief und so reichlich in Dougs Kamera, daß der Verschluß festklemmte. Und das spielte eine Rolle.

Doug hatte in diesem Sommer einen vollgepackten Terminkalender. Die Zeit hatte kaum ausgereicht, um diese Canyontour zwischen eine von der Regierung in Auftrag gegebene Schnee-Untersuchung in der kalifornischen Sierra Nevada und den schon lange geplanten Besuch eines Gletschers in Alaska zu quetschen. Erst als ich von der Phantom Ranch aus mehrere Ferngespräche geführt hatte, war klar gewesen, daß er überhaupt kommen würde, und wir hatten beide die ganze Zeit gewußt, daß er den Canyon vielleicht schon vor mir wieder würde verlassen müssen. Nun stellte die kaputte Kamera seine sorgfältig ausgetüftelte Planung wieder in Frage. Der Hauptzweck des Alaska-Trips waren Aufnahmen vom Gletscher, die entscheidend für eine wissenschaftliche Arbeit waren. Zudem war die Kamera ein teures und schwer zu ersetzendes Gerät. Außerdem konnte er sie sozusagen blind bedienen, was unter widrigen Bedingungen ein wichtiger Faktor ist. Also beschlossen wir nach einigem Hin und Her, Doug solle unverzüglich aufbrechen, damit er zumindest versuchen konnte, die Kamera rechtzeitig repariert zu bekommen. Doug würde den Canyon also über den Tanner Trail wieder verlassen. Damit man bei den Rangern wüßte, wo man ihn gegebenenfalls zu suchen hätte, würde ich die Änderung des Plans beim nächsten Abwurf in zwei Tagen signalisieren.

Und so ging Doug am vierten Tag nach unserem Treffen von der Sandbank in der Mündung des Little Colorado aus auf demselben Weg wieder zurück, auf dem er gekommen war.

Offen gesagt, ich glaube, daß wir alle beide ausgesprochen erleichtert waren. Unter normalen Umständen kann es uns durchaus passieren, daß sich ein kurzer Anruf unversehens stundenlang hinzieht, doch seit dem Augenblick unserer Begegnung auf dem Tanner Trail hatte die Kommunikation zwischen uns nicht mehr geklappt. Nachdem uns die Frustration über unsere Unfähigkeit, uns über das auszutauschen, was uns bewegte, ein paar Tage begleitet hatte, wurden wir zunehmend gereizter und näherten uns schließlich richtigem Streit. Ich weiß, das klingt lächerlich, aber so war es. Rückblickend erkannte ich später ziemlich klar, daß wir aus ganz verschiedenen Welten sprachen, und ich glaube, die Dinge wären selbst dann nicht viel besser gelaufen, wenn mir auf dem Tanner Trail der Erzengel Gabriel begegnet wäre. Später stimmten Doug und ich darin überein, daß es von uns beiden ziemlich kurzsichtig gewesen war, nicht mit solchen Problemen zu rechnen, aber seinerzeit war ich nicht in der Stimmung gewesen, so viel freundliche Einsicht zu zeigen. Ich wußte nur, daß ich frustriert und sauer war – und daß ich nach unserer Trennung erleichtert war, weil ich jetzt wieder laufen konnte, wenn ich laufen wollte, stehenbleiben und gucken konnte, wenn ich stehenbleiben und gucken wollte, und überhaupt nichts tun konnte, wenn ich überhaupt nichts tun wollte. Ich konnte wieder meine eigenen Gedanken auf meine eigene Weise, in meinem eigenen Tempo und nach meinem eigenen Gutdünken denken, ohne mit Einmischungen rechnen zu müssen. Und ich konnte mich wieder die ganze Zeit in der Stille aufhalten. Meine Erleichterung kam natürlich nicht besonders überraschend, denn diese Punkte beschreiben genau das, was man unter »Einsamkeit« versteht.

Daß Doug und ich uns ausgerechnet an dieser Stelle trennten, hatte noch einen eigenartigen Beigeschmack. Ich war schon seit Monaten gespannt darauf gewesen, an die Mündung des Little Colorado zu kommen, denn diese Stelle hatte Dougs Verwandter, John Wesley Powell, vor fast einem Jahrhundert als den eigentlichen Beginn seiner Passage durch den Grand Canyon betrachtet. In seinem Reisebericht hatte er geschrieben:

Wir sind jetzt bereit, den Weg in das Große Unbekannte anzutreten. Unsere Boote, die an einfachen Pflöcken vertäut sind, scheuern aneinander, wenn der launische Fluß sie schüttelt. Sie liegen hoch und hoffnungsvoll im Wasser, denn ihre Ladungen sind leichter, als wir uns wünschen würden. Wir haben nur noch Vorräte für einen Monat ...

Wir sind eine Dreiviertelmeile weit in der Tiefe der Erde, und der große Fluß schrumpft zur Bedeutungslosigkeit. Er schmettert seine wütenden Wellen an die Wände und Klippen, die nach oben in die Welt aufsteigen, aber sie sind nichts als armseliges Gekräusel und wir nichts als Zwerge, die im Sand hin und her laufen oder sich zwischen den Felsblöcken verlieren.

Wir müssen eine unbekannte Entfernung zurücklegen und einen unbekannten Fluß erforschen. Wir wissen nicht, welche Wasserfälle uns erwarten, wir wissen nicht, was für Wände über dem Fluß aufsteigen. Nun gut! Wir müssen eben mit vielem rechnen. Die Männer klingen so unbekümmert wie immer, und heute morgen fliegen lockere Scherzworte hin und her. Doch mich bedrückt diese Unbekümmertheit, und die Scherze kommen mir gespenstisch vor.

Diese Absätze hatten auch bei mir die gedrückte Stimmung erzeugt, die jede Seite von Powells Bericht durchzieht. Und lange bevor ich überhaupt in den Canyon kam, hatte ich mich an dieser Mündung stehen und ein Jahrhundert zurückblicken sehen. Ich weiß nicht genau, was ich dabei zu entdecken hoffte. Doch ich weiß, daß ich recht zuversichtlich war, wenigstens ein bißchen von dem fühlen zu können, was John Wesley Powell gefühlt hatte.

Doch als ich nun an der Flußmündung saß und ein Powell den Weg zurückging, den ein anderer vor 100 Jahren vorwärtsgegangen war, da vernahm ich nicht die Spur eines Echos von damals. Und ich wußte, daß das nicht am Fluß lag. Ich wußte erschöpft, daß ich Zeit brauchen würde, um die Verbindung wieder herzustellen, genau wie nach der Phantom Ranch. Zeit, damit der Aufruhr sich legen konnte – jener Aufruhr, der irgendwie aus der Welt da draußen über mich hereingebrochen war. Zeit, um noch einmal in die Stille und die Einsamkeit einzugehen. Also Zeit, um wieder in das Museum zu gelangen. Und nachdem mir kaum noch eine Woche verblieb, bevor ich mich an meinen Auf- und Ausstieg über den Nordrand machen mußte, war ich mir ganz und gar nicht sicher, ob dafür noch genügend stille und einsame Tage übrigbleiben würden.

Von der Mündung aus unternahm ich einen kurzen Abstecher den Little Colorado hinauf zum ersten der versprochenen »Museums«-Exponate mit dem Etikett »Homo sapiens«.

Sobald ich in den Nebencanyon kam, besänftigte mich seine Schönheit. Der Little Colorado fließt durch eine enge, 1000 Meter hohe Schlucht, die an vielen Stellen von Streifen dichten grünen Laubwerks gesäumt wird. Zu dieser Jahreszeit war er ein sanfter Strom, dessen mineral-stoffreiches, aquamarinblau-klares Wasser über weiße Steine und über Sandbänke glitt und sprudelte. An einer Stelle hing eine Traube scharlachroter Blüten auf ein Wasserbecken herab. Einmal strich ein bronzefarbener Karpfen mit rosafarbenen Flossen an einem Schilfrohrwald entlang – ein erlesenes Bild fast wie ein orientalisches Aquarell in Pastell.

Acht Kilometer hinter der Mündung fand ich, was ich gesucht hatte.

Es war ein äußerst ungewöhnliches Objekt: ein brauner, glatter Hügel wie ein riesiger umgestülpter Karamelpudding, den man zum Abkühlen fachmännisch im flachen Randbereich des Wassers plaziert hatte. Aus der Entfernung wirkte er nur wie ein Pickel auf dem Boden der ungeheuren Schlucht. Doch als ich durch den Fluß hindurchgewatet war, zeigte sich, daß er einen Umfang von fast 70 Metern hatte. Zu seinem oberen Rand blickte ich schätzungsweise zehn Meter hinauf, und als ich die hochgeklettert war, stellte ich fest, daß seine abgeflachte Kuppe einen Durchmesser von mindestens zwölf Metern besaß. In der Mitte dieses runden Tafelbergs sprudelte ein kreisförmiges, gelbes Wasserbecken.

Diese Quelle hat den Hügel erschaffen. Und sie arbeitet immer noch an ihrem Werk. Ich sah, daß zwar ständig Wasser in das Becken emporsprudelte, jedoch keins aus ihm herausfloß. Unter der verkrusteten Oberfläche versickerte ständig Wasser, das dann in der trockenen Luft verdunstete. Die Mineralien blieben dabei zurück und bildeten so, Kristall für Kristall, den Hügel. Auf einer Seite konnte ich die noch feuchte, neue Schicht sehen. Sie war wunderbar getönt und filigran – hier wurde das Bauwerk gerade erweitert.

Von der Kuppe dieses karamelfarbenen Hügels bietet

sich einem eine ungewöhnliche Aussicht. Wohin man auch schaut, man erblickt eine Schönheit, die immer bestürzend und manchmal geradezu bizarr ist. Da ist das gelbe, mit Schaum gesprenkelte Wasserbecken. Drumherum die rosabraun und glatt erstarrte Kristalldecke, die hier und da auch aufgesprungen und abgeblättert ist. Dann die dunkleren Wände des Hügels, von denen Stücke abbröckeln. Darunter der durchsichtige Fluß. Blaß leuchtende Sandbänke. Grünes, wohltuendes Laub. Darüber ein kaum 60 Meter breiter Streifen aus gelbbraunen, zinnenbewehrten Felsen und Halden. Danach die Redwall-Formation. Und dann im steten Wechsel Fels und Terrasse und Fels, immer höher und höher hinauf, erst rot, dann rosa, dann weiß, bis das Gestein schließlich endet und das schweifende Auge vor einem weit entfernten blauen Himmel innehält.

Und dennoch: Trotz all dieser Schönheit und Stille und wiederlangten Einsamkeit fand ich nicht wirklich das, weswegen ich hergekommen war.

In meinem Kopf trug dieser natürliche, aber höchst unnatürlich aussehende Hügel ganz deutlich das Etikett »Homo sapiens«, denn er war ein Heiligtum. Die Hopi-Indianer sehen in der heiß sprudelnden Quelle auf seiner Oberseite ein Sipapu (sprich: Ssiepa Pu): einen »Ort, an dem das Leben aus der Erde kam«. Sie glauben, daß dieser Hügel am Little Colorado die Stelle (oder zumindest eine der Stellen) ist, an der ihre Urahnen der Erde entstiegen. In früherer Zeit muß diese Erklärung die alte Menschheitsfrage »Woher kommen wir?« auf neue, aufregende und kristallklare Weise beantwortet haben. Für das sich entwickelnde Bewußtsein eines einfachen Volkes muß darin eine zufriedenstellende Gewißheit gelegen haben. Dieselbe Gewißheit, mit der die sich offenbarende Geschichte des Gesteins und der Fossilien diese Frage heute unserem sich entwickelnden und immer noch einfachen Bewußtsein beantwortet.

Während ich neben der blubbernden Quelle stand, versuchte ich mich in jenen Hopi hineinzuversetzen, der das Sipapu einst entdeckt hatte. (Aus naheliegenden, wenn auch völlig unlogischen Gründen stellte ich mir vor, ein einzelner Mann habe diese Entdeckung allein gemacht.) Doch dieser Versuch kam nicht über eine bloße intellektuelle Übung hinaus. Ich konnte mir leicht ausmalen, daß dieser Mann nach seinem kilometerlangen Weg durch die befremdliche Szenerie dünnhäutig sein würde – tief in der Erde, tief unterhalb der Mesas, auf denen er lebte. Ich konnte mir sogar schwach seine ehrfürchtige Scheu vorstellen und wie er mit seiner aufregenden Geschichte zu seinen Leuten zurückgekommen war. Aber das war alles. Es gelang mir nicht im geringsten, mich in ihn »hineinzufühlen«.

Ich zog mich aus der sengenden Sonne in den Schatten einiger Büsche zurück, betrachtete den Quellenhügel und versuchte, ihn im Rahmen der historischen Abläufe zu sehen.

Es war augenfällig, daß er vor dem Zeitrahmen der Felsen, die über ihm aufragten, kaum zu existieren begonnen hatte. Er hatte erst so lange nach der Entstehung selbst der jüngsten dieser Felsen mit seinem schichtweisen Wachstum angefangen, daß er aus deren Blickwinkel buchstäblich erst in jenem Sekundenbruchteil aufgetaucht war, in dem mein Blick auf ihn gefallen war.

Selbst vor dem zeitlichen Rahmen der Schlucht, in der er sich befand, war der Hügel jung. Der Little Colorado hatte vermutlich, genau wie der Hauptfluß, rund sieben Millionen Jahre gebraucht, um seine Schlucht auszuwaschen. 1000 Meter in sieben Millionen Jahren, also 7000 Jahre pro Meter Gestein. Der Hügel in seiner derzeitigen

Form konnte natürlich erst zu wachsen begonnen haben, als der Canyonboden ungefähr sein jetziges Niveau erreicht hatte. Also vor, sagen wir, nicht mehr als 50 000 Jahren.

Doch nach der Zeitskala, mit der wir Menschen normalerweise zu tun haben, war der Hügel alt. Sehr alt. Ich hatte keinen Anhaltspunkt, um abzuschätzen, vor wie vielen Jahren jener erste Hopi in die Schlucht vorgedrungen war, aber 1000 Jahre schienen mir eine passable Vermutung zu sein. Aber selbst wenn die Zahl doppelt oder dreimal so groß sein sollte, machte das keinen wesentlichen Unterschied. Wäre der lange verblichene Hopi plötzlich neben mir wiedererstanden, hätte er an der riesigen, braunen Kontur wahrscheinlich keine Veränderung wahrgenommen.

Als ich schließlich aufstand, ans Wasser ging, meine Stiefel auszog und durch den wunderbar blaßblauen Fluß zurückwatete, war mir klar, daß ich nur an der Oberfläche kratzte. Und während ich in der Nachmittagshitze über ausgebleichte Sandbänke zur Flußmündung zurücklief, war mir traurig bewußt, daß dieser Tag mir andere, tiefgehendere Dinge über das Sipapu verraten hätte, wenn ich eine Woche früher hiergewesen wäre.

Am folgenden Tag ging ich weiter den Hauptfluß hinauf. Noch bevor ich den Zusammenfluß verließ, wußte ich, daß die kommenden 24 Stunden mich kaum würden beruhigen können. Sie würden mich fest in der seichten, unmittelbaren Gegenwart festhalten.

Gleich zu Anfang stand mir die letzte große körperliche Herausforderung bevor, die noch verblieben war: Um die letzte Abwurfstelle sowie meinen Weg nach draußen zu erreichen, mußte ich den Colorado durchschwimmen.

Ich wählte dafür eine Stelle etwa einen Dreiviertelkilometer oberhalb des Little Colorado – der Fluß floß hier gemächlich, und auf mehrere hundert Meter gab es keine Stromschnellen. Der durch den Damm kastrierte Colorado, der hier so ruhig an mir vorbeifloß, hatte, das war mir wohl bewußt, kaum noch Ähnlichkeit mit dem wirbelnden, reißenden Mahlstrom, der innerhalb des Canyonbereichs mindestens 17 oder 18 Männer ertränkt hatte, darunter auch einen Gefährten von Harvey Butchart, der im Mai 1955 in einem Strudel von seiner Luftmatratze gerissen worden war. Das zu wissen, war jedoch nicht sehr beruhigend. Sehr bedächtig zog ich meine Sachen aus und verstaute sie noch bedächtiger in meinem Rucksack. Aus der weißen Plastikplane, in die ich mein Zeug bei der Erkundung am Havasu Creek gepackt hatte, machte ich eine Innenhülle, in die fast die gesamte Ausrüstung hineinkam. Dann verschleppte ich das Ganze noch, indem ich ohne Gepäck ein paar Proberunden in die Strömung hinaus unternahm. Doch schließlich blieb mir nichts mehr übrig, als mir den Rucksack über eine Schulter zu werfen, mich quer über die kleine grüne Luftmatratze zu legen und mich auf die weite Fläche des Flusses hinauszuschieben.

Es war fast enttäuschend einfach. Der Rucksack blieb brav zwischen meinem Hinterteil und meiner kahlen Stelle am Hinterkopf liegen, der optimalen Position, wie ich bei meinen Umrundungen der Felsnasen unterhalb der Biber-Sandbank herausgefunden hatte, und mein Kopf blieb unentwegt auf das gegenüberliegende Ufer gerichtet. Mein Stock schwamm ohne mich zu behindern am Ende eines Meters Nylonschnur hinter mir her. Und obwohl es mitten im Fluß eine lange Phase gab, in der es schien, als habe mein ständiges Hundepaddeln aufgehört, mich voranzubringen, ging auch dieses Gefühl der Hilflosigkeit vorbei. Nach einer Weile gab sich auch die Müdigkeit in den überanstrengten Muskeln, so daß ich bald ohne Schwierigkeiten die andere Seite erreichte. Von einer Gegenströmung ließ ich mich noch ein paar Schritte bis an eine sandige Uferstelle ziehen, dann berührten meine Zehen den Boden. Die tropfende Matratze an den tropfenden Körper gedrückt und den Stock immer noch im Schlepptau, stieg ich durch den weichen Sand das Ufer hinauf – ich war fast genau gegenüber der Stelle, an der ich losgeschwommen war.

Das warme Erfolgsgefühl, das sich in Kopf und Körper ausbreitete, während ich dasaß und mich von der Sonne trocknen ließ, war eine laue Sache, verglichen mit jener Flut der Erleichterung, die mich sechs Wochen zuvor überrollt hatte, als ich auf der anderen Seite des Havasu-Creek-Nebenarms ans Ufer geklettert war. Und selbst diese milde Wärme hielt nicht an. Während ich über Felskanten und Sandbänke rund acht Kilometer flußaufwärts eilte, verlor sie sich immer mehr. Als ich abends mein Lager an der Mündung des Kwagunt Creek aufschlug, war sie nur noch schemenhaft vorhanden. Und am nächsten Morgen war auch dieser Schemen verschwunden.

An diesem Morgen bekam ich zum dritten und letzten Mal Nachschub aus der Luft, aber das tröstete mich auch nicht.

Als Abwurfstelle war das gut einsehbare Delta des Kwagunt Creek verabredet; der Zeitpunkt X war um zehn. Um Viertel nach neun, als die Junisonne bereits heftig niederbrannte, hatte ich die große weiße Plastikplane als Erkennungszeichen ausgebreitet und meine Botschaft mit den Stiefeln in 1,50 Meter großen Buchstaben in die steinige Erde des Deltas gekratzt: DOUG AM 9. VIA TANNER RAUS. Das Ergebnis kam mir jedoch nicht lesbar genug vor, daher fing ich an, die wichtigeren Buchstaben der Nachricht mit Toilettenpapier zu verdeutlichen. Als dabei eine leichte Brise aufkam, steckte ich das Toilettenpapier mit Feigenkaktuszweigen fest. Und als mir das Toilettenpapier ausging, nahm ich das kostbare weiße Luftpostpapier, das eigentlich für Aufzeichnungen reserviert war. Und als das auch verbraucht war und mir plötzlich die Zeit davonlief, mußten alle Plastiktüten, alle Feigenkaktusstücke und alle hellen Steine herhalten, die ich in der Eile finden konnte. Um zwei Minuten vor zehn war ich fertig, außer Puste und erschöpft.

Das Flugzeug kam eine Stunde zu spät. Bis es schließlich weit oben hinter dem Rand hervorbrummte, hatte mich die Ungewißheit in einen Zustand versetzt, den allein geborene Sich-Sorgen-Macher nachvollziehen können.

Die kleine Cessna machte vier Anflüge: erst Dougs Lebensmittel, dann eine Gaskartusche für den Kocher, dann meine Lebensmittel und zuletzt einen Kontrollüberflug, um zu sehen, ob alles in Ordnung war. Bei jedem Anflug brauste die Maschine kaum 50 Meter über mich hinweg. Vor den hoch aufragenden roten Felsen sah sie sehr winzig und sehr zerbrechlich aus. Beim letzten Anflug bestätigte sie den Erhalt der Nachricht mit einem unmißverständlichen Flügelwackeln. Dann war sie fort, und die Stille nahm sanft ihren Platz ein.

Nach dem Abwurf saß ich anderthalb Tage in einem Weidenhain am Colorado herum und ruhte mich aus – ein Schnitt im Fuß hatte sich entzündet.

Anfangs blieb mir schmerzhaft bewußt, daß die beschriebenen Irritationen immer noch heftig in mir rumorten. Doch mein Lager unter den Weiden, bei dem die weiße Plastikfolie jetzt als Sonnensegel diente, war sehr anheimelnd, und allmählich begann der Canyon wieder auf seine stille Art zu wirken.

Ich stellte fest, daß es mir guttat, unter dem Sonnendach hervor durch eine Spanische Wand aus jungen Weiden zu blicken und in aller Ruhe die Architektur der Schlucht zu betrachten. Hier dominierte die Redwall-Formation. Sie begann fast am Wasser und stieg glatt und steil empor. Darüber weitere Felsen. Und dann der Himmel. Das war alles. Es war sehr schlicht und wunderschön. Und jetzt hatte ich die Zeit, mir diese Schönheit ins Gedächtnis zu brennen, damit ich sie für die Tage nach dem Canyon mitnehmen konnte.

Um die Schönheit aber wirklich dauerhaft einbrennen zu können, bedarf es katalytischer Momente. Und sie kamen.

Morgen. Das Licht der Sonne umreißt jeden Gegenstand mit der Schärfe eines Rasiermessers. Die spiegelnde Fläche des Colorado zersplittert in den Stromschnellen. Und dann nimmt der Tag fast unversehens Gestalt an, um seinen kurzen, aber elektrisierenden Triumphzug über die Wüste anzutreten.

Später Abend. Die weichen Fließgeräusche des Wassers. Schimmernd spiegelt sich rotes Gestein. Weit oben, im versiegenden Mondlicht, sinken gewaltige Konturen schon wieder vom Blau ins Schwarz. Weit flußaufwärts die Ursache der roten Reflexion: ein mächtiger Felsbuckel, der noch Licht abstrahlt. Er glüht matt, wie ein Buntglasfenster im letzten Sonnenstrahl eines Winterabends. Ein sehr weit entferntes buntes Fenster – und ich bin ein kleines Kind im Vorraum einer tiefen, kühlen, dämmrigen Kathedrale.

Einmal hörte ich in der Abenddämmerung den entfernten Doppelknall eines schlagenden Biberschwanzes. Und eines Nachmittags materialisierte sich ein Kolibri 45 Zentimeter vor meiner Nase, überraschend, violett, irisierend. Bei einem raschen, effizienten Rundflug inspizierte – und verwarf – das vibrierende kleine Etwas die rosa

Zahnbürste, die roten Socken und einen roten Kanisterverschluß. Es schwebte vor der Gaskartusche, berührte ausgesprochen dezent das rote Hemd einer darauf gemalten Figur, und als es den Betrug merkte, stellte es den Schwanz auf und entmaterialisierte sich wieder.

An meinem zweiten Nachmittag zwischen den Weiden geschah etwas Unerwartetes, das zunächst nach einer weiteren Irritation aussah. Ich las. Selbst unter meinem Sonnensegel war es sehr heiß. Und plötzlich wuchs von irgendwo flußaufwärts ein Geräusch aus der Hitze und Stille innerhalb eines Moments von einem Murmeln zu einem Donnern an, so daß ich in den wenigen Sekunden, die bis zu seinem Höhepunkt verblieben, dachte: »Komisch, das klingt wie Düsenjäger im Tiefflug. Unmöglich.« Ich schlug das Ende meines Sonnendachs zurück und bog die Weiden auseinander. Und da, direkt vor mir, erschreckend nah, halb so hoch wie die kleine Cessna, aber fünfmal schneller, jagten zwei silbrige Kampfjets vorbei. Einen Augenblick lang starrte ich verblüfft auf vernietete Metallplatten und große schwarze Zahlen. Dann waren die Maschinen, 15 Meter nebeneinander, vorbeigejagt und verschwunden. Der Donner ließ nach, hallte wider, erstarb.

Ich ließ die Weiden wieder zurückschnellen. Lange Zeit saß ich da und fragte mich, was mit meinen Empfindungen nicht stimmte. Ich wußte genau, wie ich mich hätte fühlen müssen: Ich hätte mich inbrünstig und selbstgerecht über das aufregen müssen, was diese beiden Piloten getan hatten. Sie hatten sich über die Vorschriften des Nationalparks hinweggesetzt, über sinnvolle, vernünftige, dringend notwendige Vorschriften. Sie verschreckten Tiere. Sie lösten möglicherweise Steinlawinen aus. Aber in erster Linie hatten sie die Stille zerstört. Meine Stille. Ich hätte wahrhaftig sauer sein müssen.

Statt dessen empfand ich nichts als Bewunderung. Bewunderung für ihre Fähigkeiten, für ihre Tollkühnheit, für ihren Wagemut. Und das war, ob es mir paßte oder nicht, keine Irritation.

Am nächsten Tag ging ich auf Keramik-Suche.

Kurz vor dem Luftabwurf hatte ich beim Auskratzen des O von DOUG zufällig zwei blaugraue Tonscherben freigelegt. Während der langen Stunde, die ich auf das Flugzeug wartete, hatte ich, eher geistesabwesend, noch ein bißchen weitergescharrt und nach kurzer Zeit vier weitere Bruchstücke gefunden und auf einen großen Stein gelegt. Am zweiten Morgen nach dem Abwurf ging ich nun zum Bachdelta zurück und scharrte weiter.

Fast augenblicklich fand ich beim O von DOUG weitere Stücke. Dann noch ein paar etwas weiter daneben. Die meisten waren ziemlich klein, aber einige hatten einen Durchmesser von zehn, zwölf Zentimetern. Ich fand drei verschiedene Sorten. Die blaugraue kam am häufigsten vor. Ihre Innenflächen waren geglättet und ihre Außenseiten waren mit zentimeterbreiten, überlappenden Schichten verziert, die parallel zum Rand verliefen, als seien die Gefäße Lage um Lage aufgebaut worden. Die Kanten dieser Schichten waren offenbar mit Daumen und Zeigefinger sorgfältig gekräuselt worden, ähnlich wie ein Konditor den Teigrand eines Törtchens formt. Die zweite Sorte war dunkelrot. Sie schien sowohl innen als auch außen poliert. Viele Stücke davon waren außen mit dicken, schwarzen Linien bemalt, die zu einem recht komplizierten Muster zu gehören schienen. Die dritte Sorte war weiß und ähnlich verziert.

Während ich immer weiter im lockeren Boden des Deltas herumscharrte und mich immer weiter vom O entfernte, stieß ich auch auf Pfeilspitzen und rundere Schabsteine aus Feuerstein. Und dann fand ich die Reste zweier

Gebäude. Bei dem einen kennzeichneten Steinreihen ganz deutlich drei Außenwände. Auf das andere deutete lediglich eine eher flache Bodenvertiefung, aber diese Vertiefung bildete zweifelsfrei ein Rechteck. Und das hieß eindeutig: Mensch. Denn die Natur erschafft keine geraden Linien, geschweige denn Rechtecke (jedenfalls nicht in dieser Größenordnung).

Den ganzen Vormittag und den größten Teil des Nachmittags scharrte ich in dem Delta herum und sammelte und wusch und fotografierte viele Tonscherben und Feuersteine. (Ich nahm nichts davon mit; der Nationalpark schützt seine Schätze.) Als ich mich dann aber davon losriß und abends mit etwas Abstand überblicken konnte, was mir meine Aktivität gebracht hatte, da kam nicht viel zusammen. Sogar nur sehr wenig. Ich hatte nicht einmal annähernd eine neue Galerie meines Museums zu sehen bekommen. Ich hatte es nicht geschafft, die Menschen, die einst auf dem Delta gelebt hatten, für mich zum Leben zu erwecken.

Dennoch war der Tag nicht verschwendet gewesen. Er hatte einer schon lange in mir gärenden Idee zum Durchbruch verholfen. Daher wickelte ich am nächsten Morgen eine halbe Tagesration Lebensmittel und einen Teil meiner Fotoausrüstung in meinen Poncho, band mir das Bündel hinten an meinen Gürtel, hakte noch eine Feldflasche daran und machte mich auf den Weg den Kwagunt Creek hinauf.

In dem Jahr zwischen meinem Entschluß, den Canyon zu durchwandern, und seiner Ausführung hatte ich gelesen, ein Ranger des Nationalparks habe 35 Jahre zuvor ein »Indianerdorf mit 50 Häusern« im Kwagunt-Becken entdeckt. Nach ihm hatte nie jemand dieses Dorf gefunden oder Anzeichen dafür aus der Luft entdeckt.

Die Geschichte hatte mich fasziniert. Und als ich eines

abends, Monate, bevor ich in den Canyon aufbrach, in die genußvolle, zeitraubende Beschäftigung mit dem zur Verfügung stehenden Kartenmaterial vertieft war, überkam mich das Bedürfnis, herauszufinden, wo eine Gruppe Indianer, die sich aus irgendeinem Grund im Kwagunt-Becken niederlassen wollte, wohl ihr Dorf errichten würde. Bestimmt würde sie Wasser in der Nähe brauchen. Und gleichzeitig vor Überschwemmungen sicher sein wollen. Und sie würde ein Stück halbwegs flaches Land bevorzugen, das leicht zu bebauen und vor Feinden zu schützen war. Da mir völlig klar war, daß alles dagegen sprach, daß ich die Zeit für einen Abstecher den Kwagunt Creek hinauf haben würde, um das Ergebnis meines kleinen Gedankenspiels zu überprüfen, wählte ich schließlich die beiden wahrscheinlichsten Örtlichkeiten aus, markierte sie auf der Karte mit Bleistift, grinste über mich selbst und vergaß das Ganze mehr oder weniger. Aber wenn Neugier einmal geweckt ist, ist man nicht mehr vor ihr sicher. (Und wenn doch, dann – na, danke.) Seit ich jedenfalls in den Canyon gekommen war, hatte dieser Hinweis auf das merkwürdige 50-Häuser-Dorf irgendwo in den Tiefen meines Kopfes vor sich hingeköchelt. Als ich auf der Biber-Sandbank über Exponate mit dem Schildchen »Homo sapiens« nachdachte, hatte ich zögernd erwogen, den Abstecher den Kwagunt Creek hinauf zu machen. Und nachdem ich die Tonscherben und Hausreste an der Bachmündung gefunden hatte, war ich fest dazu entschlossen.

Drei Kilometer oberhalb des Deltas hatte ich die enge Schlucht hinter mir, durch die der Kwagunt Creek direkt vor seiner Einmündung in den Colorado fließt, und vor mir öffnete sich die riesige Fläche des Kwagunt-Beckens. Seine kahlen Hügel und Kämme wogten Kilometer um Kilometer dem Fuß der dunstigen Felsen entgegen, die den Nordrand des Canyon bildeten. Schon auf den ersten

Blick war es ein Areal, in dem man auch ein 500-Häuser-Dorf unterbringen und verstecken konnte. Als ich in dieses abgeschiedene und einschüchternde Becken hineinlief, mußte ich allerdings auch einräumen, daß es nicht unbedingt eine Gegend war, die sich jemand für eine Dorfgründung aussuchen würde. Doch wenigstens floß der Kwagunt Creek hier an der Oberfläche, was er mehr zum Delta hin nicht getan hatte.

Zwei Stunden nachdem ich von meinem Lager aufgebrochen war, kam ich an den Fuß einer niedrigen, aber steilen Felsklippe am Nordufer des Bachs. Darüber lag das kleine Plateau, das ich nach meinem Kartenstudium zum Favoriten für die mögliche Lage des Dorfs gemacht hatte.

Die Klippe war sehr steil, und während ich hinaufkletterte dachte ich selbstgefällig, daß ich vor Jahresfrist immerhin recht gehabt hatte, als ich sie beim Studium der Karte für eine ausgezeichnete Verteidigungsanlage für ein Dorf hielt, das sich auf der Ebene über ihr befinden mochte.

30 Meter über dem Bach erreichte ich den Scheitel der Klippe. Und sobald ich auf dem Plateau stand, sah ich – kaum ein Dutzend Schritte entfernt – ganz deutlich eine gerade Reihe großer Steine in dem niedrigen, weitflächigen Gestrüpp. Obwohl ich es kaum glauben mochte, wußte ich sofort, daß sie durchaus von Menschenhand stammen konnte. Sechs Schritte weiter, und die Kontur wurde unverkennbar. Noch drei Schritte, und ich konnte in der Nähe einer Ecke des drei mal sechs Meter großen Rechtecks sogar die Lücke sehen, die die Tür gewesen war.

Aber ich wußte noch nicht, wie alt das Haus war – es hätte durchaus von einem Schürfer aus eher jüngerer Zeit, wie etwa von William Bass, stammen können. Ich ging ein paar Meter auf dem Plateau weiter. Und sah fast sofort im Windschatten eines großen Kalksteinbrockens noch eine rechteckige Kontur. Ich kehrte um und ging an dem

ersten Haus vorbei zum spitz auslaufenden Ende der Ebene. Und siehe, da war es: ein weiteres Steinrechteck, das
den Zugang zum Dorf vom Bach her überwachte. Fast augenblicklich stach mir eine Tonscherbe in der Nähe der
einen Hausecke in die Augen. Sie war blaugrau. Ich hob
sie auf. Sie zeigte dasselbe gekräuselte Konditormuster
wie die Stücke, die ich im Delta gefunden hatte.

Es war ein befriedigender Augenblick. Möglicherweise
lief er auf nichts anderes hinaus, als auf das selbstgerechte
Triumphgefühl, die Überlegungen lange gestorbener Indianer nachvollzogen zu haben. Aber als ich da mit kleinen Tonscherben in der Hand den Blick über das ge-
strüppbedeckte Plateau schweifen ließ, empfand ich den
Tag plötzlich als vollkommener und erfüllter als jeden anderen seit der Biber-Sandbank.

Gespannt lief ich zurück, vorbei an den beiden anderen
Umrissen aus Stein. Und stieß hinter einer flachen An-
höhe auf den Grundriß eines vierten Hauses. Eines größeren: gut neun mal neun Meter. Und als ich zu seiner
Rückseite ging, waren da die Fundamente eines kleinen
Anbaus, der am Haupthaus klebte, aber keine Verbindungs-
tür zu ihm hatte. Ich stand neben diesem kleinen An-
hängsel und blickte über die offene Ebene: Hier war zweifellos genug Platz für weitere 45 Gebäude.

In der nächsten halben Stunde kreuzte ich geradlinig
auf der Ebene hin und her und zog dabei ein Netz, das meiner Einschätzung nach engmaschig genug war, um mich
auch nicht das geringste Anzeichen von Grundmauern
übersehen zu lassen. Als ich damit fertig war, war die Sum-
me der gefundenen Häuser genau um null angewachsen.

Ich war enttäuscht. Und vielleicht war das mit der
Grund, warum ich die zweite potentielle Fundstelle, anderthalb Kilometer weiter, nicht mehr in Augenschein
nahm. Vielleicht lag das aber auch daran, daß der Blick

über den tief erodierten Talgrund einen langen und ermüdenden Marsch durch die Hitze in Aussicht stellte. Wie auch immer, ich blieb, wo ich war, und fing statt dessen an, Tonscherben zu suchen.

Ich verbrachte den größten Teil des Tages damit und fand auch viele Stücke, die alle zu einer der drei Sorten gehörten, die ich schon am Delta entdeckt hatte. Die besten Ton- und Feuersteinobjekte wusch ich, legte sie säuberlich nebeneinander und fotografierte sie. Wie schon am Delta hatte ich das Gefühl, ich müsse das um der Dokumentation willen tun, doch ich muß einräumen, daß sich die Begeisterung nach den ersten Funden legte. Den eigentlichen Höhepunkt des Nachmittags bildete ein prachtvoller Rehbock, ein Acht- oder Zehnender, noch im Bast, der sich kaum zehn Meter von mir entfernt aufrappelte und sich ziemlich langsam, mit viel Geschnaube und beträchtlicher Würde, zurückzog, als ginge er sich irgendwo über die Störung beschweren.

Gegen sechs machte ich mich einigermaßen unglücklich wieder auf den Weg zurück zum Lager.

Ich hatte noch nicht die Hälfte der Strecke zurückgelegt, als mir ohne ersichtlichen Anlaß einfiel, daß man – auch wenn ich kein 50-Häuser-Dorf gefunden hatte – meinen Weiler notfalls auch als 5-Häuser-Dorf bezeichnen konnte und daß die Differenz durchaus mit einem schlichten Tippfehler beim Abschreiben der Zahlen aus dem Bericht des Ranger zu erklären wäre.

Diese ziemlich weit hergeholte Erklärung machte für mich, ob gerechtfertigt oder nicht, einen deutlichen Unterschied aus.[24]

---

[24] Viele Monate später erfuhr ich, daß diese Erklärung doch nicht so weit hergeholt war, wenngleich sie auch nicht so stimmte, wie ich sie mir zurechtgelegt hatte. Der ursprüngliche Bericht war in der

Ich meine, einen Unterschied für meine Stimmung. Als ich zurück in mein Lager kam, fand ich, daß der Tag, unbeschadet meiner Enttäuschung, sich gelohnt hatte. Er war auf jeden Fall erheblich besser gewesen als alle anderen Tage seit der Biber-Sandbank. Entscheidend war, daß ich, fast ohne es zu merken, anfing, mich in »meine Indianer« hineinzuversetzen. (Ich weiß, es ist eine merkwürdige Art der Anmaßung, von »meinen« Indianern zu reden, aber genau das empfand ich in bezug auf diese Leute, die vor langer Zeit auf der Felsklippe und dem Delta gelebt hatten. Wenn man allein ist, wird man auf abstruse Weise besitzergreifend.)

Natürlich wußte ich nichts über meine Indianer. Und dieses eine Mal erwies sich meine Entscheidung, vorher nichts über den Canyon gelesen zu haben, entschieden als Handicap. Ich wußte noch nicht einmal etwas über die üblichen Bedeutungen, die die Anthropologen den drei verschiedenen Tondekors bestimmt längst zugeordnet hatten. Aber während der beiden Tage, die ich nun auf dem Land verbracht hatte, das einst der Grund und Boden meiner Indianer gewesen war, hatte ich eine Handvoll karger Einblicke in ihre Denkweise gewonnen. So

---

Tat entstellt worden. Allerdings war er nicht Übertragungsfehlern zum Opfer gefallen, sondern dem menschlichen Hang zur Übertreibung.

In der Literatur über den Grand Canyon finden sich verschiedene Hinweise auf das »50-Häuser-Dorf«. Einer davon hatte mich zu dem Gedankenspiel auf der Landkarte angeregt. Doch ich fand schließlich heraus, daß der Originalbericht, den ein Naturwissenschaftler des Nationalparks im Dezember 1928 angefertigt hatte, folgenden Wortlaut enthält: »Als wir das Lager erreichten, vermeldete Ranger Brown die Entdeckung einer ›verlorenen Stadt‹ mit mindestens 25 Gebäuden. Er hatte mehrere Piktogramme unter einem Überhang gefunden sowie eine Schabklinge aus Feuerstein, mehrere Pfeilspitzen und weitere Feuersteinstücke.« Nach Aussage eines Anthropologen, der das Kwa-

hatte sich mir zum Beispiel bestätigt, daß sie sich der Gefahr von Überschwemmungen sehr bewußt waren: Beide Wohnstätten lagen erhöht; zum Wasser war es unbequem weit, aber vor plötzlichen Überflutungen waren sie sicher (wenngleich beide Orte sicher auch deswegen ausgewählt worden waren, weil sie äußerst eben und somit für landwirtschaftliche Zwecke geeignet waren). Ich vermutete, daß ihnen die Hitze der direkten Sonneneinstrahlung nicht viel ausmachte, denn die Häuser waren ganz unterschiedlich ausgerichtet und keines stand im Schatten (wobei Bäume, die sie sich möglicherweise zunutze gemacht oder angepflanzt hatten, inzwischen verschwunden sein mochten). Vielleicht am wichtigsten war, daß ich einen kleinen Einblick in ihr ästhetisches Empfinden gewonnen hatte. Uns mögen »Konditor-Töpfereien« und grobe schwarze Linien noch nicht sehr kunstvoll vorkommen, aber unseren Nachkommen wird es mit unseren künstlerischen Bemühungen bestimmt ebenso ergehen.

Da war noch ein vielversprechender Moment.

Ich hatte vor dem größten Haus der Siedlung im Kwagunt-Becken gesessen und ein rotes Stück Kalkstein mit natürlichem Wellenmuster betrachtet, das wohl einst zur Hauswand gehört hatte. Und ich hatte mich gefragt, was dieses Wellenprofil für meine Indianer bedeutet hatte. Ich kam zu dem Schluß, daß sie es bestimmt nicht als die in der Zeit erstarrten Abdrücke des Meeres erklärt hätten, das einst das jetzige Kwagunt-Becken bedeckte. Eher hätten sie das getan, was die Menschen immer für notwendig

gunt-Becken nach meinem eigenen Besuch ziemlich gründlich durchforschte, ist die Existenz einer »verlorenen Stadt« dort höchst unwahrscheinlich; es gebe lediglich ein paar »relativ kleine Pueblo-Anlagen mit einem bis zu einem Dutzend Gebäuden«.

gehalten haben, wenn sie an den Grenzen ihres Wissens einen gähnenden Abgrund entdeckten: Sie zogen Legenden und Mythen heran, die mit halb erkannten Wahrheiten durchsetzt waren.

Den Rest des Tages hatte ich Stunde um Stunde damit verbracht, Pfeilspitzen und Tonscherben als interessante Altertümer zu betrachten, aber nicht als höchst persönliche Besitztümer atmender, lebendiger Menschen. Die Pfeilspitzen waren mir nicht als die gehüteten Waffen erschienen, die ein hungriger Mann vor langer Zeit eingesteckt hatte, wenn er zum Jagen den Kwagunt Creek hinaufzog – wo er vielleicht auf die Vorfahren jenes würdevollen Zehnenders anlegte, der mir begegnet war. Und die Tonscherben hatte ich nicht – wie es ja denkbar war – als von einem Behältnis stammend gesehen, das eine schwer arbeitende Hausfrau voll und schwer auf sehnigen Schultern vom Bach hergeschleppt hatte. Von einem Behältnis, das sie so oft gefüllt und geleert und wieder gefüllt hatte, daß sie, ohne es zu wissen, jede seiner Dellen und Unebenheiten auswendig kannte.

Mit anderen Worten: Das Dorf war nicht die Biber-Sandbank gewesen.

Aber ein Anfang. Und als ich an diesem Abend nach dem Essen im kleinen, hellen Lichtklecks meiner Taschenlampe die Karte studierte, merkte ich, daß mein Blick immer wieder zu einem komischen kleinen Symbol an der Mündung des Nankoweap Creek wanderte. Es besagte: »Felswohnungen«. Dieses Wort hatte mich schon fast ein Jahr lang fasziniert, und während in mir noch die Frage rumorte, warum es mir nicht gelungen war, »in« meine Indianer »hineinzukommen«, tauchte ein ganz einfacher, aber naheliegender Gedanke auf: Wenn man etwas über die Empfindungen von Felsbewohnern erfahren will, muß man in ihren Felsen wohnen. Und ehe mich die sanften

Geräusche des Flusses in den Schlaf sangen, wurde mir bewußt, daß ich noch eine letzte Chance hatte, wieder in mein Museum zu gelangen.

Ich verließ mein Lager zwischen den Weiden spät am nächsten Tag, als schon die Abendkühle kam, und zum ersten Mal, seit ich auf dem Tanner Trail nach Doug Ausschau gehalten hatte, fühlte ich mich entspannt und ausgeglichen. Die Dämmerung kroch bereits in die Schlucht, doch während ich beschwingt über Sandbänke und Felsbänder flußaufwärts lief, erschien mir alles deutlich und scharf umrissen. Ein großes Stück einer feuchten Sandbank war so sehr vom labyrinthischen Netzwerk winziger Fußspuren durchfurcht, daß ich regelrecht sehen konnte, wie emsige braune Mäuse weißfüßig und leichtfüßig durch den Abend trippelten und bald hier scharrten, bald dort an etwas knabberten. Als ich eine andere Sandbank betrat, schnellte ein aufgeschreckter Karpfen davon und erzeugte einen braunen Wasserwirbel in der winzigen Bucht, in der er gelegen hatte. Der Wirbel löste an der sandigen, handhohen »Böschung« der Bucht eine Miniaturlawine aus.

Als ich über eine Felsbank lief, hörte ich plötzlich ein vertrautes »Ka-wuusch«. Der klatschende Knall war diesmal nicht so laut, aber unverkennbar. Fast gleichzeitig sah ich eine braune Gestalt, die schräg durch die Strömung glitt. Ich blieb stehen. Der Biber kam näher; sein fast einen halben Meter messender Körper lag hoch im Wasser. Das glatt-glänzende kleine Tier zog an mir vorbei und stoppte dann neben einer kleinen Insel halb im Wasser treibender Zweige. Ich bewegte mich ganz langsam darauf zu. Dann stand ich direkt über dem Bau. Der Biber lag ruhig da und sah zu mir hinauf. Regungslos verharrten wir beide in der grauen Dämmerung; jeder gefangen von dem, was er sah. Sehr, sehr viel Zeit verging, dann paddelte der Biber ein Stückchen vorwärts. Für einen Augenblick schien er an einigen der Äste zu schnuppern, dann schloß sich – still, als sei eine Wunde fast unmerklich zugeheilt, die eben noch dagewesen war – die Wasseroberfläche, und dann war ich allein.

Wenig später schug ich auf einer Sandbank mein Lager auf, direkt am plätschernd dahingleitenden Wasser. Ich machte kein Feuer an; ich wollte mit der Dunkelheit allein sein. Und mit den Geräuschen und der Stille und den Konturen und den Sternen.

In dieser zufriedenen, alles einschließenden Stimmung erreichte ich am nächsten Morgen die Mündung des Nankoweap Creek.

Und da waren sie: drei kleine Höhlen in der Fassade der Redwall-Formation, 200 Meter über dem Fluß. Die linke Höhle war nur ein kleiner, dunkler Fleck. In der Öffnung der mittleren befand sich eine unnatürlich eckige, kistenartige Gestalt im selben Rosa-Ton wie das umgebende Gestein. Aber die dritte Höhle war die interessanteste. Ihr Zugang wurde von einer gebogenen rosa Wand versperrt, und in dieser Wand sah ich drei kleine Fensteröffnungen – schwarz, rechteckig, verlockend.

Sobald ich meine sämtlichen Wasserbehälter im Fluß aufgefüllt hatte, machte ich mich zu der graugrünen Halde auf, die sich steil zum Fuß der Redwall-Felsen hinaufzog. Aus der Entfernung wirkte die Halde gefährlich abschüssig. Und das kurze Stück glatten Felsens, das die Spitze der Halde von den Höhlen trennte, machte einen ziemlich unerkletterbaren Eindruck. Doch dann erwies die Halde sich als ganz einfach zu erklettern, und obwohl ich aus der Nähe feststellte, daß »das kurze Stück glatten Felsens« darüber sich wie üblich auf ein Dutzend Meter ausgedehnt hatte, stellte ich ebenfalls fest, daß es – was man hätte voraussagen können – gar nicht so glatt war, sondern solide, leicht zu ersteigende Trittkanten hatte. Eine halbe Stunde, nachdem ich vom Fluß aufgebrochen war, betrat ich den Eingang der rechten Höhle. Dabei drehte ich mich halb nach außen – und blickte in eine Welt aus erstaunlichem Raum und Licht.

Der Raum öffnete sich von den Felsen aus frei und grenzenlos in jede Richtung. Und dieser ganze gigantische Raum glühte in einem weich-strahlenden Licht – demselben weich-strahlenden Licht, das sich mir bei meinem ersten Schock am Canyonrand eingebrannt hatte. Dieses Licht durchdrang jeden Winkel des Raums, ja es schien sogar die entfernten Felsen zu durchdringen.

Das war völlig unerwartet für mich. Unten hatte ich mir »meinen Höhlenbewohner« als furchtsame, eingepferchte Kreatur vorgestellt, die sich in beständiger Angst vor ihren Feinden zusammenkauert. Doch ich hatte den Trost und die aus ihm resultierende Kraft vergessen, die man an hoch gelegenen Orten schöpfen kann. Und nachdem ich jetzt seine Wohnung erreicht hatte, erkannte ich ihn, ohne den Schatten eines Zweifels, als stolzes und aufrechtes Individuum. Als Menschen, der sich seiner Macht und seines Herrschaftsgebiets bewußt war. An einem derartigen Ort war nichts anderes vorstellbar. Und als ich mich schließlich von dem Raum und dem Licht abwandte und meinen Blick von Fensteröffnung zu Fensteröffnung über die kleine Reihe der Behausungen wandern ließ, da wußte ich, daß dieser Mensch, wenn er gelegentlich seinen Blick so von Fenster zu Fenster hatte schweifen lassen, wie ich gerade meinen, dann bisweilen voller Besitzerstolz gedacht hatte: »Das ist mein Zuhause«.

Ich setzte meinen Rucksack ab und besichtigte mein heutiges Nachtlager. Die Höhle stellte sich dabei weniger als Höhle heraus, denn als mäßig tiefer Felsvorsprung, der sich unter einem dicken, schützenden Überhang verbarg.[25]

Die Wand, die den hinteren Teil dieser natürlichen Höhle abschirmte, war aus flachen, sorgsam aufeinandergelegten Kalksteinen erbaut, die mit einer Art Lehmmörtel verputzt waren. Steine und Mörtel leuchteten in demselben fröhlichen Rosa wie die Felsen drumherum. In diese Wand waren vier Fenstertüren eingelassen (eine war von unten verdeckt gewesen). Jede dieser Öffnungen führte in eine sehr kleine Kammer, die jeweils von den Kammern daneben abgetrennt war. Ein paar Felsvorsprünge tiefer und ein paar Meter seitlich davon ragten aus der Felswand die drei übriggebliebenen Wände eines weiteren Raums hervor. Vielleicht, dachte ich, war das die Küche gewesen. Ich fand jedoch keine Anzeichen einer Feuerstelle.

Kurz darauf durchquerte ich auf einer schmalen Kante ein Stück der Felswand. Die kistenartige Form in der mittleren Höhlung erwies sich als ein weiterer kleiner Raum aus verputzten Steinen. Die Höhlung ganz außen reichte fünf bis sieben Meter in festes Gestein hinein. Zwei ausgebleichte Umrißlinien auf dem Boden ließen erkennen,

---

[25] Die Höhlen waren nicht, wie ich gedacht hatte, in die Redwall-Formation eingeschnitten. Sie lagen direkt an deren Fuß, zwischen dem homogenen Redwall-Kalk und dem gebänderten Muav-Kalk, der im gesamten Canyon unter ersterem liegt. Für ein geologisch ungeschultes Auge wie meines scheint der Muav-Kalk mit dem ähnlich gefärbten Gestein darüber zu verschmelzen (obwohl zwischen ihnen eine gewaltige Lücke von 150 Millionen Jahren besteht). Als ich vom Fluß zu den Höhlen hinaufgesehen hatte, war mir mein üblicher Fehler unterlaufen. Aber aus der Nähe konnte ich jetzt erkennen, daß die Felsvorsprünge über der Halde aus dem geschichteten Muav herauserodiert waren. Nur der massive Überhang bestand aus Redwall. Während ich mich mit diesem Aspekt der Felswohnungen befaßte, fiel mir

daß hier dünne Mauerkonstruktionen für kleine Menschen an die natürlichen Wände gebaut worden waren. Im dämmrigen und trockenen hinteren Teil der Höhle, den kein Sonnenlicht erreichte, fand ich zwei hervorragend erhaltene, grobe, hölzerne »Eßstäbchen«, von denen eins an einem Ende verkohlt war, sowie die körnerlosen Strünke mehrerer sehr kleiner Maiskolben. Weiter war nichts vorhanden.

Ich kraxelte zurück zu meiner Zimmerflucht, packte aus und zog ein.

Von den vier kleinen Zimmern war eins der beiden mittleren so klein, daß ich mir sicher war, daß man es für ein Kind entworfen hatte. Das andere war weniger pferchartig und kam mir vor, als habe es gut für eine eher zierliche Frau gepaßt. Die beiden Außenzimmer waren größer, und dem ganz an der Außenseite stand nicht nur das breiteste Stück Felskante als Veranda zur Verfügung, sondern es enthielt auch einen Felsvorsprung, durch den ein kleiner Alkoven entstand – eine jener nützlichen Räumlichkeiten, in der jeder heutige Mensch nach dem Auspacken seine Reisetasche verstauen würde. Ich nannte diese äußerste Kammer das »Häuptlingszimmer«.

Als ich einen ersten Blick in diese Zelle geworfen hatte, hatte ich gedacht: »Was müssen das für kleine Leute gewesen sein!« Aber als ich dann durch die Öffnung kroch und mich ausstreckte, stellte ich fest, daß für meine gut 80 Kilo reichlich Platz vorhanden war. Alles sprach dafür, daß die Kammer genau für einen Menschen meiner Grö-

ein, daß Frank Lloyd Wright es begrüßt hätte, wie mein Höhlenindianer seine Behausung mit den natürlichen Gegebenheiten der Landschaft verband, allerdings hatte ich so meine Zweifel, ob der Indianer verstanden hätte, wovon, zum Teufel, der berühmte Architekt eigentlich sprach.

Man nennt es Fortschritt. Und ich glaube, es ist auch einer.

ße ausgelegt worden war. Die Bodenfläche maß 90 mal 210 Zentimeter. Die Decke war an der Stelle, an der ich mich aufsetzen mußte, ausgehauen worden, so daß bequeme 90 Zentimeter lichte Höhe entstanden waren.

Als ich mich erst einmal an das Dämmerlicht und eine leichte Stickigkeit gewöhnt hatte, fand ich, daß mein Häuptlingszimmer ein ausgesprochen komfortabler Raum war. Es hatte Vorzüge, die jedem Wohnungsmakler leicht von den Lippen gekommen wären. Es war kühl und weitgehend frei vom üblichen Wüstenstaub, und sein bilderrahmenartiger Zugang blickte über den blau-weißen Fluß auf eine atemberaubende, wogende Felsenkette – eine Aussicht, die den Quadratmeterpreis jeder heutigen Wohnung um Tausende Dollar in die Höhe getrieben hätte.[26]

Ich wohnte 24 Stunden in meiner Felsbehausung. Und von Stunde zu Stunde – ich war mir meiner enormen Ahnungslosigkeit bewußt, aber dennoch seltsam zuversichtlich – sah ich meinen Höhlenbewohner immer deutlicher vor mir.

Zuerst malte ich mir aus, wie er seine Unterkunft baute. Ich sah ihn geduldig die Decke der Höhlung behauen, damit er genug Platz für seinen Kopf hatte, wenn er sich in seiner Zelle aufsetzte. (Wenn ich mit der Annahme

[26] Damals war mir ausgesprochen unklar, wann die Felswohnungen angelegt worden waren, aber kurz nachdem ich aus dem Canyon kam, erzählte mir ein Anthropologe des Museum of Northern Arizona, daß meine Felsbewohner die Anlage am Nankoweap Creek noch bis 1200 n. Chr. genutzt hatten.
Der Anthropologe erzählte mir außerdem, daß die Fachleute derzeit die Ansicht verträten, diese Felsräume seien als Vorratskammern (oder Kornspeicher) gebaut worden, obwohl sie gelegentlich auch als Wohnstätten gedient haben mochten. Doch nachdem ich sie die ganze Zeit für Wohnungen gehalten und ja auch gerade erst erlebt hatte, daß sie offenbar mit Umsicht den Maßen menschlicher Körper angepaßt worden waren, fand ich, so muß ich zugeben, diese Schluß-

richtig lag, daß er diese Kammer für sich selbst angelegt hatte – und daran hegte ich damals keinen Zweifel –, dann war er einen Hauch kleiner gewesen als ich, allerdings, vom Hintern bis zum Scheitel, gerade mal zwei Zentimeter.) Ich sah ihn, wie er die Wand an seinem Fußende spitzwinklig vertiefte, um Platz für seine Beine zu schaffen. Als nächstes sah ich ihn mit gelassener Sorgfalt das Baumaterial für die Kammerwände zusammensuchen. Ich sah ihn jedes Stück Stein mit dem rosafarbenen, wahrscheinlich aus zerstoßenem Gestein hergestellten Mörtel an seinen Platz zementieren. Nachdem er einige besonders ausladende Platten in der Nähe der Stelle eingefügt hatte, an der sein Kopf ruhen würde, sah ich ihn zufrieden nicken, als er sich der Länge lang hinlegte und feststellte, daß die Vorsprünge praktische kleine Regale an genau den passenden Stellen bildeten, um irgendwelche Gegenstände abzulegen, die er griffbereit haben wollte. (Natürlich nicht Notizbuch und Stift wie ich, aber für irgendwas wird er sie schon gebraucht haben.) Ich sah ihn den Zugang anlegen: sauber rechteckig und gerade groß genug, damit er durchpaßte, wenn er die richtige Klappmessertechnik herausbekommen hatte (die ich mir schnell aneignete). Als nächstes sah ich ihn den Tür- beziehungsweise Fenstersturz anfertigen: Er schälte die Rinde von einer etwa meterlangen Holzstange, die gut zwei Zentimeter Durchmesser hatte, glättete die Unterseite und flachte sie an beiden Enden gut 20 Zentimeter weit ab, damit die Stange sich nicht verdrehen konnte, wenn

folgerung schwer nachvollziehbar. Und ehrlich gesagt, indem ich standhaft auf mein Prinzip der aufgeschlossenen Unkenntnis beharre, finde ich das immer noch. Ich würde mich vielleicht darauf einlassen, daß meine Indianer nur bei schlechtem Wetter oder während der Bedrohung durch Feinde in den Felsbehausungen gewohnt haben, aber zu weiteren Zugeständnissen bin ich nicht bereit.

er sie einmörtelte. (Wie die meisten gewachsenen Stangen war sie nicht völlig gerade, und wenn sie sich hätte drehen können, hätte sie ihre Funktion nicht erfüllt.) Schließlich sah ich, wie mein zufriedener Handwerker sich klappmessermäßig durch den Eingang schob, um sicherzugehen, daß sich die Stange genau an der richtigen Stelle befand, um ihn an seinem gekrümmten Rücken daran zu erinnern, daß er, wenn er sich einen Zentimeter weiter aufrichtete, die Stange zerbrechen und mit der nackten Haut an dem schartigen Stein darüber entlangschrammen würde.

Ich wünschte, er hätte wissen können, daß dank seiner gewissenhaften Arbeit diese selbe Stange, die vor Regen und direktem Sonnenlicht geschützt und in diesem trockenen Klima praktisch unbegrenzt haltbar war, nach all diesen vielen Jahren auch meinen Rücken noch rechtzeitig warnend berühren würde.[27]

Ich schlief gut, obwohl die Nacht warm war. Dann war wieder Tag. Und während die Stunden vergingen, merkte ich, daß ich – nicht durch bewußtes Bemühen, sondern einfach, indem ich so lebte, wie er gelebt hatte – allmählich etwas mehr über diesen Mann in Erfahrung brachte,

---

[27] Damals zweifelte ich nicht im geringsten daran, daß dies die Funktion des Stocks war. Ich glaube das immer noch, aber ich bin mir nicht mehr ganz so sicher. Möglicherweise war das, was mein Indianer so sorgfältig anfertigte, auch eine Vorhangstange. Vielleicht hingen Schilfblätter davon herab oder Perlen an irgendwelchen Schnüren. Doch eigentlich bezweifle ich das: Der Durchschlupf war auch so schon eng genug, selbst wenn man die fraglos größere Beweglichkeit meines Indianers in Betracht zieht.

Manche Anthropologen betrachten diese Stangen einfach als stützende Elemente, die die Konstruktion aus Steinen und Lehmmörtel stabilisieren sollten. Doch ich fürchte, ich kann mich dieser These nicht anschließen. Die Stangen sind dünn und eher oberflächlich angebracht. Die Mauern dagegen sind sehr solide.

der mir hier vorausgegangen war. Ganz unsystematisch erforschte ich Stück für Stück neue Bereiche des Lebens, das er gelebt hatte. Oder von dem ich zuversichtlich annahm, daß er es gelebt hatte.

Es schien mir einleuchtend, davon auszugehen, daß es Angst vor Feinden gewesen war, die ihn auf diese Felsklippe getrieben hatte. Tatsächlich ergab keine andere Begründung viel Sinn. Und er hatte sich wirklich eine brillante Verteidigungsstellung ausgesucht. Im Rücken und auf den Flanken war er unangreifbar. Und jeder Frontalangriff hätte den Beigeschmack von Selbstmord gehabt. Bei Tageslicht konnten Feinde, ohne gesehen zu werden, nur bis zum Fuß der Halde gelangen – und der lag 200 Meter in der Tiefe. Sobald sie begonnen hätten, die Halde hinaufzuklettern, hätte man leicht Felsbrocken auf sie herabrollen, Steine auf sie werfen oder Pfeile auf sie abschießen können. Wäre es den Angreifern gelungen, so nah heranzukommen, daß sie den Beschuß hätten erwidern können, dann hätten die kleinen Kammeröffnungen die geduckten Frauen und Kinder geschützt. Selbst die Pfeile schießenden oder Steine werfenden Männer oberhalb der Felskante hätten noch ausreichend Deckung gefunden. Und auch in den letzten wütenden Augenblicken eines Kampfes hätten noch alle Vorteile auf seiten der Verteidiger gelegen, die auf die atemlosen, mühsam das Gleichgewicht wahrenden Invasoren mit Knüppeln schlagen oder sie als letztes Mittel treten und prügeln konnten.

Nachts waren die Karten nicht weniger ungleich verteilt. Jeder Eindringling mußte mindestens 13 Meter auf ihm unbekannten schmalen Kanten entlangklettern. Und wenn es ihm gelungen wäre, bis zur ersten Kammer zu gelangen (die ein nettes, kleines Guckloch besaß, das den einzigen Zugang überblickte), ohne jemanden aufzuwecken (vorausgesetzt, daß die Familienmitglieder überhaupt gleichzeitig schliefen), dann hätte er immer noch den todbringenden Vorstoß durch die enge Öffnung unternehmen müssen, ehe ihn irgendein erschreckter, unbeholfener Stoß kopfüber dorthin zurückgeschickt hätte, woher er gekommen war, und er schreiend in sein Verderben gestürzt wäre.

Ob am Tag oder in der Nacht – ich brauchte herzlich wenig darüber nachzudenken, auf welcher Seite ich lieber gewesen wäre.[28]

In Zeiten der Gefahr würde man beim Warten natürlich Angst haben. Aber die hat man in jedem Krieg. Und dieser von drei Seiten geschützte Felsvorsprung war gar kein so übler Ort zum Angsthaben, vor allem wenn man mit einem üppigen Vorrat an Felsbrocken ausgestattet war, dazu mit einem Haufen Steine, die gut in eine Schleuder paßten, mit einem Bogen samt Pfeilen und Feuersteinspitzen sowie als letzter Reserve mit einem langen Knüppel, der in Griffweite einen sicheren Platz hatte, damit er nicht versehentlich in die Tiefe rollte. Es war jedenfalls zum Angsthaben ein besserer Ort als ein Hutschachtelbunker im Zweiten Weltkrieg. Und ein unvergleichlich besserer Ort, als eine tief vergrabene Stelle im Nirgendwo, an der man mit dem metaphorischen Daumen auf dem Auslöser einer Interkontinentalrakete darauf wartet, war-

---

[28] Ein naheliegender Einwand gegen die Verteidigungssituation, wie ich sie umrissen habe, war mir damals nicht eingefallen: daß sich Angreifer einfach nur hinsetzen und abwarten mußten, bis den Belagerten das Wasser ausging. Doch zu meiner Erleichterung fand der Anthropologe, den ich dazu befragte, den Einwand nicht stichhaltig. Er ging offenbar davon aus, daß es sich bei möglichen Angreifern um kleine, plündernde Gruppen handeln würde, die dieses Gebiet durchstreiften. Selbst wenn sie die Felswohnungen belagern wollten – was aber wohl nicht dem gängigen Schema entsprach –, hätten sie irgendwie Nahrung für sich finden müssen. Und das wäre in einer derart unwirtlichen Gegend keine leichte Aufgabe gewesen.

tet und wartet, daß einem mitgeteilt wird, ein weit entfernt vergrabenes Mitglied derselben irrsinnigen Spezies habe soeben auf *seinen* schrecklichen und unpersönlichen Auslöser gedrückt.

Während meines Aufenthalts in der Felswohnung teilte ich auch ein Stück entspannte Freizeit mit meinem Indianer und lernte einige der wichtigen kleinen Dinge. Ohne etwas Besonderes zu tun, saß ich vor seiner Zimmertür, wie er es sicher auch oft getan hatte. Mein nackter Hintern ruhte auf derselben bequemen, kleinen Stufe, auf der auch seiner geruht haben mußte. Meine Zehen krümmten sich um dieselbe rauhe Steinkante, um die sich auch seine gekrümmt hatten. Meine Augen sahen, was seine gesehen hatten: Fluß, Felsen, Himmel, Raum und leuchtendes Licht. Meine Ohren hörten, was seine gehört hatten: Stille; das Brausen des Flusses; den andauernden, aber wohlklingenden Ruf eines Felszaunkönigs; das Zerreißen der Luft, wenn ein Mauersegler vorbeistürzte; das Schreien zweier Falken, die sich ihre Felswohnung 30 Meter über seiner eingerichtet hatten. »Ob zu seiner Zeit wohl Falken da oben genistet hatten«, fragte ich mich.

Inzwischen hatte ich auch noch andere Erkenntnisse gewonnen. Ich hatte entdeckt, daß nackte Füße bemerkenswert sichere Fortbewegungsmittel sind, wenn man auf lockerem Gestein herumklettert. Und mir war auch klargeworden, daß die Fußsohlen meines Indianers zäher waren als meine. Ich erfuhr, daß es ein Echo gab, wenn er rülpste. Und als ich mich – in der Folge dieser Entdeckung – in unsere kleine Zelle legte und durch die Trennwand nach seiner Frau rief, bekam ich die Bestätigung, daß wir – er und ich – in einem Zimmer mit eingebautem Echo wohnten.

Eine Sache aus dem Leben dieses Mannes und seiner

Frau konnte ich jetzt besser nachvollziehen als zu Anfang. Als ich den ersten Blick in das Häuptlingszimmer geworfen hatte, war mir nicht nur durch den Kopf geschossen, daß die Bewohner ziemlich klein gewesen sein dürften, sondern auch, daß es wohl ganz schön unbequem gewesen sein muß, in solch beengten Räumen Kinder zu zeugen. Doch nachdem ich eine Nacht dort verbracht hatte, sah ich das anders. Es war reichlich Platz vorhanden. Und warm war es auch, und gemütlich obendrein. Man konnte es erheblich schlechter treffen.

Doch viele Einzelheiten aus dem Alltag meiner Felsbewohner gaben mir natürlich noch Rätsel auf. Ihre Abfälle warf die Familie zweifellos einfach nach unten, aber wie, so fragte ich mich, war die Sache mit der Toilette geregelt? Und dann war da noch das Problem, wie man die kleineren Kinder vor dem Runterfallen bewahrte.[29]

Mir schien inzwischen klar zu sein, daß mein Indianer mit Einsichten gesegnet war, die wir modernen Menschen zu verlieren neigen. So wie er sein einfaches Leben lebte – mit Frau und Kindern auf der Felsveranda frühstücken, die Mauersegler vorbeihuschen und sich ihr Insektenfrühstück schnappen sehen, die schreienden Falken *ihren* Kindern im Obergeschoß das Frühstück bringen sehen –, konnte er kaum anders, als klar und deutlich zu

---

[29] Als ich diese Frage bei einem Anthropologen anschnitt, sagte er: »Ach, das ist überhaupt kein Problem. Sehen Sie sich doch mal die Hopi-Familien an. Sie leben auf den hohen Mesas, und ihre Kinder spielen dauernd in der Nähe von Abgründen. Die Sicherheit ist bei ihnen Gemeinschaftssache. Die älteren Kinder lernen, sehr genau auf die kleineren aufzupassen, bis die alleine zurechtkommen. Das funktioniert prima.«

Daß das mit vielen Kindern funktioniert, glaube ich. Aber ich fürchte, daß meine Ein- oder maximal Zwei-Familien-Behausung für so eine einleuchtende und praktische Lösung nicht kopfstark genug war.

begreifen, daß der Mensch ein Teil von all dem ist, was um ihn herum vorgeht. Und im besonderen begriff er das Gestein, da es Teil all seiner Aktivitäten war: sitzen, sehen, hören, kochen, angeln, lieben ... Natürlich war sein Verständnis ein ganz anderes als meins. Selbst seine Fragen waren andere. Wenn er in unserem Häuptlingszimmer lag und den ausgehauenen grauen Kalkstein über seinem Kopf ansah – dieselben Bearbeitungsspuren, auf die ich blickte –, dann wird er sich vermutlich nicht gefragt haben, warum dieses Gestein außen rot und innen grau war. Mit an Sicherheit grenzender Wahrscheinlichkeit wird er nicht zu dem Schluß gekommen sein, daß es über lange Zeiträume hinweg von Regenwasser eingefärbt wurde, das von den roten Felsen darüber herabfloß. Und dennoch fühlte ich (auch wenn es mir zunächst widersprüchlich vorkam, aber ich glaube, eigentlich war es das gar nicht), daß er etwas vom Rhythmus des Gesteins wußte. Natürlich nicht im Sinn von Fakten und Schlußfolgerungen, über die er hätte reden können. Aber wenn er sich das halb von der Felswand abgelöste Stück Stein unten bei der Küche ansah und überlegte, wann es wohl ganz abfallen würde, dann, so ahnte ich, würde er auf seine eigene Art gewußt haben, daß es immer noch genauso halb dort hängen würde, wenn ich Jahrhunderte später vorbeikäme, um einen Tag und eine Nacht lang in seiner Wohnung zu wohnen.

Weil dieser Mann in einem anderen Zeitalter lebte als ich, würden sich seine Fragen schon im Ansatz deutlich von meinen unterscheiden. Er konnte nicht über die Wunder und Geheimnisse einer Redwall-Formation nachgrübeln, die von den Überbleibseln zahlloser winziger Organismen erschaffen worden war, die im allerweitesten Sinn unsere Vorfahren waren. Er würde hier zweifellos an so etwas wie einen Gott denken. Und sein persönlicher Gott war der Geist der Steine, da war ich mir sicher.[30]

Heute glauben wir nicht mehr an den Geist der Steine. Und wenn doch, dann legen wir eine ganz andere Bedeutung in den Begriff. Doch wir alle müssen wohl oder übel und trotz unseres Selbstbewußtseins an irgend etwas glauben. Und als der Zeitpunkt näherrückte, an dem ich die Felswohnung verlassen mußte, da fiel mir auf, daß ich die Spuren eines solchen Glaubens gesucht hatte, als ich, fast zwei Wochen zuvor, beschlossen hatte, während meiner beiden letzten Canyonwochen herauszufinden, was mir das Museum über die Spezies Mensch mitteilen konnte.

Doch als ich versuchte, die Ergebnisse zu werten, da mußte ich einräumen, daß ich offenbar nicht das gefunden hatte, was ich gesucht hatte: einen Raum im Museum mit der Bezeichnung »Homo sapiens«.

Wahrscheinlich waren die Erfolgsaussichten bei dieser heiklen Aufgabe nie sehr groß gewesen. Zum einen hatte ich probiert, meiner Wanderung diejenige Form zu geben, die ich für »angemessen« hielt: Ich hatte überlegt, anstatt mich treiben zu lassen. Und außerdem war ich viel zu selektiv vorgegangen, hatte die Zusammenhänge übersehen. Und es gab noch einen Grund.

Als ich ein Jahr zuvor unter dem Wacholder am Canyonrand gesessen und weit in den Raum und die Stille hineingeblickt hatte, da hatte ich vage begriffen, daß einer meiner Gründe, in den Canyon hinabsteigen zu wollen, in der Hoffnung lag, daß ich durch mein Eintauchen

---

[30] Solange ich auf seinem Felsen wohnte, war ich mir dessen recht sicher. Die Anthropologen meiden solche Spekulationen klugerweise, aber einer von ihnen merkte mir gegenüber immerhin an, da solche Leute zu einem Naturglauben neigten, sei meine Vermutung im weitesten Sinn nicht unvernünftig.

in diese Unermeßlichkeit eine Möglichkeit finden würde, die offensichtliche Bedeutungslosigkeit des Menschen mit unserer individuellen und unleugbaren Überzeugung von seiner Lebensfähigkeit auszusöhnen – eine Aussöhnung, die jeder von uns gelegentlich für sich selbst und immer wieder aufs neue vollziehen muß.

Wie oft wir uns auch sagen, daß es keinen erkennbaren Sinn des Lebens gibt: Die meisten von uns neigen irgendwo tief im Innern dazu, diese Aussöhnung – die Suche nach Bedeutungen – unter Motti anzustreben, die dem Begriff »Sinn« sehr nahekommen. Doch jetzt war ich an dieser Windmühle vorbei. Ich akzeptierte, daß wir Menschen – das erste Produkt der Evolution, das sich seiner selbst in Maßen bewußt ist –, dennoch kaum damit rechnen dürfen, die treibende Kraft hinter diesem ungeheuren und unvorstellbaren Vorgang zu erkennen. Höchstwahrscheinlich ist »Sinn« sowieso nur ein rein menschliches Konzept, das auf die von uns wahrgenommene Wirklichkeit gar nicht anwendbar ist.

Aber jetzt hatte ich zumindest die Angst überwunden, die irgendwo tief in uns allen haust, jene Angst, die sich zeigt, wenn wir zum ersten Mal jemanden sagen hören »Der Mensch ist ein Neuling auf Erden«, jene Angst, die uns zu überwältigen droht, wenn wir zum ersten Mal auf die gewaltigen, schreckenerregenden Zeiträume zurückblicken, die vergingen, bevor der Mensch auftauchte. Auftauchte als Tier, das zwar noch weit davon entfernt war, wirklich vernünftig zu sein, das aber immerhin schon an der Vernunft geschnuppert hatte. Für mich würde der Mensch deshalb nur noch »das aufregende Tier« heißen. Es war eine Erscheinungsform, die manchmal schrecklich weit ging und Metall und Leichen über schweigende Steine verstreute. Aber auch eine Erscheinungsform, die – in zwanghafter Erprobung ihrer Möglichkeiten – zwei glänzende Metallmonster in 15 Meter Abstand fast mit Schallgeschwindigkeit durch eine enge Schlucht anderthalb Kilometer tief im Antlitz der Erde jagte – vollkommen unnötig, aber ziemlich beeindruckend.

Die prächtigen Vermischungen von umsichtigem Verstand und irrwitzigem Wagemut hatten den Menschen nach oben gebracht. Sie hatten ihm die Herrschaft eingebracht. Sie hatten ihn, jedenfalls derzeit, zur Speerspitze des Lebens werden lassen.

Aber ohne die Zeitalter, die vor der Ankunft des Menschen verstrichen und die keine schreckliche Leere gewesen waren, machte der Mensch keinen Sinn. Und ich akzeptierte das jetzt, akzeptierte das mit Freuden. Ich begriff, daß man zunächst die Bedeutungslosigkeit des Menschen akzeptieren mußte, wenn man seine Bedeutung erkennen wollte. Erst dann konnte man ihn vor seinem gewaltigen Hintergrund als wichtig erkennen. Und indem ich jetzt diese Vorstellung vollkommen und nicht mit Angst, sondern mit Freude annahm, hatte ich, wenigstens für den Augenblick, alles gefunden, was ich brauchte.

Natürlich würde das nicht immer genügen. Doch entscheidend ist die Richtung, in die man geht, und nicht der Punkt, an dem man sich zufällig gerade befindet. Und im Moment sah alles ziemlich klar und einfach aus. Ich war ein Organismus, der in die Menschenwelt paßte, und die Menschenwelt paßte in die Lebenswelt, und die Lebenswelt paßte in die Gesteinswelt, und die Gesteinswelt paßte in noch größere Bereiche. Das war alles. Ich paßte. Wir alle paßten.

Am Nachmittag des zweiten Tages verließ ich die Felswohnung und wandte mich nach einer Weile nach Westen, weg vom Fluß und dann schließlich den Nankoweap Creek hinauf.

Während ich lief beschäftigte ich mich vordergründig mit unmittelbar anstehenden Dingen: mit dem Weg und der Wasserversorgung und sogar vage mit vor mir liegenden Problemen in der Außenwelt. Doch ich glaube, ich dachte tief in mir drinnen an die vielfältigen Möglichkeiten des Menschen. Dachte optimistisch an eine vielleicht gar nicht weit entfernte Zeit, in der der Mensch im Einklang nicht nur mit der übrigen Tierwelt, sondern auch mit dem Gestein und den Hügelketten, mit den Wäldern und Flüssen, mit den Wüsten und Meeren und der unverpesteten Luft leben würde – nicht aus irgendeiner altruistischen Ideologie heraus, sondern weil er begriffen hätte, daß er anders nicht überleben kann.

Es ist schmerzhaft offensichtlich, daß dieser glückliche Zustand nie eintreten wird, denn wir stehen vor einem Berg von Problemen.

Natürlich sieht sich jede Epoche als Dreh- und Angelpunkt der menschlichen Geschichte. Doch es sieht so aus, als gebe es ziemlich handfeste Gründe für die Annahme, daß wir heute in einer Phase tiefgehender und gefährlicher Gärungsprozesse leben – die Spannungen erzeugen, die wir entweder zügeln können oder die uns zerreißen. Denn die menschliche Seifenblase dehnt sich derart schnell aus, was ihre Größe, ihre Komplexität und ihre Bedrohlichkeit für die eigene Existenz angeht, daß viele Leute zu dem Schluß kommen, es müsse »bald etwas geschehen«.

Es war offenbar diese Floskel, die den eigenartigen Gedanken hervorbrachte, der kurz nach meinem Auszug aus der Felswohnung verstohlen aus mir hervorkroch, denn ich hielt kurz an und kritzelte in mein Notizbuch: »Ich spüre seit Jahren, daß mit unserer Vorstellung von der Zeit irgendwas nicht stimmt. Ein neues Zeitkonzept könnte zu den Dingen gehören, die ›bald geschehen‹ werden.«

Und dann steckte ich mein Notizbuch wieder ein und lief neben dem klar bergab sprudelnden Wasser des Nankoweap Creek weiter nach Westen.[31]

Ausgang

Ich wusch mich gerade im Nankoweap Creek, als mich unversehens die Außenwelt einholte.

Schon seit der Biber-Sandbank hatte ich in gewisser Weise das Gefühl gehabt, daß diese fast vergessene Welt sich mir entgegendrängte. Zuerst war Doug mit seinen Neuigkeiten von draußen gekommen. Dann die abgestürzten Flugzeuge und der Hubschrauber und die Düsenjäger.

Auf einer Sandbank im Colorado, direkt an der Mündung des Nankoweap Creek, stieß ich nun also auf zwei lange, schmale, parallele Abdrücke von rund drei Meter Länge und etwa demselben Abstand zueinander. Und sofort war der Hubschrauber noch realer und lästiger als zuvor, als ich ihn bei den Flugzeugwracks gehört und gesehen hatte. Zwei Reihen Fußabdrücke, die an den Kufen anfingen, verunstalteten den weichen Sand. 20 Meter wei-

---

[31] Seit ich aus dem Canyon zurück bin, hat mich die unergiebige Notiz über ein neues Verständnis von der Zeit recht häufig beschäftigt. Und ich habe, ehrlich gesagt, nicht viel mit ihr anfangen können. Andererseits bin ich, wie dieses Buch bestimmt deutlich macht, für eine derartige Aufgabe ziemlich schlecht gerüstet. Meine Vorstellungen vom Konzept »Zeit« sind alles andere als klar.

Vor kurzem las ich zu meiner Freude, daß ein Mathematikprofessor, der offenbar Experte auf diesem Gebiet ist, sich in einem Artikel über »die Schwierigkeit« beklagt hatte, »sinnvoll über die Zeit zu reden«.

Und ebenso freute es mich, zu erfahren, daß »Pythagoras, gefragt, was die Zeit sei, antwortete, sie sei die Seele der Welt«.

ter schaukelte widerwärtigerweise eine halb gegessene Apfelsine im flachen Wasser.

Ein paar Minuten danach kletterte ich eine Halde hinauf, deren Zunge sich bis zum Fluß hinabzog. Als ich ihren Scheitel erreichte, hörte ich ungläubig das Geräusch eines kleinen Motors. Es war schwach und weit weg, aber unüberhörbar. Zuerst sah ich überhaupt nichts. Dann konnte ich einen guten Kilometer flußaufwärts und direkt unterhalb des Punkts, an dem die Grenze des Nationalparks den Colorado kreuzte, einen dunklen Fleck ausmachen. Er hob sich knapp vor dem jenseitigen Ufer vom Fluß ab – in dieser gigantischen Welt aus Raum und Gestein wirkte er unendlich winzig. Ich hob mein Fernglas. Der Fleck sprang ein Stück näher und erwies sich als eine Art Baufloß. Eventuell so ein hausbootartiges oder eins mit einem kleinen Kran. Ich hatte den Eindruck, es ginge um irgendwelche Grabungsarbeiten, obwohl mir das sehr unwahrscheinlich vorkam, und schließlich gab ich es auf, seinen Zweck erraten zu wollen. (Daß ich es nicht herausbekam, war eigentlich auch besser für meinen Seelenfrieden, fand ich später.) Ich versuchte einfach, das Geräusch und das Wissen von der unangenehmen Maschine zu verdrängen. Dennoch wußte ich, daß sie mehr kaputtgemacht hatte als nur die Stille.

Die dritte Einmischung der Außenwelt war allerdings in jeder Hinsicht erfreulich. Doch weil in ihr Echos aus meiner eigenen Außenwelt mitschwangen, war sie in gewisser Weise die eindringlichste von allen. In der Nähe der Spitze jener Haldenzunge, die sich zum Colorado erstreckte, befand sich eine kleine Steinpyramide, wie man sie als Landmarke oder zum Gedenken an etwas errichtet. Darin fand ich eine verrostete Büchse, und in der Büchse waren ein paar Seiten einer Zeitung. Die Schlagzeile lautete: DAILY BULLETIN, MONTAG, 4. JULI 1947 – NORMAN

Nevilles Colorado-Expedition. Weiter unten wurden die zehn Expeditionsmitglieder aufgeführt. Verblüfft las ich die Namen.

Von dreien der Teilnehmer hätte ich eigentlich ahnen müssen, daß sie dabeigewesen waren. Randall Henderson, der Verfasser des Berichts, hatte einst das Magazin *Desert* herausgegeben, und als ich mich auf meinen Sommermarsch durch Kalifornien vorbereitete, hatte ich mit ihm per Post Fragen zum Unterlauf des Colorado erörtert. Otis Marston hatte den Canyon schon oft per Boot durchfahren, wohnte drei Straßen von meiner Wohnung in Berkeley entfernt und hatte mir Informationen verschafft, die mitgeholfen hatten, meinen Traum vom Canyon Realität werden zu lassen. Margaret Marston war seine Frau. Aber die Namen, an denen mein Auge hängenblieb, lauteten Al und Elma Milotte. Das Ehepaar Milotte ist ein berühmtes Fotografenteam, das für Walt Disney Naturaufnahmen macht. Als ich 1951 auf einem Hügel oberhalb des Nakuru-Sees in Kenia lebte, hielt eines Tages ihr grauer Dodge, ein Wohnmobil mit Allradantrieb, unangekündigt vor meiner Tür. Ich war damals allein im Haus. Nachdem sie um Erlaubnis gebeten hatten, stellten die Milottes ein Stativ auf und knipsten die riesigen Flamingoschwärme, die die Seeufer kilometerweit in einen 100 Meter breiten Streifen aus erlesenem, atemberaubendem Rosa verwandelten. Danach erbot ich mich, »englischen Kaffee« zu machen, »wenn Sie so was vertragen«, und die Milottes lachten und erklärten eilig, wenn ich ihnen heißes Wasser anbieten könne, würden sie sich – »Wenn es Ihnen wirklich nichts ausmacht« – an ihren Nescafé halten. Dann saßen wir da und redeten und blickten auf den rosageränderten See. Als sie wieder aufbrachen, sagten sie, falls ich je nach Amerika käme, müßte ich sie unbedingt in Hollywood besuchen. Wenig später ließ ich Afrika für immer hinter mir, und inzwischen trennt mich seit sieben Jahren nicht einmal die halbe Länge Kaliforniens von Hollywood, aber aus irgendeinem Grund habe ich die Gelegenheit nie wahrgenommen. Und jetzt begegneten wir uns an der Mündung des Nankoweap Creek. Es war eine erstaunlich wirkliche Begegnung. Auf gewisse Weise ein richtiger Schock. Er erweckte ausschließlich angenehme Empfindungen, aber während ich den verschrumpelten, ausgebleichten Artikel las, merkte ich, daß die Welt außerhalb des Canyon – meine eigene Welt – plötzlich so wirklich geworden war, wie seit Supai nicht mehr.

Ich bin jemand, der nur langsam begreift. Bis ganz offensichtliche Tatsachen zu mir durchgedrungen sind, vergeht oft eine beträchtliche Weile. Erst als ich am späten Nachmittag im Nankoweap Creek stand und mich ausführlich wusch und dabei herumgrübelte, wieviel Wasser und Lebensmittel ich wohl auf den Nankoweap Trail mitnehmen sollte, begriff ich endlich, daß es die Einwirkungen von außen waren, die meinen sowieso schon viel zu bemühten Versuch vereitelt hatten, den Ausstellungsraum mit der Aufschrift »Mensch« zu finden. Seit der Biber-Sandbank hatte sich die Außenwelt mir ständig aufgedrängt. Und so eine Welt und mein Museum konnten nicht gleichzeitig existieren.

Auf der Biber-Sandbank hatte ich mir, etwas unreflektiert, vorgenommen, wenn ich den Nordrand erreicht hätte, würde ich mich vor der Rückkehr in die Zivilisation zwei oder drei Tage lang in irgendeinen stillen, weit über die Landschaft blickenden Horst zurückziehen. Dort wollte ich nichts anderes tun als den Canyon auf mich wirken lassen und nachdenken. Und dort – da war ich mir sicher – würde ich einen Berg von Erkenntnissen gewinnen. Doch als ich mich jetzt im Nankoweap Creek wusch, wurde mir überraschend klar, daß das nicht funktionieren würde. Zu meiner eigenen Verblüffung wollte ich mich der Welt gar nicht mehr widersetzen.

Ich setzte mich an den Bach und schrieb eine der wenigen Passagen in mein Notizbuch, die in ihrer ursprünglichen Form halbwegs Sinn machen:

Ja, ich muß raus – Es war wunderbar – erst Anstrengung, dann Erkenntnis – Frieden und Einblicke – Weißfußmäuse und Biber, Sonne und Fluß. Aber jetzt, beim Haarewaschen im Nankoweap Creek, weiß ich, daß es vorbei ist. Ich habe meinen Besuch im Museum überzogen. Was ich tun wollte, habe ich getan. Die Zeit zum Nachdenken ist vorbei. Jetzt muß ich raus und machen. Das Machen allein zählt. Das Nachdenken ist für nichts anderes da.

Und auf einmal schlug es wie ein Blitz bei mir ein, und mir wurde auf neue und nüchterne und unbezweifelbare Art klar, daß meine Wanderung fast vorüber war.

Ich blieb lange dort am Bach sitzen, ließ mich von der Sonne trocknen (selbst im Schatten waren es jetzt über 38 °C) und fing an aufzulisten – zunächst ganz unsystematisch und nicht sehr ernsthaft –, was mir meine Unternehmung gebracht hatte. Ich hatte von Harvey Butchart fünf Cent gewonnen. Ich hatte 10 Kilo abgespeckt und war körperlich in so gutem Zustand, daß ich meine Haut beim Schlafengehen manchmal direkt als weiblich empfand. Ich hatte ansatzweise alte Ängste überwunden. Ich hatte erfahren, daß das Leben mit 41 beginnt: Nach vier tristen Jahren, in denen mir alles leer und grau erschienen war, zeigte sich die Welt wieder prall und strahlend – praller und strahlender als je zuvor. Und allmählich erkannte ich auch, daß mich mein Abenteuer mit etwas ganz Einfachem, aber gleichwohl Seltenem beschenkt hatte: mit der fast vollkommen Übereinstimmung meiner Gedanken und meiner Gefühle. Anders gesagt, ich war zufrieden.

Und fast alle der anfänglichen Verheißungen hatten sich erfüllt. Wenn ich mir jetzt zum Beispiel die ungeheure Masse rissigen und verwitterten Gesteins über dem Nankoweap Creek ansah, die so wirkte, als würde sie jeden Moment donnernd zu Boden stürzen, dann fiel mir zugleich ein, daß ich in zwei Monaten nur dreimal kleinere Felsstücke hatte herunterfallen hören. Und das wunderte mich nicht mehr. Der Rhythmus des Gesteins war jetzt schon lange ein solider Bestandteil meiner Wahrnehmung.

Selbstverständlich war nicht alles so gekommen, wie ich es mir vorgestellt hatte. Als ich am ersten stillen Abend meiner Tour im Hualpai Canyon lagerte, war mein Blick über die Silhouette der Canyonwände gewandert, und ich hatte mir ausgemalt, wie der angewehte Sand vor über 200 Millionen Jahren Schicht um Schicht des Sandsteins gebildet hatte – und mich gefragt, wann ich wohl die ganze Bedeutung von »200 Millionen Jahren« erfassen würde. Seit dem Tag, an dem ich den Bass Trail hinuntergelaufen war, hatte ich – mühelos und wie von selbst – vor Augen gehabt, daß sich der Sand vor über 200 Millionen Jahren Korn für Korn abgelagert hatte. Doch als ich mir die ursprüngliche Frage erneut stellte, mußte ich mir eingestehen, daß ich die gigantische eigentliche Bedeutung dieser »200 Millionen Jahre« immer noch nicht richtig begriff. Doch ich merkte auch, daß das gar nichts ausmachte. Ich wußte sehr genau und ohne Befremden, wie sich diese riesige Zeitspanne in die Erdgeschichte einfügte. Und wie sich zeigte, zählte allein das.

Auch vieles andere war meinen Erwartungen nicht

ganz gerecht geworden. Die Idee, das letzte Stück gemeinsam mit Doug zu bewältigen, damit er mir beim Abgleich von Tatsachen und Vorstellungen helfe, war ziemlich traurig fehlgeschlagen. Über die Fossilien hatte ich so gut wie gar nichts gelernt. Und nichts über die Pflanzen.

Und doch war ich mir ziemlich sicher, daß ich beinahe alles, was ich gesucht, auch gefunden hatte. Für eine Weile waren die fließenden Rhythmen der geologischen Zeit für mich genauso wirklich gewesen, wie unser hektisches menschliches Gestottere. Vielleicht sogar noch wirklicher. Diese Wahrnehmung verlor zwar bereits an Schärfe, aber sie würde nie wieder völlig verschwinden. Wann immer ich einen Orientierungsrahmen brauchen würde, stünde er mir zur Verfügung. Denn ich hatte mir jetzt unauslöschlich etwas angeeignet, das ich bis dahin nur vage mit dem Verstand begriffen hatte: daß alles, was wir kennen, in seinem jeweiligen Tempo mit demselben, alles überlagernden Rhythmus mitschwingt. Geheimnisse würde es immer geben. Es gibt Lebensrhythmen, die zu hören uns noch nicht gegeben ist.

Und plötzlich fiel mir eine Erkenntnis von Ralph Waldo Emerson wieder ein, die ich kurz vor Beginn meiner Wanderung gelesen hatte: »Es gibt eine Beziehung zwischen den Stunden unseres Lebens und den Jahrhunderten der Zeit ... Die Jahrhunderte sollten die Stunden unterweisen, und die Stunden sollten die Jahrhunderte erklären.« Während all der Wochen im Canyon hatte ich nicht mehr an diese Worte gedacht. Aber jetzt erschienen sie mir unvergleichlich viel wahrer zu sein, denn ich war selbst zu Emersons Schlußfolgerung gelangt. Und jetzt wußte ich auch, wie ich damit umzugehen hatte. Man kann der Ära, in der man lebt, nicht entkommen – man ist ihr Produkt. Gelegentlich muß man einen Schritt zurücktreten und seinen Blickwinkel justieren. Aber danach muß man weiter auf seine eigene Weise seinen Beitrag zu dieser Ära leisten. Und darum hatte die Welt mich plötzlich wieder eingeholt: Ich hatte die Zeitalter gesehen – jetzt mußte ich zu den Stunden zurückkehren. Ich mußte das Erlebte umsetzen, mußte die Zeitalter auf die so sehr vergängliche, aber auch so überwältigend wichtige, kurze Spanne anwenden, die mein Leben war – die unser aller Leben ist. Jetzt hieß es: raus und machen, raus und beitragen. Konkret bedeutete das für mich: raus und teilen, raus und die schwierige Aufgabe in Angriff nehmen, etwas von dem, was ich gefunden hatte, auf Papier zu bringen.

Ich war jetzt überzeugt davon, daß ich durch meine neuen Einsichten für die Außenwelt gerüstet war. Gerüstet, meinen Beitrag zu leisten. Mit der nötigen Zeit zum Nachdenken und zum Unterdrücken der Vorurteile würde ich wenigstens den Versuch unternehmen, alles an seinen angemessenen Platz im Mosaik der Bedeutungen zu stellen.[32]

An diesem Punkt kehrten meine Gedanken in die Gegenwart zurück – mit dem Bewußtsein, wie vergänglich mein Körper doch war, der jetzt nackt und trocken am Nankoweap Creek saß. Zuerst machte mich das unzufrieden. Es erschien mir falsch und auch unangemessen, meine Wanderung in einer so trivialen und auf mich bezogenen Stimmung abzuschließen. Dann merkte ich, daß ich über diese Entwicklung eigentlich gar nicht wirklich

---

[32] Kurz nach meiner Rückkehr aus dem Canyon las ich in einem ansonsten langatmigen ökologischen Aufsatz: »Organismen sind eigentlich Durchgangsstationen, durch die Materie und Energie hindurchfließen, um dann wieder in die Umwelt zurückzukehren.«
In etwas übermütigeren Momenten bin ich derzeit geneigt, mir diesen Satz auf meinem Grabstein zu wünschen.

unglücklich war. Der Mensch hat den starken Drang, alles sauber aufgeräumt zu hinterlassen. Doch jede Reise außer der letzten hat ein offenes Ende. Und jede Reise, die etwas gebracht hat, ist zuallererst ein Abschnitt der eigenen Odyssee. Ihr Ende bedeutet weniger, daß man ein Ziel erreicht hat, sondern eher eine weitere Etappe in einem andauernden Prozeß. Und das Entscheidende am Ende einer Reise – oder eines Buches – ist, daß man nicht länger rastet als nötig und dann erholt weiterzieht.

Das Nankoweap-Becken ist auf seine Weise genauso großartig wie alles im Canyon. Als ich am folgenden Nachmittag den Bach hinter mir ließ und mich an den langen, wasserlosen, kilometerhohen Aufstieg zum Nordrand machte, brannte ich dennoch vor Ungeduld, den Canyon zu verlassen und zu »machen«. Entsprechend hatten die meisten Dinge, die mir aus den letzten beiden Tagen in Erinnerung sind, allenfalls am Rande mit dem Canyon zu tun.

Es war mittlerer Vormittag. Ich war bereits 1000 Meter über dem Nankoweap Creek. Bei einer meiner stündlichen Pausen lehnte ich mich zufrieden an meinen Rucksack und blickte zurück: über den Nankoweap Canyon und die Schlucht des Colorado zum Südrand. Und plötzlich stellte ich fest, daß ich über den Rand hinwegsehen konnte. Es war das erste Mal seit zwei Monaten, daß ich etwas außerhalb des Canyon sah – das erste Mal, daß ich unmittelbar erlebte, daß noch etwas anderes existierte. Erkennen konnte ich lediglich eine ungeheure Ebene, die sich platt und grau und endlos bis an den Horizont erstreckte. Einen Augenblick lang fand ich den Anblick entmutigend.

Ich kletterte weiter. Im Lauf des Nachmittags tauchte einmal ein betrüblicher Gedanke auf. Ich kritzelte in mein

Notizbuch: »Au weia, jetzt wird jede andere Landschaft für eine Weile langweilig sein.«

Am späten Nachmittag kam ich an einem Schild vorbei, das die Grenze des Nationalparks markierte, und ein bißchen später fiel mir beiläufig ein, daß ich gerade vollbracht hatte, was ich hatte vollbringen wollen: Ich war von einem Ende des Grand Canyon-Nationalparks zum anderen gelaufen.

Bei Sonnenuntergang schlug ich mein letztes Lager am Rand eines breiten Plateaus 300 Meter unterhalb des Nordrands auf. Während ich aß, sah ich zu, wie die Formen des Canyon allmählich in jenem dichten, schwarzen Samt versanken, an den ich mich von der Esplanade her erinnerte. Doch weit jenseits des Südrands durchbrachen jetzt die flimmernden Lichter einen kleinen Stadt die Nacht. Ich sah sie und war einigermaßen überrascht. Lichter hatte ich in den zwei Monaten vergessen.

Als ich am nächsten Morgen aufwachte, zog sich ein breites, rotes Band dick über den östlichen Horizont. Der schwarze Samt war bereits in Blau übergegangen. Kurz danach tauchten die Formen wieder auf. Das rote Band wurde schmaler. Die Sonne erschien und schickte erste dünne Strahlen aus. Zwei Raben segelten krächzend vorbei; ein Buntspecht begann sein hämmerndes Tagwerk. Aus dem blauen Samt wurde grauer. Die Formen verdichteten sich zu Kuppen und Kanten. Und schließlich wurde der graue Samt fast unmerklich zum Canyon.

Es war wunderschön. Und doch stellte ich etwas betrübt fest, daß die Geburt dieses Abschlußtages mich nicht so beflügelte, wie sie es hätte tun sollen, und mir kam der Gedanke, daß ich mit Schönheit und Großartigkeit übersättigt sein könnte. Leider besteht die Welt nicht nur aus Schönem und Großartigem. Daher brauchte ich zum Ausgleich jetzt ein bißchen banale Häßlichkeit. Ich beschloß, auf dem Heimweg durch Las Vegas zu fahren.

Nach dem Frühstück stieg ich weiter dem Rand entgegen. Schon nach kurzer Zeit ging ich unter grünen Bäumen. Doch bald verschwanden das Grün und der kühle Schatten wieder, und ich befand mich zwischen kahlen, schwarzen Gerippen. Nach dem ersten Abscheu ärgerte ich mich aber weniger, als ich es sonst angesichts verbrannter Wälder tue. Gräser und Espen zeigten sich bereits wieder und ebenso bezaubernde blaue und scharlachrote Blumen. Noch ein paar Jahre, und es würde hier wieder ganz paradiesisch sein. Zufällig wußte ich, daß dieser Waldbrand drei Jahre zuvor durch einen Blitz ausgelöst worden war, und ich erkannte jetzt, daß der Wald im Lauf der Jahrhunderte ein Entwicklungsstadium erreicht hatte, das ihn für natürliche Kräfte wie Blitzschläge anfällig machte – und so war er denn zerstört worden. Der Brand war Teil eines Kreislaufs, eines Zyklus, eines natürlichen Prozesses. Es war das erste Mal, daß ich einen Waldbrand unter diesem Blickwinkel sah. Und plötzlich ahnte ich, daß ich sogar Las Vegas so sehen würde.

Die Zerstörungen endeten, und ich kam wieder in grünen Wald. Es war ein höherer, üppigerer Wald. Ich lief auf einem weichen Nadelteppich und atmete Kiefernduft.

Zwei Stunden später kletterte ich, immer noch von dichtem Wald umgeben, auf den Nordrand. Kurz danach traf ich auf eine Brandschneise. In ihrem Staub waren Autospuren – meine ersten, seit ich vom Hualpai Hilltop abgestiegen war. Nach einer weiteren Stunde tauchte eine geteerte Straße vor mir auf. Die Sonne blitzte auf einer Reihe geparkter Wagen. Widerstrebend, aber immer noch ungeduldig, ging ich auf sie zu.

Ich trat unter den Bäumen hervor auf die Fahrbahn und ging näher an die Autos heran. Leute liefen zwischen ihnen hin und her. Ganz normale, gewöhnliche Leute.

Ein Mann ließ seinen Blick über meinen arg mitgenommenen Rucksack schweifen, lächelte mich an und sagte: »Na, schöne Tour gemacht?«

»Ja, danke«, sagte ich und erwiderte sein Lächeln.

EPILOG

Sorglosigkeit gegenüber dem Leben und der Schönheit kennzeichnet den Schwelger, den Müßiggänger und den Toren auf ihrem todbringenden Weg durch die Geschichte.

John Masefield

Wenn wir – Sie und ich – nicht etwas dagegen unternehmen, wird dieses Buch bald zu einem Abgesang auf den Grand Canyon geworden sein.

Ein paar Wochen nach meiner Rückkehr aus dem Canyon besuchte ich – Doug hatte mich darauf hingewiesen – eine Konferenz des Pacific Southwest Water Plan, bei der es um die Wasserversorgung des westlichen Teils der USA ging. Was ich dort hörte, entsetzte mich. Rund hundert Ingenieure – die verständlicherweise von der titanischen Herausforderung hingerissen waren und, genauso nachvollziehbar, ihre Arbeitsplätze auf viele Jahre hinaus absichern wollten – diskutierten die Einzelheiten, wie sie dem Canyon die Eingeweide herausreißen wollten. Schon lange vor dem Ende dieser Zusammenkunft war mir klar, daß diese kompetenten kleinen Männer überhaupt keine Vorstellung davon hatten, was sie der Erde anzutun gedachten.

Der Wasserversorgungsplan sieht – als kleinen Teil des Gesamten – drei Großprojekte im Canyon vor: zwei Dämme und einen Tunnel. Das US Bureau of Reclamation bremst das Tunnelprojekt zwar beständig, aber wenn wir es dem Kongreß erlauben, die Dämme abzusegnen, dann kann man eine der todsichersten politischen Wetten aller Zeiten darauf abschließen, daß innerhalb weniger Jahre auch das Tunnelprojekt wieder sein häßliches Haupt erheben wird.

Es ist wichtig, daß man sich den Umfang der derzeitigen Vorschläge verdeutlicht. Keins der Bauvorhaben liegt auf dem Gebiet des Nationalparks. Nicht ganz. Und durch die Dämme würde der Grand Canyon nicht, wie es einige übereifrige Gegner des Projekts prophezeit haben, »absaufen«. (Ärgerlicherweise kann Bewahrungswahn einen Menschen fast genauso mit Blindheit schlagen wie die Verherrlichung des technisch Machbaren.) Würden die Dämme und der Tunnel gebaut, dann sähe der Canyon vom Rand aus gar nicht mal so sehr verändert aus. Aber er hätte kein Herz mehr.

Der lebende Fluß – dieser phänomenale Mechanismus, der den Canyon erschaffen hat – würde verschwinden. Im besten Fall würde aus ihm eine Kette lose miteinander verbundener toter Seen, im schlechtesten ein ausgetrockneter Kanal. Denn der 72 Kilometer lange Tunnel würde den ganzen Colorado – außer einem Rinnsal – auf fast der gesamten Länge des Nationalparks umleiten. Die Biber würden sterben. Ebenso die meisten der bronzenen Karpfen mit den rosafarbenen Flossen. Und das ganze feingesponnene Netzwerk des Lebens, das seine Kraft aus dem Fluß bezieht, würde zerreißen. Weiter flußabwärts würde ein 150 Kilometer langes Staubecken hinter einem Damm am Bridge Canyon (der der höchste Damm der westlichen Hemisphäre wäre) das gesamte Flußbett des Grand Canyon National Monument unter sich begraben und noch 21 Kilometer weit in den Nationalpark eindringen. Die schwarzen Felsen mit dem Muschelmosaik an der Mündung des Havasu Creek, an denen ich bei meiner ersten Erkundungstour entlanggekommen war, lägen dann 26 Meter tief unter trägem, totem Wasser. Von Zeit zu Zeit würde der Wasserspiegel des Stausees sinken und einen scheußlichen Streifen aus Schlick und schmutzigem Schaum an den ruinierten Felswänden hinterlassen.

Doch dies sind nur Beispiele für die augenfälligen, meßbaren Verheerungen. Die Pläne würden noch schlimmere Tragödien nach sich ziehen: Unversehrter Raum würde ausgelöscht, ganz beiläufig würden Stille und Abgeschiedenheit zerstört – anders gesagt: Das Museum Grand Canyon würde geschändet werden.

Im Kleinen hat die Invasion bereits begonnen. Das Baufloß, das ich in der Nähe der Felswohnung ein paar Meter außerhalb der Nationalparkgrenze gesehen hatte, war mit Untersuchungen für den Bau eines kleinen, etwa 15 Meter hohen Vordamms beschäftigt, der einem der Hauptdämme – im Marble Canyon, 20 Kilometer weiter flußaufwärts – zur Pegelkontrolle dienen sollte. Sobald man mit der Errichtung dieses Vordamms angefangen hätte, würde mehr als nur ein Hubschrauber in seinen Diensten unterwegs sein (wie der eine, den ich gesehen hatte) und sie würden wie böse Geister die Flugzeugwracks heimsuchen und weiche Sandbänke mit Kufenabdrücken verunstalten und halb gegessene Apfelsinen hinterlassen, die still und abscheulich im Wasser schaukelten.

Doch selbst das wäre bedeutungslos verglichen mit dem, was noch kommen würde. Zum einen würde man eine Zufahrtsstraße bauen und den Aushub eines Tunnels für diese Straße wahrscheinlich als riesigen Schuttberg auftürmen. Im ganzen Gebiet um die Dammbaustelle herum würden Bulldozer und Sprengladungen das Gestein und die Büsche und die Sandbänke auf- und kaputtreißen. Und diese Narben würden bleiben. Denn anders als die meisten Landschaftsformen braucht die Wüste eher Jahrhunderte als Jahrzehnte, um die Unmenschlichkeiten der Menschen zu verschleiern.

Von dieser kleinen Dammbaustelle aus (und dann auch von den größeren sowie von den Nebenschauplätzen) würden all die unvermeidlichen Abfälle und Baurückstände in den kastrierten Fluß gelangen und sich festsetzen und weitertreiben und sich woanders festsetzen – Dieselreste, Ölfilter, Bauschutt, Bierdosen … Und selbst wenn der Bau dieses Hilfsdamms abgeschlossen sein würde, wäre es dort nie mehr wie zuvor. Die Felswohnungen – auch jetzt schon den Zudringlichkeiten schwachköpfiger Monogrammkritzler ausgesetzt – wären zwar, einen Kilometer weiter flußabwärts, immer noch da. Aber nur als Sehenswürdigkeiten. Sie befänden sich nicht mehr in einer Welt, die durch Raum, Stille und Abgeschiedenheit weit von der Gegenwart abgesondert wäre.

In anderen Bereichen des Canyon würde es dasselbe sein. Den derzeitigen Plänen zufolge soll der Tunnelabraum durch Seitentunnel entsorgt werden. Mindestens einer dieser Tunnel soll in den Nationalpark münden, und man kann sich nur allzuleicht ausmalen, welches Tollhaus losbricht, wenn eine Kavalkade von LKWs an einer abgeschiedenen Stätte wie dem Kwagunt-Becken einen gigantischen Hügel aus Schutt und Staub auftürmt. Das Kraftwerk am Tunnelausgang (von dem 143-Meter-Damm über einen Nebencanyon ganz zu schweigen) wird derzeit in der Inneren Schlucht geplant, und zwar direkt unterhalb der drei urgewaltigen und stillen Amphitheater, die Harvey Butchart vermutlich als erster Mensch durchklettert hat; gleich unterhalb der Stelle, an der ich durch wirbelnde Wolken hindurch mein erstes grünes, würdevolles Bighorn-Schaf gesehen hatte – Mitglied einer Rasse, die die Abgeschiedenheit so sehr schätzt, daß sie nicht einmal die Anwesenheit von ein paar Wildpferden in ihrem weiten Territorium duldet. Unterhalb dieses Gebiets würde es erst mit dem Krach und den nicht wiedergutzumachenden Verunstaltungen durch die Bauarbeiten losgehen, danach würden ständig Turbinen brummen und dazu käme der Verkehrslärm einer Zugangsstraße (aufgrund eines früheren politischen Kunstgriffs befindet sich das Nordufer des Flusses hier außerhalb der Nationalparkgrenzen). Wäre das Kraftwerk erst einmal fertiggestellt, dann würde es sicher auch mit Hubschraubern versorgt werden, und da der Mensch – zum Glück – ein neugieriges Tier ist, würden die Piloten auch verbotene und darum doppelt so reizvolle Abstecher auf die Esplanade oder entlang der – jetzt noch – stillen Terrasse unternehmen, die sich zur Fossil Bay erstreckt. Mittlerweile würden am anderen Ende der Esplanade röhrende Motorboote Wasserskifahrer hin und her schleppen.

Verstehen Sie mich bitte nicht falsch: Ich halte Wasserskifahren für eine amüsante sportliche Betätigung. Doch der Grand Canyon ist dafür genausowenig der geeignete Ort wie der Louvre fürs Rollschuhlaufen. Wie Joseph Wood Krutch schon treffend beobachtet hat: »Wenn ein Mensch ein Kunstwerk zerstört, nennen wir ihn Vandale; wenn er ein Werk der Natur zerstört, betrachten wir ihn als fortschrittlich.«

Wenn die Ingenieure erst einmal von der Leine sind und ihren »Fortschritt«[33] in Angriff nehmen, wird der

[33] Zum Zeitpunkt, da dieses Buch gerade in Druck geht (Sommer 1967), erzählt man uns, der Grand Canyon sei »gerettet«. Das ist ganz schlicht nicht zutreffend. Noch nicht.

Nach einem gewaltigen Aufschrei der Öffentlichkeit wurde das Tunnelprojekt tief unter die Erde verbannt/verlagert, und die Bundesbehörde hat den Plan für den oberen Damm im Marble Canyon jüngst zurückgezogen. Doch es bleibt Arizona und anderen betroffenen Bundesstaaten freigestellt, das Projekt erneut dem Kongreß vorzulegen. In der Tat existiert eine solche Wiedervorlage bereits.

Die Auseinandersetzung über den unteren Damm wurde dem Kongreß zur Entscheidung übertragen. Und schon schwirren im Reprä-

Canyon vom Rand her, wie gesagt, weitgehend so aussehen wie jetzt. Doch sein Zauber wird vergangen sein. Die Geschichte der Erde wird nach wie vor im Gestein geschrieben stehen, aber der Canyon wird keine riesige, ungestörte, abgeschlossene Welt des Raums, der Abgeschiedenheit und der Stille mehr sein.

Meiner Ansicht nach haben wir kleinen Menschen, verdammt noch mal, nicht das Recht, so einen Vandalismus auch nur zu erwägen.

Die Argumente, die die Ingenieure für ihre Pläne ins Feld führen, sind höchst aufschlußreich.

Sie tun gar nicht erst so, als würden ihre Dämme die Menge des zur Verfügung stehenden Wassers erhöhen. Und Tatsache ist denn auch, daß in den Stauseen so viel Wasser durch Verdunstung verlorengehen würde, daß es für die Versorgung einer Stadt von der Größe Bostons ausreichen würde.

Und die Dämme und der Tunnel sind nicht etwa darauf ausgelegt, benötigte Energie zu liefern. Es sind zahlreiche Gedankenspiele in der Richtung angestellt worden, daß ihre Energie schon bald für die wachsende Bevölkerung des Südwestens benötigt wird. Doch für Leute,

sentantenhaus und im Senat Gerüchte über eine neue Gesetzesvorlage herum, derzufolge der Damm im Bridge Canyon (der in Hualpai-Damm umbenannt wurde) doch gebaut werden soll. Das ist jener Damm, der ein 150 Kilometer langes Wasserreservoir hinter sich aufstauen und das gesamte Flußbett des Grand Canyon National Monument unter sich begraben würde. (Diese großartige und derzeit noch unberührte Schlucht wird oft von Booten durchfahren. Im letzten Frühling gelang es mir, mit gelegentlichen Abstechern auf meiner Luftmatratze, einen Fußweg dort hindurch zu finden, und ich kann nur sagen: Es ist eine ehrfurchtgebietende Landschaft.) Dieser Stausee würde sich, wie gesagt, 21 Kilometer in den Nationalpark hineinziehen. Aktuellen, aber noch nicht offiziell bestätigten Plänen zufolge will der Kongreß versuchen, diese 21 Kilometer aus dem Nationalpark

denen bewußt ist, daß es in wenigen Jahren mit größter Wahrscheinlichkeit erheblich billigere Energie geben wird, erscheint mir dieses Argument fadenscheinig zu sein. Und es wird noch bedenklicher, wenn man nicht nur berücksichtigt, daß »Planung für Wachstum zur Ursache von Wachstum wird«, sondern ebenfalls, daß es inzwischen zu den dringlichsten Aufgaben der Menschheit gehört, die Bevölkerungsexplosion zu verhindern.

Das wesentlichste und geradezu unverfrorenste Argumente für den Bau der Dämme und des Tunnels ist, wie gesagt, sehr aufschlußreich: Diese Bauwerke sollen Energie produzieren, um genug Gewinn abzuwerfen, damit andere Segmente des Wasserversorgungsplans rentabler werden. (Präziser ausgedrückt müßte das lauten: »Der Bau der Dämme wird allein deshalb angestrebt, um den Finanzierungsplan der Bundesbehörden insgesamt attraktiver zu gestalten.« Wenn man das ganze Blabla wegläßt, kommt man zu dem Schluß, daß das Museum Grand Canyon geopfert werden soll, damit wir billigeres Badewasser bekommen. Oder besser – weil ein Großteil des Wassers in der Landwirtschaft verwendet werden soll –, »damit wir billiger Brokkoli kaufen können«.

herauszuschneiden. Zum Ausgleich für diesen Verlust und für die Überflutung des Grand Canyon National Monument bekäme der Nationalpark das obere Canyonstück zugeschlagen, das auch den Damm im Marble Canyon einschlösse. (Die Schutzkategorien »National Park«, »National Monument« und »National Forest« entsprechen vage dem deutschen Natur-, Denkmal- und Landschaftsschutz. Das Grand Canyon National Monument schloß sich im Westen, also flußabwärts, an den Grand Canyon National Park an und wurde 1975 in ihn eingegliedert. – Anm. d. Ü.)

In den Augen eines Politikers ist so etwas sinnvoll. Er nennt es einen »vernünftigen Kompromiß« – und glaubt, was er da sagt.

Doch diejenigen, die gewillt sind, die Schönheit und harmonische Vielfalt der Erde zu bewahren, lehnen alle derartigen Überlegungen

Natürlich bringt es nicht viel, mit einem Ingenieur über ein Museum zu reden. Ingenieure müssen messen können, womit sie sich befassen, und dem Raum oder der Einsamkeit läßt sich nun mal kein Dollar-pro-Kopf-Wert zuordnen. Genausowenig kann man Stille mit dem Rechenschieber erfassen – allenfalls als Null-Dezibel, und das lohnt sich für Ingenieure nicht. Somit bleibt die Aufgabe, den Grand Canyon zu retten – und damit auch das Prinzip der Unverletzlichkeit von Nationalparks – denen überlassen, die in anderen Kategorien denken können. Schließlich beurteilen wir die Größe des klassischen Griechenland ja auch nicht anhand seines Bruttsozialprodukts. Und ich bezweifle, daß die USA dereinst am Preis ihres Badewassers oder ihres Brokkoli gemessen werden.

Ich konnte meine Wanderung durch den Grand Canyon nur mit der Hilfe von Menschen machen, die in solchen anderen Kategorien dachten. Menschen wie Präsident Teddy Roosevelt zum Beispiel. Roosevelt stand am Rand des Canyon, blickte sich um und sagte: »Laßt ihn, wie er ist. Besser machen könnt ihr ihn nicht. Hier war die Zeit am Werk, und Menschen können das nur ruinie-

ab. Sie propagieren jetzt sogar den Plan, den Nationalpark zu vergrößern, so daß er die gesamten 482 Flußkilometer von Lee's Ferry bis zum Lake Mead umfaßt. Und die Politiker der Gegenseite bezichtigen sie denn auch bereits, sie seien »nicht willens, einen vernünftigen Kompromiß mitzutragen«.

Der Vorschlag, im Grand Canyon statt zwei Dämmen nur einen zu bauen, ist in keiner Weise ein Kompromiß. Wer das vorschlägt, verhält sich wie ein Mensch in der Wildnis, der erste Anzeichen von Hunger verspürt und – ungeachtet der vielen Nahrungsquellen um sich herum – seinem einzigen Begleiter einen Plan vorlegt und nach dessen Ablehnung sagt: »Also gut, ich verzichte darauf, dir die Beine zu amputieren. Statt dessen schneide ich dir nur eins ab – damit werde ich wohl eine Weile hinkommen.«

ren.« Wenig später unterschrieb er den Erlaß, der das Grand Canyon National Monument begründete.

Ob unsere Söhne und Töchter und deren Söhne und Töchter die Reise werden machen können, die ich machen konnte – oder ob sie, was fast genauso wichtig ist, immer die *Möglichkeit* haben werden, eine derartige Reise zu machen –, das hängt von uns ab. Wir müssen keinen Parthenon erschaffen oder sonst ein Kunstwerk errichten. Wir stehen vor einer größeren und vielleicht genauso schwierigen Aufgabe: Wir müssen ein Werk, das von der Zeit geschaffen wurde und das auf unserer Erde einzigartig ist, vor dem blinden Wüten des materiellen »Fortschritts« bewahren. Und wir werden an dem gemessen, was wir taten oder unterließen.

NACHTRAG 1989

Zum Ort

Das einfache geologische Schema auf Seite 10 entspricht nicht mehr den neuesten wissenschaftlichen »Erkenntnissen«. Die meisten Geologen vertreten inzwischen die Ansicht, daß kompliziertere Vorgänge stattgefunden haben müssen. Doch für unsere Zwecke ändert das nichts.

Zum Epilog

Nach reiflicher Überlegung belasse ich den Epilog, wie er ist. Es stimmt zwar: Die alten Bedrohungen des Grand Canyon seitens der Ingenieure sind gewichen, und der Nationalpark ist erweitert worden, so daß er nun den ganzen Fluß von Lee's Ferry bis zum Lake Mead einschließt – und obwohl einige Politiker in Arizona ihre Pläne nicht aufgeben wollen, sind die Nationalparks derzeit wohl unangreifbar.

Dafür ist eine Bedrohung aufgetaucht, die vor 20 Jahren noch nicht absehbar war. Die Auswirkungen des Glen-Canyon-Damms scheinen das Leben am und im Fluß innerhalb des Canyon aus den Fugen zu bringen, und derzeit tobt eine politische Auseinandersetzung bezüglich der Zeitabstände, in denen Wasser aus dem Stausee abgelassen wird.

Somit hat sich eigentlich nicht allzuviel verändert. Beinahe täglich tauchen neue Pläne für einen Damm oder für ein anderes Großprojekt in einer noch intakten Landschaft auf. Meine Anmerkung über politische Kompromisse am Ende der Fußnote auf Seite 262 halte ich eisern aufrecht. Unberührte Natur verlangt weiterhin unaufhörliche Wachsamkeit.

C. F., März 1989

ANHANG

* bezeichnet Dinge, die in jedem Depot und bei jeder Nachschublieferung aus der Luft ersetzt wurden.
• bezeichnet Dinge, die an manchen Depots und/oder bei manchen Nachschublieferungen aus der Luft ersetzt wurden.

1 gallon = 3,78 l
1 pint = 473 ml

Liste der Ausrüstungsgegenstände

	Gramm
Rucksack (Rahmen, Tasche, Tragriemen, Gurt)	2130
Wanderstock (Bambus)	400

Bekleidung

Stiefel (italienische)	2600
• 3 Paar Socken (nylonverstärkte Wolle)	425
Mokassins – zum Tragen im Lager	250
Shorts (Kordsamt)	700
Lange Hose (Kord, während der zweiten Hälfte der Wanderung nicht getragen)	740
Gürtel (Leder)	110
• 1 Paar Unterhosen	55
Hemd	340
Hut	110
Halstuch	30
Poncho/Sitzunterlage/Sonnendach	400
Daunenjacke	480
• Mehrzwecktuch	30

Bettzeug

Schlafsack (Typ Mumie, daunengefüllt, Nylonhülle)	1220
Luftmatratze (hüftlang, gummiertes Segeltuch)	850
dazu Flickzeug	55

Küchengerät

2 ineinandersteckbare Kochtöpfe (Aluminium, $2\frac{1}{2}$ und $3\frac{1}{2}$ pints)	570
Gaskocher (Typ Svea 123, mit $\frac{1}{3}$ pint Benzin)	650
* Gaskartusche (Aluminium, Volumen $1\frac{1}{8}$ pint)	540
dazu Trichter	5
Trinkbecher (rostfreier Stahl)	85
Löffel	50
Messer mit feststehender Klinge und Scheide	170
Schleifstein	30
Salz-und-Pfeffer-Behälter	50
Zuckerbehälter (Polyäthylen)	50
Behälter für Trockenmilch (zum Draufdrücken mit Tülle)	30
* Behälter für Seifenpulver (Polyäthylen)	
leer	30
voll	140
Miniatur-Büchsenöffner (Typ Militär)	5
* 7 Streichholzheftchen (Pappe)	30
wasserdichte Streichholzschachtel (Streichhölzer aus Holz, darin auch Nadel und Faden)	30
2 Feldflaschen ($\frac{1}{2}$ gallon, Aluminium mit Filzbezug, Schraubverschluß)	
leer	735
voll	4600
2 Plastikkanister (knapp $\frac{1}{2}$ gallon, Polyäthylen)	
leer	400
voll	3850

Zusatzbehälter, um Wasser aus flachen Lachen
  abzusaugen
  (Babyflasche 250 cm³)

  leer   30
  voll   510

Proviant (Wochenration, alle Angaben brutto)

* Getreideflockenmischung   450
* 7 Päckchen Trockenobst (vakuumverpackt, je 120 g)   840
* 8 Beutelsuppen (Maggi)   650
* 5 Stangen Pemmikan (Wilson's)   450
* 2 Stücke Speck (Wilson's)   200
* Trockenkartoffeln   710
* Trockenbohnen   230
* Trockengemüsemischung   110
* Zucker   680
* Magermilchpulver   450
* 30 Teebeutel   90
* Rosinen   450
* Zartbitterschokolade   250
* 3¹/₂ Tafeln Pfefferminzcremeschokolade   620
• 2 Päckchen Fruchtgetränkpulver   110
* Salz   85
• Salztabletten zum schnellen Ausgleich von
    Salzverlust (in 35-mm-Filmdose)   50
* Rum-Schoko-Riegel (Horlick's; Notration)   230
* 1 Dose wechselnde Delikatessen (Austern, Frosch-
    schenkel, Fleischbällchen, gemischte
    Horsd'œuvres; nicht im Gepäck)
* 1 kleine Flasche Bordeaux (nicht im Gepäck)

Fotoausrüstung etc.

Gramm

Fernglas	400
35-mm-Kamera (anfangs Ansco Super Regent, unterwegs ersetzt durch Zeiss Contaflex)	1100
Belichtungsmesser	170
Dreibeinstativ	400
Blitzlichtfuß (zur Befestigung des Fernglases)	85
Pinsel zur Objektivreinigung	25
3, manchmal auch 4 35-mm-Rollfarbfilme (Kodachrome X)	340
Polarisationsfilter (für beide Kameras) und Makro-Zwischenringe (für Zeiss Contaflex)	85

Diverses

weiße Polyäthylenplane, 270 × 150 cm, zum wasserdichten Verpacken bei Flußüberquerungen, als Sonnensegel und Markierung bei Luftabwürfen (nur bei Erkundungen und zweiter Tourhälfte verwendet) — 450

»Büromappe« – Tasche mit Reißverschluß aus wasserdichtem Stoff, darin:
- Luftpostpapier für Notizen
- 1 Rolle Frischhaltefolie
- Gummibänder
  1 Taschenbuch
- Moleskin-Flicken für die Füße
  Schere, Spiegel (zum Signalgeben)
- Reservesonnenbrille
  Bleistifte und Kugelschreiber
  Flicken für Rucksackausbesserung — 600
  je 2 Exemplare von 2 Karten des Grand Canyon
  (US Geological Survey) — 340
- Notizbuch — 60
  Taschenthermometer — 30

	Gramm
Waschzeug (Waschlappen, $^1/_2$ Stück Seife, Zahnbürste, Kamm, • Handcreme)	170
* 1 Rolle Toilettenpapier	200
* Franzbranntwein (zum Einreiben der Füße; in Plastikflasche)	140
• Fußpuder	110
Anti-Mücken-Lotion	30
Erste-Hilfe-Päckchen (1 Rolle Klebeband, 1 Rolle Verbandszeug, Schmerztabletten, antibiotische Salbe)	140
Kniebandagen (auch als Beinwickel verwendet)	110
Erste-Hilfe-Päckchen gegen Schlangenbisse (Cutter)	30
• Kokosnußöl (in 35-mm-Filmdose)	30
• Wasser-Entkeimungstabletten (Halazone)	10
Taschenlampe mit Batterien	200
* langlebige Reservebatterien	110
Reserveriemen für den Rucksack	60
Mineralogenlupe	60
Kompaß	140
mehrere Spulen geflochtene Nylonschnur	120
1 Rolle 6-mm-Nylonseil	850
Gürtelhaken	20
Angelzeug (Rolle 0,22-mm-Nylonschnur, mehrere Schrotkugeln, Haken mit Ösen)	20
• Lachseier (in 35-mm-Filmdose)	30
* Reserve-Gefrierbeutel (die in Mengen zum Einpacken von fast allem Verwendung fanden)	30
Brille samt Etui	170
• Sonnenbrille (Ersatz siehe »Büromappe«)	30

Anmerkung: Wenn man die Einzelgewichte addiert, ergibt sich kein aussagekräftiger Wert, teils, weil nicht alle Gegenstände zugleich getragen wurden, teils, weil die meisten Gewichte auf 10 Gramm abgerundet sind. Beim einzigen Mal, an dem der Rucksack gewogen wurde – direkt vor meinem Aufbruch aus Supai – wog er, einschließlich einer Wochenration Lebensmittel sowie zwei Gallonen Wasser, knapp über 30 Kilo.

DIANA

Das anspruchsvolle Programm

Sebastian Junger

Sebastian Junger wurde mit seinem Erstlingswerk ›Der Sturm‹ in den USA über Nacht berühmt.

»Das Thema Mensch gegen Naturgewalten ist selten so eindrucksvoll umgesetzt worden.« *Die Welt*

»Ein magisches Buch.«
Süddeutsche Zeitung

62/52

Der Sturm
Die letzte Fahrt
der Andrea Gail
62/52

Im Heyne Hörbuch als
CD oder MC lieferbar.